NDICAT DES DIGUES DU RHONE

DE BEAUCAIRE A LA MER

Sa situation , ses recettes, ses dépenses, du 1er janvier 1846 au 31 mars 1872.

Relevé des observations faites pendant 25 ans, sur le niveau du Rhône, l'état du ciel et la nature des vents qui ont régné pendant la même période.

COMPTE-RENDU

ADRESSÉ

AUX CONTRIBUABLES DE L'ASSOCIATION

PAR

Ad. VALZ

directeur du Syndicat

NIMES

IMPRIMERIE CLAVEL-BALLIVET ET Cie

12 — RUE PRADIER — 12

—

1873

SYNDICAT DES DIGUES DU RHONE
DE BEAUCAIRE A LA MER

Sa situation, ses recettes, ses dépenses, du 1er janvier 1846 au 31 mars 1872.

Relevé des observations faites pendant 25 ans, sur le niveau du Rhône, l'état du ciel et la nature des vents qui ont régné pendant la même période.

COMPTE-RENDU

ADRESSÉ

AUX CONTRIBUABLES DE L'ASSOCIATION

PAR

Ad. VALZ
directeur du Syndicat

NIMES

IMPRIMERIE CLAVEL-BALLIVET ET Cⁱᵉ

12 — RUE PRADIER — 12

1873

MEMBRES

composant le

SYNDICAT DES DIGUES DU RHONE

DE BEAUCAIRE A LA MER

Directeur :

M. Ad. Valz, propriétaire à Saint-Laurent-d'Aigouze, représentant cette
commune.

Directeur adjoint :

M. le docteur Nourry, propriétaire, représentant Beaucaire.

Syndics :

MM. d'Espous de Paul, représentant les Compagnies des Canaux et des Salins ;

Baron de Trinquelague (Alexis), propriétaire, représentant la commune
de Fourques ;

Comte de Cabrières (Arthus), propriétaire à Vauvert, représentant les
communes de Vauvert, Aimargues, Le Cailar, Beauvoisin ;

Ch. Dupuy, représentant la commune d'Aiguesmortes ;

L. Randon de Grolier, propriétaire, représentant la commune de
Bellegarde ;

Hitier, propriétaire, maire de Saint-Gilles, représentant cette commune ;

Delon, propriétaire à Beaucaire, second représentant de cette commune.

Albin Colomb,
Comte de Bernis (Charles),
Marquis d'Urre,
Le comte de Blégier, avocat,
⎱ Tous propriétaires à Beaucaire.

SYNDICAT DES DIGUES DU RHONE

DE BEAUCAIRE A LA MER

～～～

A Messieurs les Contribuables de l'association.

———

MESSIEURS,

Il y a six ans que, à pareille époque, appelé à l'honneur de succéder à M. Pérouse, dans la direction de la vaste association dont vous faites partie , je crus qu'il ne serait pas sans intérêt pour vous, de connaître l'histoire de notre syndicat, son organisation, ses recettes, ses dépenses et ses travaux si considérables auxquels, depuis l'origine, j'avais pris quelque part en ma qualité de syndic.

L'énumération des sacrifices que vous aviez supportés, pendant plus de vingt ans , le fruit que vous en aviez retiré et cette revue générale d'un passé si laborieux, furent accueillis avec une bienveillante gratitude que je n'ai pas oubliée, et qui m'encourage à me mettre encore en rapport avec vous.

Dans la gestion délicate des intérêts de la communauté, c'est le droit de ceux qu'on impose de tout savoir; et pour que ce droit pût s'exercer d'une manière facile et complète, ce n'était pas assez qu'une simple mise à l'enquête dans chaque commune de nos états et de nos budgets annuels. — Il fallait encore de temps en temps, à l'adresse de tous, des comptes-rendus destinés à mettre en pleine lumière jusqu'aux moindres détails de notre administration.

C'est la tâche que je me suis imposée.

Il y avait d'ailleurs, cette année, un motif de plus pour la continuer.

Nul de vous n'ignore, en effet, à quelles dures épreuves, en octobre et en décembre dernier, nos chaussées ont été soumises. — J'ai dû à cette occasion réunir extraordinairement tous les membres du syndicat, et le rapport que j'ai eu l'honneur de leur faire, je viens aujourd'hui le placer sous vos yeux.

A ce rapport, sont joints : 1o l'état récapitulatif des dépenses ordinaires et extraordinaires effectuées de décembre 1845 au 31 mars 1872 ; 2o le relevé complet des observations faites chaque jour, pendant 25 années consécutives (à l'échelle de Beaucaire pour le grand Rhône, à celle de Fourques pour le petit Rhône), *sur le niveau du fleuve, l'état du ciel et la nature des vents,* qni ont régné pendant la même période. Ce recueil d'observations faites avec une exactitude rigoureuse ne sera peut-être pas sans utilité.

SYNDICAT DES DIGUES DU RHONE DE BEAUCAIRE A LA MER

Séance du 17 février 1873.

Etaient présents :

MM. Ad. Valz, *directeur;* docteur Nourry, *directeur-adjoint;* d'Espous de Paul; baron de Trinquelagues; marquis de Cabrières; Dupuy; L. Randon de Grolier; Delon; comte Ch. de Bernis; Albin Colomb; marquis d'Urre; comte de Blégier, avocat.

M. Rondel, ingénieur du Rhône, assiste à la séance.

Après diverses communications, parmi lesquelles celle d'un décret du Président de la République en date du 7 mai 1872, autorisant le nommé Bouchet Doumenq à établir à ses frais, risques et périls, un pont de bateaux sur le petit Rhône, entre le château Lamothe (Gard) et le hameau d'Albaron (Bouches-du-Rhône), à une distance environ de 12 kilomètres en aval du pont de Saint-Gilles, M. le Directeur fait à l'assemblée le rapport suivant :

MESSIEURS,

Ce n'est pas à cette époque, mais au mois de septembre ou d'octobre, qu'aux termes de l'art. 27 de l'ordonnance royale constitutive de notre syndicat, je devrais toujours vous convoquer.

Il importe beaucoup, en effet, que bien avant la fin de l'année, et pour qu'il y ait possibilité, au commencement de l'année suivante, de délivrer des mandats de paiement d'une manière régulière, le budget ait été dressé, approuvé et, par conséquent, que l'état indicatif des travaux ait été arrêté de concert avec l'Ingénieur, après une tournée générale sur les chaussées.

Malheureusement, cette marche logique de nos opérations, cet ordre si désirable dans nos travaux ne sont pas toujours possibles, et l'ont été moins que jamais dans ces trois dernières années.

Les malheurs du pays en 1870.

Les basses eaux du Rhône dans les derniers mois de 1871.

Enfin, les crues extraordinaires d'octobre à décembre 1872 ont été tout autant d'obstacles à l'application de notre règlement, et sont l'explication comme la justification des expédients auxquels on a eu recours pour ne pas laisser le service en souffrance.

Je veux parler, Messieurs, de ces budgets établis d'urgence, signés à domicile et acceptés par vous de confiance et sans examen.

Il est vrai que, pour en atténuer l'irrégularité, on reproduisait tel quel le chiffre des dépenses et des recettes, et, par conséquent, celui de la cotisation que vous aviez, dans l'exercice antérieur, régulièrement arrêtés ; mais, pour être amoindrie, l'irrégularité d'un pareil vote n'en existe pas moins, et, pour le syndicat comme pour son Directeur, il est désirable qu'elle ne se renouvelle pas.

.Afin de n'être jamais amené à voter le budget dans ces conditions, même sous l'empire de circonstances exceptionnelles, ne pensez-vous pas qu'il convînt de procéder comme on le fait pour le budget des communes et du département, c'est-à-dire d'accorder à l'administrateur la faculté de mandater non-seulement les douzièmes échus des traitements des employés, mais encore de pourvoir, dans une certaine mesure, aux besoins généraux du service pour l'entretien ordinaire des chaussées, par exemple, qu'il pourrait y avoir imprudence à retarder de quelques mois. — Il est bien entendu toutefois qu'on ne manderait jamais que sur les bases de l'exercice précédent auquel rien ne serait changé.

Le jour venu de s'occuper du budget, après la tournée générale, il serait rendu compte de l'emploi des fonds, et toutes choses se régulariseraient.

Si vous consentez à ce que dans l'avenir les choses se passent de cette manière, j'estime que vous aurez fait un acte de bonne administration.

Cette proposition qui m'est inspirée par la crise que nous venons de traverser m'amène tout naturellement, Messieurs, à vous entretenir avec quelques détails des dangers que nous avons courus, et de la résistance que nos digues n'ont cessé d'opposer à l'effort des eaux.

On peut dire, je crois, sans exagération, qu'à aucune époque, nos travaux de défense n'ont été soumis à pareille épreuve.

Ce n'est pas que le niveau du fleuve ait, cette fois, dépassé et même atteint partout celui de 1840 et 1841, et de 1856 surtout ; mais, cette élévation s'est maintenue pendant si longtemps la même, et les vents ont toujours été si contraires à la rive droite du grand et du petit Rhône, que nous avons pu craindre, un moment, une véritable catastrophe.

Nous y avons heureusement échappé, grâce à l'état de nos digues, à leur bon entretien, au gazonnement presque impénétrable qui en recouvre le double talus, grâce aussi au matériel dont nous disposions, aux précautions prises en temps opportun, et au concours que nous ont prêté M. le conducteur Blanc, les gardes-digues et leur chef, les gardes champêtres, la gendarmerie et les centaines d'ouvriers enrôlés dans toutes les communes riveraines.

Sans doute, parmi ces dernières, nous aurions des différences à signaler, et l'appui qu'elles nous ont donné n'a pas été partout également spontané et désintéressé ; mais nulle part il ne nous a manqué, et c'était pour nous l'important.

Chargé de veiller sur les digues du petit Rhône de Fourques à Sylveréal, qui ont été les plus menacées, votre directeur s'y est trouvé constamment en rapport avec M. le directeur-adjoint, M. Nourrit, dont l'intelligente surveillance s'exerçait spécialement de Beaucaire à Fourques, et ces communications fréquentes, cette entente si nécessaires en pareille circonstance, qui existaient également entre eux et M. l'ingénieur Rondel, dont le dévouement et l'infatigable activité ne nous ont jamais fait défaut, ont puissamment contribué à conjurer le danger qui nous menaçait.

Avertis par dépêches télégraphiques assez longtemps à l'avance, nonseulement de ce qui se passait dans le Rhône supérieur jusqu'à Lyon, mais encore de l'état de tous ses affluents en aval de ce point, on s'est toujours trouvé en mesure de se défendre, et les nombreuses crues, dont on nous annonçait l'arrivée presque à heure fixe, ne nous ont jamais pris au dépourvu.

Il ne sera pas inutile, je pense, de rappeler ici rapidement, les faits qui se sont produits pendant la crise du 21 octobre dernier et celle du 1er au 5 décembre suivant : le niveau que les eaux ont atteint sur divers points du grand et du petit Rhône ; les avaries qui nous ont été signalées ; les moyens employés pour les réparer ; enfin, les dépenses qui ont été faites pour l'enrôlement de nombreux ouvriers et le matériel perdu, que nous devrons, au plus tôt, remplacer et augmenter.

L'état indicatif, impliquant, cette, année des réparations et des améliorations importantes, complètera ces documents.

———————

La cote maxima de la crue à Beaucaire, s'est élevée le 21 octobre dernier à une heure après midi, à 6 mètres 87 centimètres au-dessus de l'étiage.

Au pont de Saint-Gilles, cette cote maxima atteignait le même jour, à deux heures du soir, 6 mètres 03 centimètres, c'est-à-dire qu'elle n'était inférieure que de 5 centimètres à la cote de 1856, la plus élevée dont on ait conservé le souvenir.

Du relevé qu'on a fait en face de chaque borne, c'est-à-dire sur environ soixante points différents, permettez-moi d'extraire les indications suivantes, en prenant pour point de départ le couronnement des chaussées, et non pas l'étiage qui n'indique pas pour tous, peut-être, d'une manière assez intelligible, l'élévation des eaux.

La distance qui séparera le couronnement des chaussées du niveau des eaux, vous montrera plus clairement encore la situation dans laquelle on s'est trouvé sur tout le développement de nos digues.

A Beaucaire, en face du viaduc du chemin de fer, la crue est arrivée à 2 mètres 10 centimètres en contrebas du couronnement de la digue, c'est-à-dire qu'on y était encore protégé par 2 mètres 10 centimètres de chaussée.

Sur ce point, vous le voyez, le danger n'a jamais été bien grand, et ne pouvait justifier les mesures par trop énergiques qu'on a failli prendre (1).

———————

(1) La destruction du pont de Beaucaire qui pouvait, dans l'hypothèse de la persistance de la crue, constituer un barrage dangereux.

10 kilomètres plus bas, et, par conséquent, toujours sur le grand Rhône, la situation était moins rassurante, on n'avait plus que 1 mètre 18 centimètres de revanche.

Un peu plus bas, dans le petit Rhône . . . . 1 m 03
En face du mas Laborde 0   95
En face du mas du Village 0   45
Un peu en amont du pont de Saint-Gilles . . . . 0 m 25
4 kilom. en aval, et au-dessus du mas de Versadou 0   10
A Claire-Farine 0   05 seulement

Plus bas encore, et presque à l'extrème limite, de 0 mètre 05 cent. à 0 mètre 10 centimètres à peine ; c'est-à-dire qu'arrivées à ce degré, malgré les travaux considérables exécutés après les inondations de 1840 et 1841, les eaux étaient à peu près maîtresses de nos digues, alors surtout que la persistance des vents contraires en élevait toujours le niveau.

Comment s'étonner, Messieurs, de la terreur qui s'est alors emparée des populations voisines. Deux fois, à Belair et aux Pradhaux, nous avons cru le territoire envahi, et il l'a même été, pendant quelques heures, par suite de l'état déplorable de deux martellières, et sans de nombreux sacs de terre qu'on avait accumulés sur ce point, nous aurions à coup sûr de grands malheurs à déplorer.

Pendant toute la durée de la crise, c'est dans le petit Rhône surtout que les alarmes ont été les plus vives, car, nulle autre part, le niveau du fleuve ne s'est, relativement, élevé aussi haut.

Le péril, cette fois, ne venait pas seulement de l'amont, mais de l'aval, où la mer, soulevée par les vents du sud-est, s'opposait constamment à l'écoulement des eaux.

Jamais peut-être ce fait ne s'était produit dans de telles proportions, et c'est là, Messieurs, un enseignement qui ne doit être perdu ni pour MM. les ingénieurs ni pour nous.

La conséquence à en tirer, c'est qu'à l'extrémité du petit Rhône, contrairement à nos prévisions, nos chaussées sont loin d'avoir une hauteur suffisante, et qu'il faut, de toute nécessité, en élever le niveau.

L'état indicatif nous dira tout à l'heure, dans quelle mesure et sur quelle étendue cet exhaussement doit s'effectuer.

J'arrive, Messieurs, aux dépenses qui ont été faites à l'occasion de la double crue dont je viens de vous entretenir, en me hâtant d'ajouter qu'elles ne sont pas aussi considérables qu'on pourrait le supposer, et ce qui contribue encore à en alléger le poids, c'est que sur les fonds alloués en 1871, pour l'entretien des chaussées, en 1872, il a été possible de de prendre une somme assez forte dont on n'avait pas encore fait emploi.

Sur le grand et le petit Rhône, la grande garde et tout ce qu'elle entraîne à sa suite, a nécessité pour la première crue une dépense de . . . . .fr. 5.451 35

Pour la seconde. 2.207 40

Total. 7.658 75

et dans cette somme se trouvent encore comprises les gratifications aux valets de ferme, aux gardes champêtres, à la gendarmerie, etc.

Cette somme de 7,658 fr. 75 ne s'applique qu'au personnel.

Les pertes en matériel ne s'élèvent pas bien haut.

En voici le détail :

Toutes les bougies en magasin brulées et d'autres encore, achetées au moment de la crise ;

Plus de 300 sacs sacrifiés ;

Une grande tente perdue ;

Quelques lanternes entièrement hors de service, et, pour un très-grand nombre, des réparations indispensables ;

Quelques torches consumées ;

De nombreux piquets perdus.

Voilà à quoi se bornent nos pertes matérielles, et vous conviendrez qu'il était difficile de sauver, à des conditions plus modérées, une situation à ce point menacée.

Il n'en eût certainement pas été ainsi, Messieurs, si la crise avait persisté, non pas quelques jours, mais quelques heures de plus.

Notre matériel eût été alors tout à fait insuffisant, comme il l'a été sur la rive droite du grand Rhône où, pour sauver la plaine de la Camargue, il n'a pas fallu à M. l'ingénieur Rondel moins de 6.000 sacs qu'il s'est, à la dernière heure, procurés à grand peine et à tout prix.

Que ce précédent soit un salutaire avertissement pour nous. N'attendons jamais que le danger soit présent pour nous munir de tout ce qui peut être indispensable dans ces cruelles épreuves; et surtout, ne perdons pas le souvenir de la position dans laquelle nous nous sommes trouvés à l'extrêmité du petit Rhône, où, les moyens de s'alimenter faisant complètement défaut, nous avons eu la douleur de nous voir abandonnés, dans l'instant le plus critique, par les ouvriers les meilleurs et sur lesquels on comptait le plus.

Exténués de fatigue et de faim, manquant même de pain dans ces contrées constamment au dépourvu, ils n'ont pu continuer à nous prêter un concours que nous ne pouvions plus leur demander.

Comme en guerre, Messieurs, il faut que des approvisionnements abondants suivent toujours de près les hommes que l'on enrôle. — Leur courage, leur ardeur sont à ce prix, et vous aurez à voir comment, dans l'avenir, on peut remédier à ce grave inconvénient, soit en devenant propriétaires de quelques bateaux spécialement affectés à ce service, soit en les prenant simplement en location, dès que les circonstances l'exigeront.

A cette observation sur laquelle , je ne saurais trop insister, permettez-moi d'en ajouter deux autres.

L'une a trait aux martellières qui sont, en général, établies dans de déplorables conditions; l'autre, aux arbres et aux arbustes que l'on tolère à tort sur le double talus des chaussées.

Le couronnement des Martellières n'atteint pas toujours celui des digues, et l'on comprend aisément le danger qui résulte de cette différence de niveau. En outre, les vannes qui devraient être en forte tôle, sont presque partout en bois et la manœuvre en est souvent embarrassée et difficile.

Obliger les propriétaires à remédier à ce double inconvénient, ne me semble pas dépasser la mesure de nos droits.

Il n'importe pas moins de les contraindre aussi à faire table rase de tous les arbustes et de tous les arbres grands ou petits, à quelque essence qu'ils appartiennent, qui sont plantés abusivement sur les talus extérieurs et intérieurs des chaussées.

Par suite de cette tolérance trop ancienne et qui ne s'explique pas, la digue qui protége le domaine de la Reiranglade (borne 291) a couru le 21 octobre les plus grands risques.

Enfin, Messieurs, il est un ennemi de nos chaussées non moins redoutable et bien autrement difficile à abattre que les arbres mal placés et les martellières mal construites.

J'ai nommé les castors dont je suis heureux de vous présenter un spécimen qui a dû, dans son temps, a en juger par ses proportions et sa force, nous faire, pour sa part, beaucoup de mal.

Attaquées par des animaux d'une telle grosseur, traversées de part en part à leur base, comment nos digues pourraient-elles résister et quels moyens employer pour les préserver ? — Des piéges ! Il n'en existe pas où l'on puisse les prendre, et c'est à peine si le fusil du chasseur peut les atteindre.

On y réussit quelquefois cependant, et le garde-digue Byron vient de nous le prouver récemment.

En vous proposant pour lui une gratification de 15 francs, j'estime, Messieurs, qu'il serait bon de décider en principe qu'une pareille prime et plus forte au besoin, sera donnée à quiconque aura tué, sur le Rhône, un de ces redoutables rongeurs.

J'ai hâte d'en venir à l'état indicatif des travaux qui, cette année, emprunte aux circonstances une importance exceptionnelle.

Cet état, fait avec le plus grand soin, se divise en deux parties principales. L'une relative aux travaux d'entretien ordinaires, tels qu'enrochements, réparations de talus, perrés, etc. L'autre afférente à l'exhaussement dans le petit Rhône de 20,750 mètres de digues, à partir de la Martellière de la Grand'Cabane, jusqu'à Sylvéréal.

Les travaux ordinaires sont divisés en trois sections :

La première, sur le grand Rhône, s'étend de Beaucaire à Fourques ; elle implique une dépense de.................... 1.334 fr. 81

La deuxième, sur le petit Rhône, s'étend de Fourques

A reporter........ 1.334 fr. 81

| | Report........ | 1.334 fr. | 81 |

à la Martellière d'Espeyran ; elle implique une dé-
pense de.................................... | 8.764 | 14 |

La troisième section comprend tout le développement
des digues, de la Martellière d'Espeyran à Sylvéréal. —
Dépense à faire ... . | 12.151 | 68 |

Ensemble pour travaux ordinaires dans ces trois

sections .... | 22.250 | 63 |

rabais de 16 % déduit.

Les travaux extraordinaires de rehaussement des digues, sur les
20,750 mètres dont j'ai parlé (de la Grand'Cabane à Sylvéréal), donnent
ensemble un cube de terrassement de 6,540 mètres. — Cet exhaussement doit s'effectuer en prenant pour point de départ le niveau auquel
les eaux se sont élevées en octobre, et l'on a pensé avec raison, qu'en
amont de Saint-Gilles par exemple, il fallait que les chaussées eussent
tout au moins de 0 mètre 60 centimètres de hauteur au-dessus de la
dernière crue.

De Saint-Gilles à Espeyran................. 0^m 40
D'Espeyran à Sylvéréal.................... 0^m 30

Cette surélévation n'exigeant pas un élargissement de talus jusqu'à
la base, est, par cela même, d'une exécution plus facile et moins
coûteuse.

En effet, les 6,540 mètres cubes de terre à transporter seulement à
300 mètres de distance moyenne, n'étant pas payés plus de 1 fr. n'en-
traîneront le syndicat qu'à une dépense de 5,493 fr. 60 c. déduction
faite des 16 % de rabais déjà obtenus de l'entrepreneur.

Récapitulons :

	22.250	63	de travaux ordinaires.
	5.493	60	de travaux extraordinaires de rehaussement.
Total....................	27.744	23	

A cette somme, M. l'Ingénieur ajoute
pour imprévu de toute nature....... | 2.255 | 77 |

Ce qui nous donne............. | 30.000 | 00 |

Cette dernière somme de 2,255 fr. 77 pour imprévu, étant peut-être un peu élevée, nous espérons pouvoir y trouver de quoi remplacer le matériel perdu et le compléter suivant les indications que nous a adressées M. l'ingénieur; — par conséquent, pas d'allocation spéciale pour cet objet.

En tenant compte de ces dépenses nécessitées par la crise que nous avons subie, quelle est donc aujourd'hui notre situation, Messieurs, et quelles sont les charges que la présente année va faire peser sur nous.

Je les résume ici rapidement :

Dépenses ordinaires et extraordinaires pour l'entretien des digues..............................	30.000 fr.	»
Excédant de dépense sur le crédit ouvert pour le même objet, en 1872, et dans lequel on a puisé pour suffire aux dépenses des dernières crues, excédant que 1873 doit acquitter...............................	3.292	12
Traitement des gardes et frais de déplacement.......	9.000	»
Remaniement des matrices cadastrales et frais d'administration...............................	2.600	»
Crédit ouvert en prévision de nouvelles crues........	2.500	»
Indemnité de logement au garde de Beaucaire........	50	»
Remise du receveur et des percepteurs.............	1.500	»
Honoraires des ingénieurs.........................	700	»
Frais d'avertissement............................	265	»
Assurance et contributions des maisons de garde.....	90	90
Location du bureau du syndicat....................	100	»
Timbre des pièces de comptabilité.................	60	»
Indemnité au garde du canal......................	30	»
Dépenses imprévues.............................	363	10
Total........	50.542 fr.	13

Il faut remonter à quelques années, pour retrouver un chiffre aussi élevé.

Déduisant le quart à la charge de l'État, sur les dépenses relatives aux crues, au paiement des gardes et à l'entretien des chaussées, c'est-à-dire sur 44,733 fr. 12, soit 11,198 fr. 03, reste net à la charge du syndicat, 39,353 fr. 09.

39,353 fr. 09, voilà, Messieurs, la part qui nous incombe.

Cette somme dépasse de 14 à 15,000 fr. environ, celle qui figurait sur nos derniers états de prévision.

Comment faire face à cet imprévu et comment établir la balance de notre budget?

Faut-il accroître l'impôt syndical, au risque de surprendre désagréablement les contribuables qui, depuis quelque temps, ont pris la douce habitude de ne payer que la faible cotisation que vous savez.

Faut-il recourir à un emprunt ?

Le chiffre de la cotisation pour 1873 est déjà fixé, et la répartition en est faite.

On ne peut donc y revenir.

On le pourrait, que je chercherais à vous en dissuader, les circonstances ne justifiant pas suffisamment cette aggravation de charge.

Emprunter ne me semble pas une meilleure mesure, surtout quand on a pu, dans les jours prospères, réaliser des économies précisément en vue de ces besoins accidentels.

Sans doute, cet encaisse dont j'ai toujours cherché à vous faire comprendre l'utilité, et qui s'est insensiblement élevé à 30,000 fr. environ, ne représente pas un avoir bien considérable ; mais, tel qu'il est, il peut, sans trop en souffrir, suffire à ces exigences ; et, quand nous y aurons puisé ce qui manque à l'équilibre de notre budget, il ne sera diminué que de moitié environ. — Donc, pas d'hésitation possible, ce me semble ; et si vous partagez cet avis, c'est avec les ressources du passé que nous parerons aux nécessités du présent.

Les encaisses n'ont pas d'autre raison d'être et d'autre destination.

Cet état de nos finances qui vous est bien connu maintenant, serait de nature, cependant, à nous donner quelques préoccupations sérieuses si, après une sécheresse qui a duré près de dix ans, nous entrions, comme on semble le croire, dans une période pluvieuse pouvant, en conséquence, amener à sa suite si ce n'est des ruptures de digues et des inondations, du moins de fréquentes et graves avaries à réparer, et des dépenses considérables à faire. — Dans cette hypothèse qu'il faut bien envisager, il est de toute évidence que nous serions bientôt au bout de nos épargnes, à moins que l'Etat, qui ne prend à sa charge qu'une faible portion de ces dépenses, ne consentît à faire plus, et ce ne serait là que justice

Quand on voit, en effet, ce qui se passe autour de nous dans les associations analogues à la nôtre, on ne peut qu'être frappé de l'inégalité avec laquelle se fait la répartition des secours de l'Etat.

Il est des syndicats, en très-petit nombre, il est vrai, sur lesquels ne pèse jamais que la moitié des dépenses d'entretien, et ceux qui nous avoisinent, les grands syndicats de La Camargue et du plan du Bourg, n'y contribuent jamais que pour les deux tiers.

Comment une telle différence peut-elle se justifier, et pourquoi sommes-nous moins bien traités ?

Notre situation topographique n'est-elle pas la même ? Notre territoire est-il différent ? Y jouissons-nous enfin d'une aisance plus grande ?

Frappé pendant de longues années d'une contribution énorme qu'avaient nécessitée les désastres de 1840 et 1841, le syndicat l'a toujours supportée sans importuner personne et sans se plaindre.

Il a fait plus : pressé de contribuer aux frais qu'allaient occasionner les grands travaux du barrage de Saint-Denis, exécutés dans l'intérêt général de la navigation du Rhône, il a donné plus de 100,000 fr., et ce sacrifice, tout volontaire de sa part, était alors d'autant plus méritoire que c'est à l'emprunt qu'on a eu recours pour le réaliser.

Comment donc ne serions-nous pas autorisés, aujourd'hui, à invoquer ces précédents, et, en mettant en lumière notre véritable situation, n'arriverions-nous pas à obtenir de l'Etat la juste part de concours qui nous revient, et à laquelle, assurément, nous n'avons pas moins de droits que nos voisins.

Nous devrions échouer dans notre demande qu'il ne faudrait pas hésiter à la formuler ; à plus forte raison devons-nous y persister quand la bonté de notre cause semble nous en garantir le succès.

Je m'arrête, Messieurs, pour reprendre une à une et soumettre successivement à votre approbation les diverses propositions que renferme ce compte-rendu.

1º Le syndicat pense-t-il qu'à l'exemple de ce qui se pratique pour la comptabilité communale, il soit convenable d'autoriser, une fois pour toutes, et en principe, le directeur à délivrer des mandats de paiement, soit aux employés, soit aux entrepreneurs, en prenant pour base de ces paiements les allocations de l'exercice précédent, lorsque la tournée générale sur les digues n'étant pas faite, et l'état indicatif n'étant pas encore dressé, il n'aura pas été possible de voter le budget dans les délais règlementaires, à la condition, toutefois, qu'il sera rendu compte de l'emploi des fonds déjà dépensés, avant la fixation dudit budget ?

2º Le syndicat est-il d'avis qu'il soit acheté, au mieux de ses intérêts, deux bateaux spécialement destinés non-seulement au transport des ouvriers que l'on enrôle en temps de crue, mais encore et surtout au transport des vivres et des approvisionnements de tout genre qui leur sont si nécessaires sur les points les plus éloignés ? Préfère-t-il, au contraire, qu'on procède par voie de location, au moment où le besoin de ces bateaux se fera sentir ?

3º Le couronnement de bon nombre de martellières n'atteint pas toujours celui des digues ; de plus, les vannes qui devraient être en forte tôle sont en bois ; on propose de contraindre les propriétaires à remédier à ce double inconvénient.

4º Des arbustes, des arbres de haute futaie couvrent, sur quelques points, les talus extérieurs et intérieurs des chaussées, et sont une cause permanente de détériorations. On propose, malgré une tolérance qui remonte à plus de vingt-cinq ans, d'exiger rigoureusement que tous ces arbustes soient entièrement abattus.

5º Faut-il mettre à prix la tête des castors, ces insaisissables ennemis de nos digues, et payer une prime de 15 fr. pour chaque castor tué sur nos chaussées ?

6º Donnez-vous votre approbation à l'état indicatif des travaux, tel que M. l'ingénieur et votre directeur l'ont dressé ? En voici le détail :

1re SECTION ENTRE BEAUCAIRE ET FOURQUES.

1. — Rechargement en débris de montagne de rocher du couronnement de la digue entre le chemin de fer et l'abattoir de Beaucaire, à 200 mètres en aval de la borne 268, sur 200 mètres de longueur.

Couronnement de la digue, affaissé par le passage des charrettes et par les pluies torrentielles, à recharger sur 20 centimètres de hauteur et sur 3 mètres de largeur.

120 mètres, à 3 fr. . . . . 360 »   360 »

2. — Rechargement en terre du couronnement de la digue à l'entrée du fer à cheval de Saint-Denis, à 100 mètres en amont et en aval de la borne 272, sur 200 mètres de longueur.

Couronnement affaissé par le passage des piétons et par les pluies torrentielles, à recharger sur 25 centimètres de hauteur et 2 mètres de largeur.

100 mètres, à 1 fr. 18. . . . . 118 »
Rabais de 16 %. 18 88
                                                 99 12   99 12

3. — Rechargement en terre du couronnement de la digue en aval de la rampe du mas Taraud, borne 275, sur 300 mètres de longueur.

Même observation qu'à la réparation précédente, à recharger sur 25 centimètres de hauteur et 3 mètres de largeur.

225 mètres, à 1 fr. 18. . . . . 265 50
Rabais de 16 %. 42 48
                                                 223 02   223 02

4. — Rechargement en terre de la rampe de Raousset, à 258 mètres en aval de la borne 278, sur 30 mètres de longueur.

Rampe du côté du Rhône emportée jusqu'à moitié de sa hau-

A reporter. 682 14

Report..............		682 14

teur par la crue du mois d'octobre 1872. Il faut la rehausser de
1 mètre en moyenne sur 30 mètres de longueur.

120 mètres, à 0 fr. 94........................	112 80	
Rabais de 16 %.............................	18 05	
	94 75	94 75

5. — Rechargement en terre des talus et du couronnement de
la digue, en amont et en aval de la rampe de la Cine, borne 279,
sur 100 mètres de longueur.

Couronnement et talus affaissés par un passage de bestiaux
très-fréquenté, à recharger le tout ensemble sur 40 centimètres
de hauteur moyenne et 100 mètres de longueur

200 mètres, à 0 fr. 94........................	188 »	
Rabais de 16 %.............................	30 08	
	157 92	157 92

6. — Rejointoiement et crépissage des bétons en face le village de Fourques, borne 281, sur 300 mètres de longueur.

Les bétons ont été détériorés par suite des pluies torrentielles
et des crues d'octobre et décembre 1872. Il faut les rejoin-
toyer et reprendre en divers endroits des parties affaissées sous
le poids des eaux.

	400 »	400 »

2° Section entre Fourques et la martellière d'Espeyran.

7.—Enrochements au pied du talus de la digue entre la maison
de garde de la Tourette n° 4, et le mas de la Tourette, à 343
mètres en aval de la borne 284, sur 450 mètres de longueur.

Menace de corrosions. — Rechargements d'enrochements
affouillés.

300 mètres, à 6 fr. 50........................	1.950 »	
Rabais de 16 %...........................	312 »	
	1.638 »	1.638 »
A reporter..........		2.972 81

8. — Pavage du couronnement de la rampe de la Grande-Cabane, à 619 mètres en amont de la borne 291, sur 25 mètres de longueur et sur 3 mètres de largeur.

Rampe continuellement dégradée par le passage journalier des bestiaux allant à l'abreuvoir, à paver sur toute sa longueur.

75 mètres , à 1 fr. 20......................	90 »	
37 mètres , à 6 fr. 50......................	240 50	
	330 50	
Rabais de 16 %..........................	52 88	
	277 62	277 62

9. — Enrochements au pied du talus de la digue entre les mas de la Reyranglade et Massane, borne 291, sur 380 mètres de longueur.

Enrochements affouillés à recharger. — Partie de digue ayant du côté des terres des caisses d'emprunt très-profondes et très-rapprochées de son pied, ce qui donne lieu à de nombreuses infiltrations sur le derrière de la dite digue pendant les crues du Rhône. Cette réparation était déjà prévue en 1872 et a été ajournée à cause des crues. — La situation s'est aggravée.

300 mètres , à 6 fr. 50.....................	1.950 »	
Rabais de 16 %..........................	312 »	
	1.638 »	1.638 »

10. — Pavage du couronnement de la rampe du mas de Massane, à 400 mètres en aval de la borne 291, sur 40 mètres de longueur et sur 3 mètres de largeur.

Même observation qu'à la réparation n° 8, à paver sur toute sa longueur.

120 mètres , à 1 fr. 20................	144 »	
60 mètres , à 6 fr. 50...	390 »	
	534 »	
Rabais de 16 %..........................	85 44	
	448 56	448 56

11. — Pavage de la rampe du mas de Village, à 357 mètres en aval de la borne 292, sur 40 mètres de longueur et sur 3 mètres de largeur.

Même observation qu'à la réparation n° 8, à paver sur toute sa longueur. — Déjà en 1872 on avait prévu sur ce point un rechargement en terre, qui dut être ajourné à cause des pluies.

120 mètres, à 1 fr. 20......................	144 »	
60 mètres, à 6 fr. 50........................	390 »	
	534 »	
Rabais de 16 %...........................	85 44	
	448 56	448 56

12. — Enrochements au pied du talus de la digue, en aval du mas d'Auzière et à 30 mètres en amont de la borne 294, sur 75 mètres de longueur.

Enrochements affouillés à recharger.

110 mètres, à 6 fr. 50......................	715 »	
Rabais de 16 %...........................	114 40	
	600 60	600 60

13. — Enrochements au pied du talus de la digue en aval du pont du chemin de fer de Saint-Gilles et à 200 mètres en aval de la borne 296, sur 200 mètres de longueur.

Menace de corrosions. Rechargements d'enrochements affouillés. Réparation prévue et exécutée en partie pendant l'année 1872. Il importe de la compléter cette année.

170 mètres, à 6 fr. 50......................	1105 »	
Rabais de 16 %...........................	176 80	
	928 20	928 20

14. — Enrochements au pied du talus de la digue en amont de la rampe Chevalier et à 90 mètres en amont de la borne 297, sur 300 mètres de longueur.

Report............... 7.314 35

, Même observation qu'à la réparation précédente. Rechargement d'enrochements affouillés.

200 mètres, à 6.fr. 50...................... 1.300 »
Rabais de 16 %......................... 208 »

1.092 » 1.092 »

15. — Enrochements au pied du talus de la digue en aval de la maison de garde de Saint-Gilles et à 260 mètres en amont de la borne 298, sur 100 mètres de longueur.

Enrochements affouillés à recharger.

110 mètres à 6 fr. 50...................... 715 »
Rabais de 16 %......................... 114 40

600 60 600 60

16. — Enrochements au pied du talus de la digue en amont de la martellière d'Espeyan et à 300 mètres en aval de la borne 301, sur 250 mètres de longueur.

Menace de corrosions. Rechargement d'enrochements affouillés. Réparation déjà prévue en 1872, ajournée à cause des inondations.

200 mètres, à 6 fr. 50...................... 1.300 »
Rabais de 16 %......................... 208 »

1.092 » 1.092 »

3e Section entre la martellière d'Espeyban et Sylvéréal.

17. — Enrochements au pied du talus de la digue en aval de la rampe de Lafosse et à 275 mètres en amont de la borne 303, sur 80 mètres de largeur.

Corrosions actives au pied de la digue. Rechargement d'enrochements affouillés.

A reporter.......... 10.098 95

Report.............. 10.098 95

110 mètres, à 7 fr. 60........................ 836 »
Rabais de 16 %.....................·............ 133 76 .

702 24   702 24

18. — Continuation des enrochements à la suite des derniers exécutés au pied du talus de la digue en aval de la martellière de Lamotte et à 200 mètres en aval de la borne 305, sur 300 mètres de longueur.

Corrosions actives très-rapprochées du pied de la digue. Rechargement d'enrochements affouillés.

300 mètres, à 7 fr. 60........................ 2.280 »
Rabais de 16 %............................. 364 88

1.915 20   1.915 20

19. — Continuation des enrochements à la suite des derniers exécutés au pied du talus de la digue, en face le mas de Claire-Farine et à 50 mètres en amont de la borne 309, sur 120 mètres de longueur.

Même observation qu'à la réparation précédente. Rechargement d'enrochements affouillés.

250 mètres, à 7 fr. 60........................ 1.900 »
Rabais de 16 %............................. 304 »

1.596 »   1.596 »

20. — Continuation des enrochements à la suite des derniers exécutés en aval de la rampe de Claire-Farine et à 450 mètres en aval de la borne 309, sur 40 mètres de longueur.

Menace de corrosions. Rechargement d'enrochements affouillés.

110 mètres, à 7 fr. 60........................ 836 »
Rabais de 16 %.........................:... 133 76

702 24   702 24

A reporter.......... 15.014 63

Report.............. 15.014 63

21. — Continuation des enrochements à la suite des derniers exécutés en aval et en amont de la maison des Pradhaux et à 200 mètres en amont de la borne 313, sur 250 mètres de longueur.

Corrosions actives très-rapprochées du pied de la digue. Rechargement d'enrochements affouillés.

300 mètres, à 7 fr. 60.....................	2.280 »	
Rabais de 16 %...........................	364 80	
	1.915 20	1.915 20

22. — Pavage de la rampe du mas des Pradhaux, à 207 mètres en aval de la borne 313, sur 20 mètres de longueur et sur 4 mètres de largeur

Rampe continuellement dégradée par le passage journalier des bestiaux allant à l'abreuvoir ; à paver sur toute sa longueur.

80 mètres, à 1 fr. 20...	96 »	
40 mètres, à 7 fr. 60....................	304 »	
	400 »	
Rabais de 16 %.........................	64 »	
	336 »	336 »

23. — Enrochements au pied du talus de la digue, en aval et en amont de la martellière des Pradhaux et à 567 mètres en aval de la borne 313, sur 200 mètres de longueur.

Enrochements affouillés à recharger.

200 mètres, à 7 fr. 60.....................	1.520 »	
Rabais de 16 %..........................	243 20	
	1.276 80	1.276 80

24. — Enrochements au pied du talus de la digue en aval du Mas-Neuf et à 200 mètres en amont de la borne 315, sur 100 mètres de longueur.

Même observation qu'à la réparation précédente.

A reporter.......... 18.542 63

Report.............. 18.542 63

150 mètres, à 7 fr. 60..................... 1.440 »

Rabais de 16 %......................... 182 40

957 60   957 60

25. — Enrochement au pied du talus de la digue en amont et en aval du canal de Capette, et à 180 mètres en aval de la borne 318, sur 300 mètres de longueur.

Menace de corrosions. — Rechargement d'enrochements affouillés.

300 mètres, à 7 fr. 60..................... 2.280 »

Rabais de 16 %......................... 364 80

1.915 20   1.915 20

26. — Renouvellement des poutrelles du barrage du pont de Saint-Gilles.

Toutes les poutrelles actuelles du barrage du pont de Saint-Gilles sont dans un état complet de vétusté. Il faut nécessairement les remplacer (très-urgent).

2 mètres 94 centimètres, à 80 fr.............. 235 20   235 20

27. — Réparation et entretien des maisons de garde.

Réparation des carrelages, murs extérieurs et intérieurs, toitures, cheminées, portes et fenêtres, four de Lafosse et menues réparations locatives.

600 »   600 »

RÉPARATION APPLICABLE AUX 2ᵉ ET 3ᵉ SECTIONS RÉUNIES.

28. — Exhaussement en remblais des parties de la digue syndicale qui n'ont pas 60 centimètres de hauteur au-dessus de la crue d'octobre 1872 en amont de Saint-Gilles, 40 centimètres de Saint-Gilles à Espeyran, et à 30 centimètres d'Espeyran à Sylvéréal :

A reporter.............. 22.250 63

1° Entre les martellières de Lagorce et de Berthaud (bornes 290, 292,5), sur 2,400 mètres de longueur.

960 mètres, à 1 fr........................ 960 »

2° Entre le viaduc et le pont de Saint-Gilles (bornes 295,3 à 297,2), sur 2,000 mètres de longueur.

1.000 mètres, à 1 fr..................... 1.000 »

3° Entre le Mas-Blanc et la martellière d'Espeyran (bornes 269 à 302), sur 2,900 mètres de longueur.

1,160 mètres, à 1 fr..................... 1.160 »

4° Entre le mas de la Motte et le mas des Pradeaux (bornes 307 à 313), sur 6,000 mètres de longueur.

2,400 mètres à 1 fr..................... 2.400 »

5° Entre le petit Mas-Neuf et le canal de Capette (bornes 315,9 à 318,3), sur 2,400 mètres de longueur.

960 mètres, à 1 fr..................... 960 »

6° Abords de l'écluse de Sylvéréal, sur 50 mètres de longueur.

60 mètres, à 1 fr..................... 60 »

6.540 »

Rabais de 16 %..................... 1.046 40

5.493 60 5.493 60

Les parties de digues signalées ci-dessus ont des hauteurs beaucoup plus faibles que l'ensemble de la ligne de défense générale et ont donné les plus grandes inquiétudes pendant les inondations d'octobre et de décembre 1872. Il est indispensable de les améliorer par un faible relèvement prévu à 60 centimètres au-dessus de la crue d'octobre, en amont de Saint-Gilles, à 40 centimètres entre Saint-Gilles et Espeyran, et enfin à 30 centimètres jusqu'à Sylvéréal. L'administration municipale et les habitants de Saint-Gilles réclament vivement l'exécution

| | Report.................. | 27.744 23 |

du rehaussement projeté. Il ne nous paraît pas pouvoir être
ajourné.

	Total........................	27.744 23
Somme à valoir pour travaux imprévus de toute nature.......		2.255 77
	Dépense totale..................	30.000 »

7º Consentez-vous à ce que non-seulement le matériel compromis
dans les dernières crues soit remplacé, mais encore à ce qu'il soit accru
des objets ci-après indiqués par M. le conducteur des ponts et
chaussées?

MATÉRIEL A ACQUÉRIR

2000 Bougies.

190 Bayàrds

30 Haches à deux mains

500 Planchards

100 Dames

20 Marteaux à deux mains

100 Paquets de cordes de 20 mètres de long sur 0m01 de diamètre.

20 Grandes tentes

36 Tentes de 6 mètres sur 8 pour la défense des digues.

30 Tentes de 6 mètres sur 6 pour abriter les ouvriers

2000 Sacs

1000 Piquets de 1 mètre de longueur

150 de 0m 80 de longueur

10 Scies à bûches

Quelques torches.

Il est bien entendu qu'on songera d'abord aux objets les plus nécessaires pour ne pas dépasser les crédits qui comprennent ce matériel.

8º Êtes-vous d'avis que pour faire face aux dépenses ordinaires et extraordinaires de cette année, ces dépenses excédant de 15,000 fr. environ la
dépense des années précédentes, on n'ait recours ni à une aggravation

d'impôt, ni à un emprunt, mais purement et simplement à l'encaisse de 30,000 fr. qui ne se trouvera ainsi diminué que de moitié ?

9° Enfin, Messieurs, pensez-vous qu'il y ait justice et opportunité à se plaindre de l'insuffisance de concours de l'État qui n'intervient dans nos dépenses d'entretien que pour un quart seulement, alors qu'il accorde à d'autres syndicats dans une situation identique à la nôtre, presque toujours le tiers, et, ailleurs, quelquefois la moitié ?

Si telle est votre opinion, j'aurai l'honneur de vous soumettre tout à l'heure un projet de lettre à M. le ministre des travaux publics, au bas de laquelle, si vous l'approuvez, vous voudrez bien apposer votre signature.

Ces diverses propositions, après avoir été successivement étudiées et discutées, sont toutes acceptées sans modifications, sauf celle qui est relative à la location de bateaux destinés, en temps de crue, au transport des ouvriers, des vivres et du matériel nécessaire.

Les bateaux ordinaires paraissent au syndicat tout à fait insuffisants pour l'objet auquel on les destine. Leur entretien dans le courant de l'année serait dispendieux, et, d'ailleurs, leur marche trop lente, même à la descente, à plus forte raison à la remonte, ne remplirait pas le but qu'on se propose. Dans ces moments difficiles, la promptitude des manœuvres est une nécessité, et les bateaux à vapeur seuls peuvent donner ce que de telles circonstances exigent.

Ces bateaux sont en assez grand nombre à Arles, et rien ne sera plus aisé que d'en louer autant qu'il sera nécessaire, sans que le syndicat soit entraîné à des dépenses considérables.

Cette proposition ainsi modifiée par M. l'ingénieur Rondel est acceptée.

Arrivant à la demande à faire au Ministre des travaux publics pour obtenir annuellement de l'État des sommes plus fortes pour les dépenses relatives à l'entretien des digues, M. le Directeur propose de la formuler comme suit :

« MONSIEUR LE MINISTRE,

» Les soussignés, membres du syndicat de la rive droite du Rhône de Beaucaire à la mer, justement préoccupés des dangers auxquels viennent d'échapper les chaussées confiées à leur surveillance, et bien convaincus de la nécessité où ils vont se trouver, à l'avenir, de consacrer à leur entretien des sommes plus considérables, s'adressent à vous avec confiance, pour exposer leur situation et vous prier d'y avoir égard.

» Né des désastres de 1840 et 1841, embrassant dans son périmètre près de 45,000 hectares, trois villes, un port, d'immenses salins, plus de 100 kilomètres de canaux et 60 kilomètres de chaussées à défendre, le syndicat de la rive droite du Rhône de Beaucaire à la mer n'a pas cessé, depuis sa création, d'imposer à la propriété les plus lourds sacrifices.

» Sans doute, l'étendue de ces sacrifices n'a pas été toujours la même, et l'on doit reconnaître que les dix années de sécheresse exceptionnelle qui se sont, au milieu de nous, succédé sans interruption, en ont sensiblement allégé le poids. — Néanmoins, à les considérer dans leur ensemble, ils atteignent encore la limite de *deux millions*, et c'est sans se plaindre que, même dans les jours les plus critiques, il a supporté cette aggravation d'impôt.

» Il a fait plus. — Invité à donner son concours à une œuvre d'une grande importance, assurément, mais qui ne l'intéressait qu'indirectement (l'amélioration de la navigation générale du Rhône, à Saint-Denis), le syndicat de la rive droite de Beaucaire à la mer, n'a pas hésité à s'imposer extraordinairement près de 110,000 fr., qui ont longtemps pesé sur son budget.

» Signaler de tels actes, ce n'est pas les regretter, Monsieur le Ministre ; mais, serait-il interdit de les rappeler au moment où l'on a recours à vous, pour la réparation d'une inégalité échappée à votre impartialité, et qu'il suffit d'indiquer pour la faire disparaître.

» Parmi les divers syndicats échelonnés sur le littoral du Rhône, il en est quelques-uns aux dépenses desquels l'Etat concourt pour la *moitié ;* — presque tous les autres, reçoivent le *tiers,* et parmi ces derniers figurent le grand Syndicat de la *Camargue* et celui du *Plan du Bourg.*

» Le syndicat de la rive droite de Beaucaire à la mer est le seul peut-être auquel on n'accorde que le *quart.*

Pourquoi cette différence entre des syndicats si rapprochés ? — Qu'il s'agisse du grand ou du petit Rhône, les dangers pour la rive droite et la rive gauche ne sont-ils pas les mêmes ? — Leurs territoires exposés aux mêmes risques sont-ils d'inégale valeur, et la situation des contribuables qui les exploitent n'est-elle pas identique au point de vue de leur aisance ou de leur misère ?

» Mettre en relief ces analogies ou plutôt ces complètes ressem-. blances, n'est-ce pas rendre inexplicable l'inégale répartition qui est faite des secours de l'Etat ?

» Ce serait , Monsieur le Ministre , méconnaître votre esprit de justice que de douter du succès de la demande que les soussignés vous adressent et recommandent à toute votre bienveillance, en vous priant d'agréer, d'avance, Monsieur le Ministre, l'expression de leur plus vive gratitude et de leur profond respect. »

————————

Cette lettre approuvée et immédiatement signée par tous les membres du syndicat, sera adressée à M. le Préfet du Gard , dont chacun a pu, dans la dernière crise, apprécier le dévouement, et qui ne refusera certainement pas son appui.

ÉTAT RÉCAPITULATIF

DES

RECETTES ET DES DÉPENSES

DU SYNDICAT

depuis son organisation (30 décembre 1845) jusqu'au 31 mars 1872

OBSERVATIONS

sur l'état récapitulatif des recettes et des dépenses du Syndicat.

De l'examen de cet état, il résulte que les travaux de diverses natures, ordinaires et extraordinaires, exécutés sur les 60 kilomètres de digues de Beaucaire à la mer (et, pour être plus exact, de Beaucaire à Sylvéréal), ont absorbé, depuis l'organisation du syndicat, la somme de 2,386,877 fr. 37.

Dans ce chiffre, la part de l'Etat est de 596,786 fr. 47 ; celle du syndicat, de 1,790,090 fr. 90.

En voici la répartition :

Il a été fourni par :			Moyenne par année :	
Beaucaire...........................	511.471	58	18.943	37
Fourques...........................	266.422	14	9.867	46
Saint-Gilles........................	326.520	60	12.093	71
Bellegarde.........................	95.061	65	3.520	78
Beauvoisin	2.947	42	109	14
Vauvert...........................	46.991	21	1.740	40
Le Cailar..........................	59.087	90	2.188	42
Aimargues.........................	14.072	30	521	16
Saint-Laurent-d'Aigouze	106.530	81	3.945	56
Aiguesmortes	94.134	49	3.486	44
Les Salins.........................	118.284	»	4.380	78
Les Canaux.........................	141.024	50	5.223	10
Le Département.....................	7.542	30	279	34
Total égal.................	1.790.090	90	66.299	66

De cet état, il résulte encore que, depuis plusieurs années, le chiffre des dépenses s'est notablement amoindri.

Tel qu'il est établi aujourd'hui, le budget du syndicat n'impose pas, en moyenne, aux contribuables, une charge de plus de 0.60 centimes par hectare, toutes les catégories de terrain confondues.

Nous ne croyons pas qu'il y ait beaucoup de syndicats dans une situation meilleure ; et si l'Etat élève du quart au tiers, comme on a tout lieu de l'espérer, sa part de concours, la contribution syndicale se trouvera allégée d'autant, et un grand nombre de cotes seront alors à tel point réduites qu'elles deviendront insaisissables, et pourraient sans inconvénient disparaître des rôles, sans les incertitudes de l'avenir et la crainte de nouveaux désastres peu probables sans doute, mais non pas impossibles.

SYNDICAT DES DIGUES DU RHONE DE BEAUCAIRE A LA MER

récapitulatif des **DÉPENSES** et des **RECETTES** du Syndicat, depuis son organisation (**30 décembre 1845**) jusqu'au **31 mars 1872**

RECETTES PROVENANT DE LA COTISATION DE PLACEMENT des fonds & des dommages alloués au Syndicat.	DÉPENSES ORDINAIRES						DÉPENSES EXTRAORDINAIRES									TOTAL des dépenses extraordinaires.	TOTAL GÉNÉRAL des dépenses ordinaires et extraordinaires.
	TRAVAUX d'entretien	TRAITEMENT des Gardes, DÉPLACEMENT et indemnités.	FRAIS d'administration lacluaant excel des matrices.	DÉPENSES DIVERSES	HONORAIRES des Ingénieurs ET REMISES des Percepteurs	TOTAL des dépenses ordinaires	Rehaussement général des chaussees. BARRAGE DU RHÔNE près la chaussée St-Denis.	Délimitation DES TALUS et indemnités aux riverains.	Construction de maisons de garde.	TRAVAUX occasionnés par les orages.	Confection de MATRICES ET LEVÉE de plans.	Commission spéciale et autres intérêts.	Intérêts DES EMPRUNTS et autres intérêts.	Honoraires des Ingénieurs ET REMISES des percepteurs.			
»	**B** 13.000 »	3.316 10	643 »	336 15	937 06	18.232 31	**E.** »	**H.** »	**I** »	**K** 6.150 »	»	1.000 »	337 70	578 50	8.066 20	26.298 51
»	4.917 95	3.392 88	715 70	167 »	491 44	9.814 97	309.000 »	»	»	1.851 87	»	6.737 98	13.123 30	6.737 09	337.450 84	347.065 41
3.804 17	»	8.302 07	1.260 85	132 »	514 69	10.579 21	298.147 70	»	»	»	2.000 »	1.800 »	28.422 30	9.980 38	339.350 38	388.939 59
334.923 24	9.510 31	6 452 26	2.220 95	497 50	916 05	18.303 07	87.137 67	»	»	»	2.000 »	1.370 »	28.541 75	6.809 27	125.848 69	286.161 76
3.163 02	»	6.173 12	1.744 95	378 45	396 81	8.693 33	14.109 92	»	»	»	1.000 »	4.840 »	33.195 »	971 55	52.739 80
34 182 80	11.043 87	6.217 57	2.714 75	451 95	1.050 47	21.778 61	60.913 29	478 80	»	»	1.500 »	48 75	39.756 32	4.935 19	107.632 35	129.410 96
125.055 80	13.548 73	6.437 92	2.194 50	196 75	1.161 32	23.539 22	3.182 58	1.842 10	994 39	518 65	2.000 »	616 »	39.317 22	3.925 80	52.396 74	75.935 96
117.401 10	4.544 15	6 325 35	3.485 15	345 79	922 70	14.683 14	5.312 12	48 30	2.635 35	95 80	1.276 »	»	19.018 46	2.887 90	31.278 93	45.897 07
107.130 07	4 703 76	6 316 »	3.233 55	465 35	903 13	15.711 79	»	20.568 47	»	»	»	24.007 54	955 95	45.341 96	61.223 05
116.385 45	4.703 70	6.710 15	3.061 70	102 80	998 »	15.585 41	»	»	»	687 35	»	304 50	11.336 50	62 07	12.450 42	28.035 83
84.660 17	3.913 74	7.453 92	4.527 48	989 87	1.031 45	17.916 46	**F** 33.299 33	»	»	151.181 50	»	500 »	14.109 95	1.027 30	166.868 75	184.795 21
93.951 08	43.481 42	8.182 17	4.080 75	725 15	2.355 92	**C** 58.834 41	»	»	»	»	»	»	15.453 24	1.998 80	50.750 87	109.585 28
99.659 93	15.432 70	8.748 10	3.797 33	784 95	1.432 33	30.175 41	»	»	9.860 63	»	»	»	1.934 68	894 75	12.687 06	42.862 47
53.445 »	21 761 88	9.475 02	3.445 07	389 98	1.733 74	36.804 69	»	»	4.150 80	»	»	»	»	329 30	4.797 14	44.601 83
65.810 60	61.135 50	9.564 83	4.615 47	809 60	2.899 74	**D** 79.085 14	»	»	3.281 07	317 15	»	2.000 »	12.000 »	1.047 80	18.430 52	97.515 66
67.646 78	40.409 17	9.828 19	4.492 07	530 90	2.658 84	57.919 17	»	»	»	**I** 6.258 96	»	»	»	117 76	6.376 72	64.295 89
65.724 57	20.381 68	9.814 28	4.040 98	782 15	2.544 91	56.793 »	»	7.178 43	»	504 »	»	»	2.438 40	586 05	10.759 78	67.552 78
50.870 51	55.834 22	9.953 07	3.819 37	702 30	2.332 98	52.632 84	»	»	»	413 70	»	»	2.000 »	175 40	2.589 10	55.221 94
57.100 18	30.978 07	9.710 72	4.391 57	445 30	2.077 11	47.431 77	»	»	»	1.980 93	»	»	»	107 01	2.087 96	49.517 73
57 308 58	25.591 98	8.607 11	3.366 54	477 56	1.695 45	39.888 64	**G** 25.000 »	»	»	321 94	»	»	2.593 60	939 54	28.855 13	68.683 77
58.908 50	20.990 81	8.631 52	3.082 21	2.041 72	2.288 94	38.544 20	25.000 »	»	»	»	»	»	»	1.271 80	26 271 80	64.816 »
54.133 12	20.501 08	9.078 57	3.680 97	8.200 97	2.125 80	43.596 39	25.000 »	»	»	»	»	4.000 »	»	»	25.000 »	68.596 39
53.831 01	19.809 01	8.020 05	3.854 78	1.310 90	2.937 83	36.021 58	25.000 »	»	»	»	»	»	»	»	29.000 »	65.021 58
29.009 90	20.553 80	7 920 30	3 300 28	594 79	938 84	33.314 01	»	»	»	2.825 »	»	500 »	»	»	2 825 »	36.139 01
27.817 44	17.413 29	7.307 10	2.858 50	996 33	2.756 58	31.901 62	6.250 »	»	»	»	»	»	»	»	6.750 »	38.011 62
26.454 34	15.908 30	7.740 00	2.765 90	915 58	1.717 57	29.137 50	»	»	»	»	»	»	»	»	»	29.137 50
34 018 02	14.333 37	8.027 95	2.800 68	977 97	1.074 26	25.174 23	»	»	»	7.958 75	»	»	»	»	7.958 75	33.132 98
1.829.171 15	541.393 03	208.305 80	82.780 20	25.311 78	42.933 76	870.831 51	917.342 61	52.937 07	28.095 56	181.224 39	9.776 »	23.777 27	287.575 05	45.319 51	1.510.045 86	2.386.877 37
en frais de...	432.508 47	52.008 96	»	»	»	184.097 43	270.864 16	8.206 97	7.023 84	125.994 07	»	»	»	»	412.089 04	596.786 47
à charge du Syndicat	378.795 47	156.296 90	82.780 20	25.311 78	42.933 76	686.134 08	646.478 45	44.730 70	21.074 72	55.230 10	9.776 »	23.777 27	287.575 05	45.319 51	1.103.956 82	1.790 090 90

RELEVÉ DES OBSERVATIONS

faites pendant 25 ans, à Beaucaire et à Fourques

sur le niveau du Grand et du Petit-Rhône, l'état du ciel et la nature des vents qui ont régné pendant la même période.

MÊMES OBSERVATIONS

pendant 20 années

sur le Petit-Rhône, à Saint-Gilles et à Sylvéréal.

5

L'ÉTIAGE

Le point de départ des échelles rhonométriques sur lesquelles ont été prises les cotes contenues dans les tableaux ci-après, est le zéro de ces échelles, et ce zéro est ce qu'on appelle l'*étiage*.

Quelle est la signification du mot *étiage ?*

D'une façon absolue, l'*étiage* veut dire *le niveau des plus basses eaux connues*. — Mais, chaque année peut amener des eaux plus basses que celles qui ont été observées précédemment, et, dès lors, l'étiage change.

L'*étiage* d'une année, c'est le niveau des plus basses eaux de cette année.

On observe généralement deux *étiages* par an ; celui d'été et celui d'hiver. Il faut donc ici ne pas tenir compte de l'étymologie du mot étiage, qui dérive du mot *été*.

Sur les cours d'eau alimentés par des glaciers, tels que le Rhône, l'*étiage* d'hiver est ordinairement *plus bas que celui de l'été*.

En présence de cette variabilité de l'*étiage*, il est indispensable d'avoir sur les fleuves des points de repère précis ; ils sont donnés par les échelles de hauteur placées en divers points et dont les zéros correspondent, généralement, aux plus basses eaux observées avant la pose de l'échelle ; ce sont ces zéros qui indiquent ce qu'on appelle communément l'*étiage*. Et quand on dit vulgairement qu'une crue s'élève à 4, 5 mètres au-dessus de l'étiage, on entend par là qu'elle s'élève à 4, 5 mètres au-dessus du zéro de l'échelle observée ; certaines eaux descendent même au-dessous de ce zéro.

On dit, alors, que les eaux sont au-dessous de l'*étiage* de telle échelle et leur cote est négative. — Aussi, dans les tableaux d'observations d'échelles, rencontre-t-on les signes — 0.35, — 0.40 qui indiquent 35 et 40 centimètres au-dessous du zéro.

Comme on le voit, ces notations sont un peu vagues ; c'est affaire de convention.

Les meilleures échelles sont celles dont les zéros sont très-rarement découverts. Celles sur lesquelles les observations suivantes ont été faites, à Beaucaire principalement, ont ce mérite. — Leur zéro correspond aux plus basses eaux possibles, suivant l'expérience acquise jusqu'à ce jour.

N.-B. — Les lettres C B inscrites quelquefois dans la colonne des observations faites à l'échelle de Fourques, sont l'abréviation du mot *contre-bas*, et indiquent qu'un obstacle accidentel s'est opposé à la détermination de la cote.

EXEMPLE. — Des enrochements, des ensablements ont couvert, en juin 1849, une portion de l'échelle de Fourques. — En *contre-bas* de cet obstacle, les cotes, pendant quelque temps, n'ont pu être relevées.

ANNÉE 1848.

JANVIER

DATES.	Echelle de Beaucaire. Hauteurs observées (matin) Heure	Cote	Echelle de Fourques. Hauteurs observées (matin) Heure	Cote	VENTS.	ÉTAT DU CIEL.

Les observations sur l'état du Rhône et du ciel n'ayant été faites que très-imparfaitement pendant le premier mois de l'année 1848, on a mieux aimé les supprimer que de donner des cotes dont l'exactitude ne pouvait être garantie.

FÉVRIER

DATES.	Echelle de Beaucaire. Hauteurs observées (matin) Heure	Cote	Echelle de Fourques. Hauteurs observées (matin) Heure	Cote	VENTS.	ÉTAT DU CIEL.
1	midi.	0.90	midi.	0.80	Nord fort.	Clair.
2	»	0.80	»	0.55	Id.	Id.
3	»	0.80	»	0.30	id.	Id.
4	»	0.91	»	0.50	id.	Id.
5	»	1.08	»	0.50	id.	Id.
6	»	1.08	»	0.45	N. mod.	Id.
7	»	0.92	»	0.40	N.-Ouest.	Id.
8	»	0.78	»	0.40	Nord.	Id.
9	»	0.72	»	0.22	Ouest.	Pluie.
10	»	0.92	»	0.40	Sud.	Id.
11	»	1.60	»	1.08	N.-Ouest.	Clair.
12	»	2.52	»	1.70	Nord fort.	Id.
13	»	2.25	»	1.70	Id.	Id.
14	»	2.06	»	1.42	Nord.	Id.
15	»	1.90	»	1.32	Sud.	Id.
16	»	1.84	»	1.28	Est fort.	Pluie.
17	»	1.90	»	1.26	Nord-Est.	Clair.
18	»	1.82	»	1.22	Nord fort.	Id.
19	»	1.68	»	1.05	Nord.	Id.
20	»	1.40	»	0.82	Sud.	Pluie.
21	»	1.18	»	0.65	Nord fort.	Clair.
22	»	1.04	»	0.50	Ouest.	en p. couv.
23	»	1.04	»	0.50	N.-Ouest.	Clair.
24	»	1.05	»	0.50	Sud.	Id.
25	»	1.55	»	0.80	Est.	en p. couv
26	»	1.90	»	1 35	Ouest.	Clair.
27	»	1.80	»	1.25	Id.	Id.
28	»	1.80	»	1.40	N.-Ouest.	Id.
29	»	2.40	»	1.96	Ouest.	en p. couv

MARS

DATES.	Heure	Cote	Heure	Cote	VENTS.	ÉTAT DU CIEL.
1	midi.	2.80	midi.	2.22	Ouest.	Pluie.
2	»	2.60	»	2.00	N.-Ouest.	Clair.
3	»	2.55	»	1.98	Id.	id.
4	»	2.45	»	1.85	Nord fort.	id.
5	»	2.35	»	1 62	Nord.	id.
6	»	2.15	»	1.50	Id.	id.
7	»	2.10	»	1.50	Id.	id.
8	»	2.05	»	1.42	Nord fort.	id.
9	»	2.00	»	1.35	Nord.	id.
10	»	1.82	»	1.25	N.-Ouest.	en p. couv. (1)
11	»	1.70	»	1.05	Id.	Id.
12	»	1.30	»	0.95	Id.	Id.
13	»	1.60	»	1.10	N.-O. fort.	Couvert.
14	»	1.80	»	1.28	Nord fort.	id.
15	»	1.85	»	1.26	Nord.	en p. couv.
16	»	1.87	»	1.34	Ouest.	Clair.
17	»	1.90	»	1.40	Sud.	Couvert.
18	»	2.00	»	1.48	Id.	id.
19	»	2.25	»	1 70	Id.	id.
20	»	2.55	»	2.00	Id.	Pluie.
21	»	3.10	»	2.62	Ouest.	Clair.
22	»	3.06	»	2 42	Id.	id.
23	»	2.80	»	2.30	Nord fort.	id.
24	»	2.90	»	2.52	Ouest.	id.
25	»	3.40	»	2.80	Nord fort.	id.
26	»	3.35	»	2.83	Sud.	id.
27	»	3.18	»	2.65	Id.	Couvert.
28	»	2.92	»	2.38	Est fort.	Id.
29	»	2.95	»	2.40	id.	Id.
30	»	3.30	»	2.80	id.	Id.
31	»	3.27	»	2.80	id.	Id.

AVRIL

DATES.	Heure	Cote	Heure	Cote	VENTS.	ÉTAT DU CIEL.
1	midi.	3 47	midi.	3.00	Sud.	Nébuleux
2	»	3.10	»	2.60	id.	Couvert.
3	»	2.95	»	2.45	id.	Pluie.
4	»	4.20	»	3.80	id.	en p couv.
5	»	3.72	»	3 10	id.	id.
6	»	3.10	»	2.55	Est.	Pluie.
7	»	2.85	»	2.35	id.	id.
8	»	3.90	»	3.35	Sud fort.	Couvert.
9	»	4.67	»	4.15	id.	id.
10	»	4.65	»	4.15	Ouest fort	Clair.
11	»	4.44	»	3.80	id.	id.
12	»	3.77	»	3.30	N.-Ouest.	id.
13	»	3.45	»	3.25	Nord fort.	id.
14	»	3.27	»	2.80	Nord.	id.
15	»	3.75	»	3.15	N.-Ouest.	id.
16	»	4.20	»	3.20	Sud.	id.
17	»	4 25	»	3.80	Est fort.	id.
18	»	3.65	»	3.10	Est.	Couvert.
19	»	3.40	»	3.20	id.	Pluie.
20	»	4.45	»	3.35	Ouest.	Clair.
21	»	5.85	»	4.90	N.-Ouest.	Id.
22	»	5.62	»	4.88	Ouest.	Id.
23	»	4.90	»	4.40	id.	id.
24	»	4.48	»	4.25	id.	id.
25	»	4.49	»	3.98	Nord.	id.
26	»	4.30	»	3.80	id.	id.
27	»	3.85	»	3.40	Ouest.	id.
28	»	3.65	»	3.20	Est.	Couvert.
29	»	3.45	»	3.00	id.	Clair.
30	»	3.29	»	2.80	Sud.	id.

(1) Cette abréviation veut dire : En partie couvert.

MAI

DATES.	Echelle de Beaucaire. Hauteurs observées (matin)		Echelle de Fourques. Hauteurs observées (matin)		VENTS.	ÉTAT DU CIEL.
	Heure	Cote	Heure	Cote		
1	midi.	3.15	midi.	2.65	Est.	Clair.
2	»	3.10	»	2.50	id.	Pluie.
3	»	3.00	»	2.52	Sud.	Clair.
4	»	2.94	»	2.45	id.	id.
5	»	2.70	»	2.15	Est.	Pluie.
6	»	2.60	»	2.08	Nord.	Clair.
7	»	2.50	»	2.00	Sud.	id.
8	»	2.23	»	1.74	id.	id.
9	»	2.00	»	1.40	id.	id.
10	»	1.90	»	1.30	id.	id.
11	»	1.80	»	1.27	id.	id.
12	»	1.80	»	1.30	id.	id.
13	»	1.85	»	1.25	id.	id.
14	»	1.80	»	1.28	id.	id.
15	»	1.80	»	1.25	Est.	id.
16	»	1.72	»	1.25	id.	Pluie.
17	»	1.72	»	1.30	Nord.	Clair.
18	»	1.95	»	1.50	id.	id.
19	»	2.80	»	2.05	id.	id.
20	»	2 35	»	1.65	Nord fort.	id.
21	»	2.00	»	1.35	id.	id.
22	»	2.05	»	1.40	id.	id.
23	»	2.10	»	1.33	Sud.	id.
24	»	1.98	»	1.34	id.	id.
25	»	1.89	»	1.35	id.	id.
26	»	1.95	»	1.40	id.	id.
27	»	1.98	»	1.40	id.	id.
28	»	1.95	»	1.44	id.	id.
29	»	2.00	»	1.48	id.	Orageux.
30	»	2.00	»	1.44	Nord fort.	en p. souv.
31	»	1.98	»	1.42	id.	Clair.

JUIN

DATES.	Echelle de Beaucaire. Hauteurs observées (matin)		Echelle de Fourques. Hauteurs observées (matin)		VENTS.	ÉTAT DU CIEL.
	Heure	Cote	Heure	Cote		
1	midi	1.95	midi.	1.25	Nord.	Clair.
2	»	1.78	»	1.20	Sud.	id.
3	»	1.70	»	1.18	Est.	Pluie.
4	»	2.23	»	1.70	Sud.	Clair.
5	»	2.70	»	2.40	Est.	Pluie.
6	»	3.24	»	2.65	Sud.	Clair.
7	»	3.65	»	3.25	Est.	Pluie.
8	»	3.53	»	3.05	Sud.	Couvert
9	»	3.22	»	2.65	Nord.	Clair.
10	»	2.90	»	2.35	Sud.	id.
11	»	2.80	»	2.25	id.	id.
12	»	2.55	»	2.05	id.	Couvert
13	»	2.50	»	2.05	Ouest.	Pluie.
14	»	2.55	»	2.10	Sud.	Clair.
15	»	2.45	»	1.95	id.	id.
16	»	2.25	»	1.72	id.	Pluie.
17	»	2.22	»	1.70	Est.	Forte plui
18	»	3.75	»	3.20	Sud.	en p. souv
19	»	3.30	»	2.90	Ouest.	id.
20	»	3.20	»	2.75	Sud.	id.
21	»	2.92	»	2.45	id.	id.
22	»	2.70	»	2.15	id.	id.
23	»	2.40	»	1.95	id.	id.
24	»	2.28	»	1.85	id.	id.
25	»	2.20	»	1.70	Nord.	id.
26	»	2.25	»	1.68	id.	id.
27	»	2.20	»	1.70	Ouest.	id.
28	»	2.10	»	1.55	N.-Ouest.	id.
29	»	2.00	»	1.45	id.	id
30	»	1.85	»	1.35	id.	id.

JUILLET

DATES.	Echelle de Beaucaire. Hauteurs observées (matin)		Echelle de Fourques. Hauteurs observées (matin)		VENTS.	ÉTAT DU CIEL.
1	midi.	1.90	midi.	1 50	Nord.	Clair.
2	»	2.40	»	2.10	id.	id.
3	»	2.95	»	2.58	id.	id.
4	»	3.40	»	2 90	id.	id.
5	»	2.90	»	2.20	Sud.	id.
6	»	2.45	»	1.90	Sud-Est.	id.
7	»	2.36	»	1.80	id.	id.
8	»	2 20	»	1.70	Nord.	id.
9	»	2.10	»	1.55	N.-Ouest.	id.
10	»	1.98	»	1.50	Nord.	id.
11	»	1.80	»	1.30	Nord très-f.	id.
12	»	1.75	»	1.25	Nord.	id.
13	»	1.70	»	1.15	id.	id.
14	»	1.60	»	1.08	S.-Ouest.	id.
15	»	1.60	»	1.00	Nord.	id.
16	»	1.48	»	0.92	id.	id.
17	»	1.40	»	0.85	id.	id.
18	»	1.35	»	0.80	Sud.	id.
19	»	1.31	»	0.78	id.	id.
20	»	1.30	»	0.75	Nord.	id.
21	»	1.25	»	0.75	id.	id.
22	»	1.25	»	0.75	id.	id.
23	»	1.30	»	0.75	id.	id.
24	»	1.30	»	0.75	Sud.	id.
25	»	1.26	»	0.80	Nord-Est	id.
26	»	1.24	»	0.70	Nord	id.
27	»	1.18	»	0.70	id.	id.
28	»	1.13	»	0.70	id.	id.
29	»	1.10	»	0 68	id.	id.
30	»	1.10	»	0.60	id.	id.
31	»	1.08	»	0.55	id.	id.

AOUT

DATES.	Echelle de Beaucaire. Hauteurs observées (matin)		Echelle de Fourques. Hauteurs observées (matin)		VENTS.	ÉTAT DU CIEL.
1	midi.	1.07	midi.	0 50	Nord.	Clair.
2	»	1.05	»	0.48	id.	id.
3	»	1.00	»	0 45	id.	Couvert
4	»	0.95	»	0.45	Sud.	Clair.
5	»	1.00	»	0.45	Sud - Est.	id
6	»	1.10	»	0.55	Nord-Est	id.
7	»	1.05	»	0.50	Sud-Est.	Brouillard
8	»	0.95	»	0.42	Sud.	Clair.
9	»	0.90	»	0.40	Nord.	id.
10	»	0.90	»	0.35	id.	id.
11	»	0.85	»	0.40	id.	id.
12	»	0 85	»	0.35	id.	id.
13	»	0.85	»	0 35	id.	id.
14	»	0.85	»	0.35	Sud - Est.	id.
15	»	0.85	»	0.33	Nord.	id.
16	»	0.85	»	0.35	Sud.	Orageux
17	»	1.10	»	0.50	Sud-Est.	Clair.
18	»	1.15	»	0.60	Nord.	id.
19	»	1.19	»	0.85	Sud.	id.
20	»	1.25	»	0.72	id.	Brouillard
21	»	1.10	»	0.50	id.	Clair.
22	»	0.68	»	0.40	Nord.	id.
23	»	0.90	»	0.35	Sud.	id.
24	»	0.85	»	0.30	id.	id.
25	»	0.82	»	0.30	Nord-Est	id.
26	»	0.80	»	0.30	Nord.	id.
27	»	0.82	»	0 30	id.	id.
28	»	0.85	»	0.28	id.	id.
29	»	0.80	»	0.25	id.	id.
30	»	0.76	»	0.20	id.	Brouillard
31	»	0.76	»	0.20	Sud.	Clair.

SEPTEMBRE

DATES.	Echelle de Beaucaire. Hauteurs observées (matin)		Echelle de Fourques. Hauteurs observées (matin)		VENTS.	ETAT DU CIEL.
	Heure	Cote	Heure	Cote		
1	midi.	0 73			Sud.	Clair.
2	»	0.70			Nord.	id.
3	»	0.70			Sud-Ouest	id.
4	»	0.70			Nord	id.
5	»	0 70			Sud-Est	id.
6	»	0.70			id.	Pluie.
7	»	0.70			N.-Ouest.	Clair.
8	»	0.70			Nord-Est.	Brouillard.
9	»	0.68			id.	Id.
10	»	0.73			id.	Clair.
11	»	0.78			Sud-Est.	Orageux.
12	»	0.75			Nord très f.	Clair.
13	»	0 70			Nord-Est.	Couvert.
14	»	0.70			id.	Clair.
15	»	0.70			Nord fort.	id.
16	»	0 70			id.	id.
17	»	0.69			Nord-Est.	id.
18	»	0.43			Nord fort.	id.
19	»	0.43			Nord.	id.
20	»	0.40			N.-Ouest.	id.
21	»	0.40			Sud.	id.
22	»	0.35			id.	id.
23	»	0 40			Sud-Est.	Pluie.
24	»	0.38			S.-Ouest.	en p. couv.
25	»	0.90			Sud.	Pluie.
26	»	1.12			Sud-Est.	id.
27	»	2.40			S.-Ouest.	id.
28	»	2.95			id.	id.
29	»	2.70			Nord-Est.	id.
30	»	2.40			id.	Id.

OCTOBRE

DATES.	Echelle de Beaucaire. Hauteurs observées (matin)		Echelle de Fourques. Hauteurs observées (matin)		VENTS.	ETAT DU CIEL.
	Heure	Cote	Heure	Cote		
1	midi.	1.75	midi.	1.20	S.-Ouest	Pluie.
2	»	1.87	»	1.20	Nord.	Clair.
3	»	1.45	»	1.15	id.	id.
4	»	1.18	»	0.65	id.	id.
5	»	1.05	»	0.40	id.	id.
6	»	0.88	»	0.33	id.	id.
7	»	0.75	»	C B	Sud.	id.
8	»	0.68	»	C B	Nord.	id.
9	»	0.60	»	C B	id.	id.
10	»	0.55	»	C B	S.-Ouest.	id.
11	»	0.45	»	C B	Nord.	id.
12	»	0.40	»	C B	id.	id.
13	»	0.35	»	C B	N.-Ouest.	Couvert.
14	»	0.30	»	C B	Nord.	Clair.
15	»	0.30	»	C B	Sud.	Pluie.
16	»	0.50	»	C B	N.-Ouest.	Clair.
17	»	0.90	»	C B	id.	id.
18	»	1.15	»	0.65	Sud.	Pluie.
19	»	1.90	»	1.25	id.	id.
20	»	2.55	»	1.90	Nord.	Clair.
21	»	2.42	»	1.80	Sud.	id.
22	»	2.20	»	1.60	id.	id.
23	»	1.90	»	1.40	Nord-Est.	id.
24	»	1.55	»	1.00	id.	Couvert.
25	»	1.30	»	0.75	Sud-Est.	id.
26	»	1.15	»	0 80	id.	id.
27	»	1.35	»	0.80	id.	id.
28	»	3.10	»	2.50	Sud.	id.
29	»	2.70	»	2.40	Sud-Est.	id.
30	»	2.32	»	1.80	Sud.	id.
31	»	3.05	»	2.50	id.	id.

NOVEMBRE

DATES.	Echelle de Beaucaire. Hauteurs observées (matin)		Echelle de Fourques. Hauteurs observées (matin)		VENTS.	ETAT DU CIEL.
	Heure	Cote	Heure	Cote		
1	midi.	3.25	midi.	3.00	Nord.	Clair.
2	»	2.90	»	2.40	id.	id.
3	»	2 90	»	2.38	Sud-Est.	Couvert.
4	»	2.85	»	2 55	id.	id.
5	»	3.20	»	2.70	id.	id.
6	»	3.40	»	2.95	Nord	Clair.
7	»	3.40	»	2.90	Nord-Est.	id.
8	»	2.75	»	2.25	id.	id.
9	»	2.40	»	2.00	Nord.	id.
10	»	2.25	»	1.65	id.	id.
11	»	2.10	»	1.40	id.	id.
12	»	1 90	»	1.25	id.	id.
13	»	1.70	»	1.10	Nord fort.	id.
14	»	1.50	»	1.00	id.	id.
15	»	1.30	»	0.80	Nord.	id.
16	»	1.20	»	0.75	Nord fort.	id.
17	»	1.05	»	0.68	id.	id.
18	»	0.90	»	0.55	Nord-Est	id.
19	»	0.90	»	0.45	S.-Ouest	id.
20	»	0.85	»	0.40	Nord fort.	id.
21	»	0.87	»	0.35	Nord.	id.
22	»	1.05	»	0.45	Sud Est.	Couvert.
23	»	1.28	»	0.70	Est.	Pluie.
24	»	3.30	»	2.65	S.-Ouest.	Clair.
25	»	2.90	»	2.55	Nord.	id.
26	»	2.60	»	2.00	id.	id.
27	»	2.30	»	1.70	Nord-Est.	Couvert.
28	»	2.00	»	1.45	Nord.	Clair.
29	»	1.85	»	1.55	id.	id.
30	»	1.80	»	1.30	Nord-Est.	id.

DÉCEMBRE

DATES.	Echelle de Beaucaire. Hauteurs observées (matin)		Echelle de Fourques. Hauteurs observées (matin)		VENTS.	ETAT DU CIEL.
	Heure	Cote	Heure	Cote		
1	midi.	1.70	midi.	1.15	Nord Est.	Clair.
2	»	1.60	»	1.10	id.	id.
3	»	1.55	»	1.05	Nord.	id.
4	»	1.55	»	1.03	Nord-Est	Couvert.
5	»	1.50	»	1.10	id.	Pluie
6	»	2 02	»	1.50	Nord.	Clair.
7	»	1.85	»	1.40	id.	id.
8	»	1.80	»	1.30	Nord-Est.	id.
9	»	1.75	»	1.22	id.	Couvert.
10	»	1.70	»	1.20	id.	Clair.
11	»	1.50	»	1.10	id.	Brouillard.
12	»	1.45	»	1.90	id.	id.
13	»	1.35	»	0.83	id.	Couvert.
14	»	1.20	»	1.75	id.	id.
15	»	1.05	»	0.65	id.	id.
16	»	0.95	»	0.55	id.	id.
17	»	0.90	»	0.50	id.	id.
18	»	0.80	»	0.40	id.	id.
19	»	0.78	»	0.35	id.	id.
20	»	0.75	»	0.30	id.	Pluie.
21	»	0.75	»	0.30	id.	id.
22	»	0.67	»	C B	id.	Clair.
23	»	0.60	»	C B	id.	Couvert.
24	»	0.55	»	C B	id.	Pluie.
25	»	0.65	»	0.40	id.	id.
26	»	1.35	»	0.70	Nord.	Clair.
27	»	1.10	»	0.64	Nord-Est.	Id.
28	»	1 00	»	0.62	id.	Couvert.
29	»	1.05	»	0.65	Nord.	id.
30	»	1.30	»	0.90	S.-Est.	id.
31	»	1.70	»	1.30	Nord Est.	Id.

6

ANNÉE 1849.

JANVIER

DATES.	Echelle de Beaucaire. Hauteurs observées (matin)		Echelle de Fourques. Hauteurs observées (matin)		VENTS	ÉTAT DU CIEL.
	Heure	Cote	Heure	Cote		
1	midi.	1.63	midi.	1.20	Sud-Est.	Couvert.
2	»	1.50	»	1.00	id.	id.
3	»	1.35	»	0.90	Id.	id.
4	»	1.20	»	0.80	id.	id.
5	»	1.10	»	0.68	Nord-Est.	id.
6	»	1.02	»	0.65	Nord.	Clair.
7	»	0.95	»	0.50	id.	id.
8	»	0.85	»	0.45	id.	Pluie.
9	»	0.90	»	0.40	Nord-Est.	Couvert.
10	»	0.90	»	0.45	id.	Clair.
11	»	0.96	»	0.50	Nord.	id
12	»	1.75	»	1.20	Nord fort.	id.
13	»	2.60	»	2.05	id.	id.
14	»	2.35	»	1.90	Nord-Est.	id.
15	»	2.43	»	1.90	Nord.	id.
16	»	3.55	»	3.00	id.	id.
17	»	4.13	»	3.60	Nord-Est.	id.
18	»	4.00	»	3.50	Nord.	id.
19	»	3.35	»	2.90	Nord-Est.	Couvert.
20	»	3.40	»	2.80	Sud-Est.	Pluie.
21	»	3.35	»	2.70	Nord.	Clair.
22	»	3.16	»	2.65	id	id.
23	»	3.10	»	2.50	id.	id
24	»	3.00	»	2.55	Nord fort.	id.
25	»	2.85	»	2.50	Nord.	id.
26	»	2.10	»	2.25	id.	id.
27	»	2.55	»	2.15	id.	id.
28	»	2.55	»	1.90	Sud.	Pluie.
29	»	2.10	»	1.70	Sud-Est.	id.
30	»	1.90	»	1.40	Nord fort.	Clair.
31	»	1.70	»	1.25	Nord.	id.

FÉVRIER

DATES.	Echelle de Beaucaire. Hauteurs observées (matin)		Echelle de Fourques. Hauteurs observées (matin)		VENTS	ÉTAT DU CIEL.
	Heure	Cote	Heure	Cote		
1	midi.	1.50	midi.	1.10	Nord fort.	Clair.
2	»	1.40	»	1.00	Nord.	id.
3	»	1.30	»	0.90	Id.	id.
4	»	1.24	»	0.80	Nord-Est.	id.
5	»	1.00	»	0.65	Nord fort.	id.
6	»	0.90	»	0.55	Nord.	id.
7	»	0.90	»	0.45	Nord-Est.	Couvert
8	»	0.82	»	0.35	id.	id.
9	»	0.70	»	0.25	Nord fort.	Clair.
10	»	0.60	»	0.20	id.	id.
11	»	0.63	»	0.20	Nord.	id.
12	»	0.55	»	C B	Nord fort.	id.
13	»	0.50	»	C B	id.	id.
14	»	0.50	»	C B	Nord.	id.
15	»	0.48	»	C B	id.	Couver
16	»	0.45	»	C B	id.	Clair.
17	»	0.40	»	C B	id.	id.
18	»	0.40	»	C B	Nord-Est.	id.
19	»	0.4	»	C B	id.	id.
20	»	0.40	»	C B	Nord.	Couver
21	»	0.38	»	C B	id.	Clair.
22	»	0.38	»	C B	id.	id.
23	»	0.57	»	C B	id.	id.
24	»	0.95	»	0.35	id.	id.
25	»	1.15	»	0.70	Nord-Est.	Brouillar
26	»	1.30	»	0.85	Sud.	Clair.
27	»	1.33	»	0.90	Nord.	id.
28	»	1.40	»	0.95	id.	id.

MARS

DATES.	Echelle de Beaucaire.		Echelle de Fourques.		VENTS	ÉTAT DU CIEL.
	Heure	Cote	Heure	Cote		
1	midi.	1.40	midi.	1.00	Sud.	Couvert.
2	»	1.25	»	0.80	Nord fort.	Clair.
3	»	1.10	»	0.65	id.	id.
4	»	1.08	»	0.60	Nord-Est.	id.
5	»	1.00	»	0.52	Nord.	id.
6	»	0.95	»	0.50	id.	id.
7	»	0.90	»	0.40	Sud-Est.	id.
8	»	0.80	»	0.30	id.	id.
9	»	0.78	»	0.25	Nord-Est.	Couvert
10	»	0.75	»	0.25	Nord.	Clair.
11	»	0.70	»	0.20	id.	id.
12	»	0.75	»	0.20	id.	id.
13	»	0.65	»	0.10	id.	id.
14	»	0.60	»	C B	id	id.
15	»	0.60	»	C B	id.	id.
16	»	0.55	»	C B	id.	id.
17	»	0.50	»	C B	id.	id.
18	»	0.50	»	C B	id	id.
19	»	0.48	»	C B	id.	id.
20	»	0.55	»	C B	Sud.	id.
21	»	0.60	»	C B	Sud-Est.	id.
22	»	0.60	»	C B	id.	id.
23	»	0.60	»	C B	Sud.	id.
24	»	0.54	»	C B	Nord.	
25	»	0.55	»	C B	id.	
26	»	0.60	»	C B	Nord-Est.	Couvert.
27	»	0.58	»	C B	Sud.	id.
28	»	0.52	»	C B	id.	id.
29	»	0.50	»	C B	id.	Clair.
30	»	1.00	»	0.55	id.	Couvert.
31	»	1.60	»	1.20	id	Clair.

AVRIL

DATES.	Echelle de Beaucaire.		Echelle de Fourques.		VENTS	ÉTAT DU CIEL.
	Heure	Cote	Heure	Cote		
1	midi.	1.50	midi.	1.10	Nord-Est	Couver
2	»	1.15	»	1.79	Sud.	Pluie.
3	»	2.20	»	1.72	Nord.	Clair.
4	»	1.60	»	1.20	id.	id.
5	»	1.30	»	0.85	Sud.	Pluie.
6	»	1.85	»	1.40	Nord.	Couver
7	»	2.15	»	1.70	Sud.	Pluie.
8	»	2.60	»	2.20	id.	id.
9	»	2.90	»	2.50	id.	id.
10	»	3.50	»	3.05	Nord-Est.	Couver
11	»	3.20	»	2.80	Nord.	Clair.
12	»	2.80	»	2.35	id.	id.
13	»	2.43	»	2.05	Nord-Est.	id.
14	»	2.25	»	1.75	id.	Pluie.
15	»	2.20	»	1.60	id.	Clair.
16	»	2.00	»	1.45	Nord.	id.
17	»	1.90	»	1.40	id.	pl. et grêle
18	»	1.70	»	1.25	Nord-Est.	Clair.
19	»	1.60	»	1.20	id.	id.
20	»	1.57	»	1.10	id.	id.
21	»	1.48	»	1.05	Nord fort.	id.
22	»	1.40	»	1.00	Nord.	id.
23	»	1.40	»	1.00	Nord-Est.	id.
24	»	1.40	»	1.00	id.	id.
25	»	1.68	»	1.25	Sud-Est.	Orageux
26	»	2.03	»	1.60	Ouest.	Clair.
27	»	2.05	»	1.62	Nord-Est.	id.
28	»	2.00	»	1.55	Sud.	id.
29	»	1.95	»	1.50	Nord fort.	id.
30	»	1.92	»	1.45	id.	id.

MAI

DATES.	Echelle de Beaucaire. Hauteurs observées (matin) Heure	Cote	Echelle de Fourques. Hauteurs observées (matin) Heure	Cote	VENTS.	ÉTAT DU CIEL.
1	midi.	1.88	midi.	1.45	Nord-Est.	Clair.
2	»	1.76	»	1.30	id.	id.
3	»	1.65	»	1.20	id.	id.
4	»	1.73	»	1.25	Sud.	Pluie.
5	»	1.70	»	1.25	id.	Clair.
6	»	1.75	»	1.30	id.	Pluie.
7	»	1.90	»	1.50	id.	Clair.
8	»	2.30	»	1.85	id.	id.
9	»	2.20	»	1.70	id.	id.
10	»	2.10	»	1.65	id.	id
11	»	2.10	»	1.65	Sud-Est.	id.
12	»	2.00	»	1.55	Nord.	id.
13	»	2.10	»	1 65	id.	id.
14	»	2 08	»	1 65	Sud.	Pluie.
15	»	2.00	»	1.60	Sud-Est.	Clair.
16	»	1.88	»	1.45	Nord-Est.	id.
17	»	1.80	»	1.40	Sud.	id.
18	»	2.40	»	2.00	Sud-Est.	id.
19	»	2.85	»	2.45	Nord-Est.	id.
20	»	3.10	»	2.70	id.	id.
21	»	3.50	»	2.90	id.	Pluie
22	»	3.20	»	2.75	id.	Clair.
23	»	2.95	»	2.43	Nord fort.	id.
24	»	2.70	»	2.30	Nord.	id.
25	»	2.80	»	2.35	Nord-Est.	id.
26	»	2.70	»	2.30	id.	id.
27	»	2 45	»	2.00	Nord.	id.
28	»	2.50	»	1.90	Id.	id.
29	»	2.25	»	1.80	Nord Est.	id.
30	»	2.21	»	1.80	Nord.	id.
31	»	2.20	»	1.80	id.	id.

JUIN

DATES.	Echelle de Beaucaire. Hauteurs observées (matin) Heure	Cote	Echelle de Fourques. Hauteurs observées (matin) Heure	Cote	VENTS.	ÉTAT DU CIEL.
1	midi	2 30	midi	C B	Nord.	Clair.
2	»	2 30	»	C B	Nord-Est.	id.
3	»	2.15	»	C B	id.	id.
4	»	2.15	»	C B	id.	id.
5	»	2.15	»	C B	id.	id.
6	»	2 10	»	C B	id.	id.
7	»	2.18	»	C B	id.	id.
8	»	2.15	»	C B	id.	id.
9	»	2.05	»	C B	id.	id.
10	»	2.00	»	C B	Sud-Est.	id.
11	»	2.10	»	C B	id.	Pluie.
12	6 h.	2.52	6 h.	2.15	id.	Clair.
13	»	2.85	»	2.40	Nord-Est.	id.
14	»	2.90	»	2.45	id.	Pluie.
15	»	3.06	»	2.65	Nord.	id.
16	»	3.44	»	3.00	Sud.	Clair.
17	»	4.02	»	3.60	Sud-Est.	id.
18	»	4.30	»	3.90	Nord.	id.
19	»	4.08	»	3.65	Nord-Est.	id.
20	»	3 55	»	3.15	Sud-Est.	id.
21	»	3.10	»	2.63	id.	id.
22	»	2 90	»	2.50	Nord-Est.	id.
23	midi	2.65	midi	2.25	id	id.
24	»	2.55	»	2 15	Nord.	id.
25	»	2.40	»	2.00	id.	id.
26	»	2.28	»	C B	id.	id.
27	»	2.15	»	C B	id.	id.
28	»	2.10	»	C B	Nord-Est.	id.
29	»	1.98	»	C B	Nord fort.	id.
30	»	1.86	»	C B	Nord.	id.

JUILLET

DATES.	Echelle de Beaucaire. Hauteurs observées (matin) Heure	Cote	Echelle de Fourques. Hauteurs observées (matin) Heure	Cote	VENTS.	ÉTAT DU CIEL.
1	midi.	1.80	midi.	C B	Nord.	Clair.
2	»	1.70	»	C B	id.	id.
3	»	1.65	●»	C B	id.	id.
4	»	1.50	»	C B	id.	id.
5	»	1.48	»	C B	id.	id.
6	»	1.45	»	C B	Sud.	id.
7	»	1.40	»	C B	id.	id.
8	»	1.35	»	C B	Nord.	id.
9	»	1.33	»	C B	id.	id.
10	»	1.48	»	C B	id.	id.
11	»	1.45	»	C B	Sud.	id.
12	»	1.55	»	C B	id.	id.
13	»	1.48	»	C B	id.	id.
14	»	1.40	»	C B	id.	id.
15	»	1 58	»	C B	id.	id.
16	»	1.28	»	C B	Nord.	id.
17	»	1.20	»	C B	id.	id.
18	»	1 10	»	C B	id.	id.
19	»	1.10	»	C B	id.	id.
20	»	1.10	»	C B	id.	id.
21	»	1.05	»	C B	id.	id.
22	»	1.00	»	C B	Nord fort.	id.
23	»	0.90	»	C B	Nord.	id.
24	»	0.90	»	C B	Sud fort.	id.
25	»	0.92	»	C B	Nord.	Pluie.
26	»	0 97	»	C B	id.	Clair.
27	»	1.22	»	C B	id.	id.
28	»	1.98	»	C B	id.	id.
29	»	1.15	»	C B	id.	id.
30	»	1.10	»	C B	id.	id.
31	»	1.05	»	C B	Sud-Est.	id.

AOUT

DATES.	Echelle de Beaucaire. Hauteurs observées (matin) Heure	Cote	Echelle de Fourques. Hauteurs observées (matin) Heure	Cote	VENTS.	ÉTAT DU CIEL.
1	midi.	1.00	midi.	C B	Nord.	Clair.
2	»	0.95	»	C B	id.	id.
3	»	0.90	»	C B	id.	id.
4	»	0.88	»	C B	id.	id.
5	»	0.80	»	C B	Nord-Est.	Pluie.
6	»	0 80	»	C B	Sud.	Clair.
7	»	0.92	»	C B	Nord.	id.
8	»	0.95	»	C B	id.	id.
9	»	0.87	»	C B	Sud.	Pluie.
10	»	1.00	»	C B	Nord.	Clair.
11	»	1 05	»	C B	Nord-Est	id.
12	»	0.88	»	C B	Sud.	id.
13	»	0.88	»	C B	id.	id.
14	»	0.80	»	C B	Sud-Est.	id.
15	»	0.85	»	C B	Nord.	id.
16	»	0.90	»	C B	id.	id.
17	»	0 90	»	C B	id.	Pluie.
18	»	0.85	»	C B	id.	Clair.
19	»	1.00	»	C B	id.	id.
20	»	0.90	»	C B	Nord fort.	id.
21	»	0.80	»	C B	id.	id.
22	»	0.75	»	C B	Nord.	id.
23	»	0.65	»	C B	id.	id.
24	»	0.55	»	C B	id.	id.
25	»	0 50	»	C B	id	id.
26	»	0.50	»	C B	id.	id.
27	»	0.50	»	C B	id.	id.
28	»	0. 8	»	C B	id.	id.
29	»	0.46	»	C B	id.	id.
30	»	0.40	»	C B	id.	id.
31	»	0.40	»	C B	id.	id.

SEPTEMBRE

DATES.	Echelle de Beaucaire. Hauteurs observées (matin)		Echelle de Fourques. Hauteurs observées (matin)		VENTS.	ÉTAT DU CIEL.
	Heure	Cote	Heure	Cote		
1	midi.	0.40	midi.	C B	Sud.	Clair.
2	»	0.45	midi.	C B	id.	Pluie.
3	»	0.58	»	C B	id.	Clair.
4	»	1.08	»	C B	Sud-Est.	id.
5	»	0.65	»	C B	Nord-Est.	Pluie.
6	»	0.70	»	C B	Sud.	Clair.
7	»	1.30	»	C B	id.	id.
8	»	1.00	»	C B	Nord.	id.
9	»	0.80	»	C B	Sud.	id.
10	»	0.70	»	C B	id.	Pluie.
11	»	2.40	»	2.00	id.	Clair.
12	»	1.90	»	C B	id.	id.
13	»	1.30	»	C B	Nord.	id.
14	»	1.10	»	C B	id.	id.
15	»	0.90	»	C B	Nord Est.	id.
16	»	0.87	»	C B	id.	id.
17	»	0.80	»	C B	Nord.	id.
18	»	0.68	»	C B	id.	id.
19	»	0.50	»	C B	id.	id.
20	»	0.65	»	C B	id.	id.
21	»	0.40	»	C B	Sud.	Pluie.
22	»	0.38	»	C B	id.	Clair.
23	»	0.38	»	C B	id.	id.
24	»	0.38	»	C B	Sud-Est.	Couvert.
25	»	0.55	»	C B	id.	Pluie.
26	»	0.55	»	C B	Sud.	Clair.
27	»	0.75	»	C B	Sud-Est.	Pluie.
28	»	1.90	»	C B	Sud.	Clair.
29	»	2.10	»	C B	id.	id.
30	»	1.45	»	C B	id.	Couvert.

OCTOBRE

DATES.	Echelle de Beaucaire. Hauteurs observées (matin)		Echelle de Fourques. Hauteurs observées (matin)		VENTS.	ÉTAT DU CIEL.
	Heure	Cote	Heure	Cote		
1	midi	1.95	midi.	C B	Nord.	Clair
2	»	1.40	»	C B	Sud.	Pluie
3	»	1.25	»	C B	Nord.	Clair
4	»	1.50	»	C B	Sud.	Pluie
5	»	1.48	»	C B	Nord.	Clair.
6	»	1.85	»	C B	id.	id.
7	»	2.50	»	C B	Sud.	Pluie
8	»	2.25	»	C B	Nord.	Clair.
9	»	2.40	»		id.	id.
10	»	2.40	»		Sud.	Pluie
11	6	3.70	»		id.	id.
12	»	4.23	»		id.	Couve
13	»	3.90	»		Nord-Est.	id.
14	»	3.60	»		Sud	Pluie
15	»	3.85	»		id.	Couve
16	»	4.30	»		id.	id.
17	»	4.43	»		id.	id
18	»	4.20	»		Nord-Est.	id.
19	»	3.75	»		Sud.	id.
20	»	3.20	»		id.	id.
21	»	2.33	»	C B	Nord-Est.	Clair
22	»	2.20	»	C B	Nord.	id.
23	»	1.95	»	C B	Nord-Est.	id.
24	»	1.80	»	C B	id.	id.
25	»	1.60	»	C B	id.	Brouilla
26	»	1.45	»	C B	id.	id.
27	»	1.30	»	C B	id.	Clair
28	»	1.20	»	C B	Nord fort.	id.
29	»	1.10	»	C B	id	id.
30	»	1.00	»	C B	Nord-Est.	Couve
31	»	0.98	»	C B	id.	Clair.

NOVEMBRE

DATES.	Echelle de Beaucaire		Echelle de Fourques		VENTS.	ÉTAT DU CIEL.
1	midi.	1.00	midi.	C B	Nord-Est	Clair.
2	»	0.90	»	C B	Sud.	id.
3	»	1.45	»	C B	id.	Pluie.
4	»	2.05	»	C B	id.	id.
5	»	2.60	»	2.15	Nord-Est	Clair.
6	»	2.30	»	C B	Sud-Est.	id.
7	»	1.65	»	C B	Nord.	id.
8	»	1.35	»	C B	id.	id.
9	»	1.20	»	C B	Nord-Est.	id.
10	»	1.15	»	C B	id.	id.
11	»	1.00	»	C B	id.	id.
12	»	0.90	»	C B	id.	id.
13	»	0.87	»	C B	id.	id.
14	»	0.77	»	C B	id.	id.
15	»	0.70	»	C B	id.	id.
16	»	0.65	»	C B	id.	id.
17	»	0.60	»	C B	Nord fort.	id.
18	»	0.70	»	C B	id.	id.
19	»	0.80	»	C B	Nord-Est.	Couvert.
20	»	0.80	»	C B	Nord.	Clair.
21	»	0.80	»	C B	Nord-Est.	id.
22	»	0.80	»	C B	id.	id.
23	»	0.80	»	C B	id.	Pluie.
24	»	0.80	»	C B	Nord.	id.
25	»	1.00	»	C B	Ouest.	Clair.
26	»	2.60	»	2.15	N.-Ouest.	id.
27	»	4.13	»	3.70	Nord fort.	id.
28	»	4.39	»	3 95	id	id.
29	»	4.05	»	3.60	Nord-Est.	Neige.
30	»	2.90	»	2 45	Nord.	Clair.

DÉCEMBRE

DATES.	Echelle de Beaucaire		Echelle de Fourques		VENTS.	ÉTAT DU CIEL.
1	midi.	1.55	midi.	2.10	Nord-Est	Clair
2	»	2.43	»	2.00	id.	id.
3	»	2.55	»	2.15	Sud.	Pet. plu
4	»	2.55	»	2.15	Nord Est	Pluie
5	»	2.37	»	C B	id.	Clair.
6	»	2.25	»	C B	Sud.	Forte pl
7	»	2.75	»	C B	Nord Est.	Pluie
8	»	2.35	»	C B	Nord.	Couve
9	»	2.30	»	C B	id.	Clair.
10	»	2.10	»	C B	Nord-Est	id.
11	»	2.00	»	C B	id.	id.
12	»	1 75	»	C B	id.	id.
13	»	1.60	»	C B	id	id.
14	»	1.45	»	C B	Sud-Est.	id.
15	»	1.30	»	C B	Ouest.	id.
16	»	1.15	»	C B	N.-Ouest.	id.
17	»	1.10	»	C B	id.	id.
18	»	1 05	»	C B	id.	id.
19	»	1.28	»	C B	id.	id.
20	»	1.40	»	C B	Nord.	id.
21	»	1.56	»	C B	id.	id.
22	»	1.80	»	C B	id.	id.
23	»	1.70	»	C B	id.	id.
24	»	1.65	»	C B	id.	id.
25	»	1.55	»	C B	Nord-Est.	Neige.
26	»	1.40	»	C B	Nord.	Clair.
27	»	1.30	»	C B	Nord-Est.	id.
28	»	1.10	»	C B	id.	id.
29	»	0.95	»	C B	Nord.	id.
30	»	0.85	»	C B	id.	id.
31	»	0.80	»	C B	id.	id.

ANNÉE 1850.

JANVIER

DATES.	Echelle de Beaucaire. Heure	Cote	Echelle de Fourques. Heure	Cote	VENTS.	ETAT DU CIEL.
1	midi.	0.70	midi.	C B	Nord fort.	Clair.
2	»	0.60	»	C B	id.	id.
3	»	0.50	»	C B	id.	id.
4	»	0.40	»	C B	Nord-Est	id.
5	»	0.40	»	C R	id.	id.
6	»	0.35	»	C B	id.	id.
7	»	0.35	»	C B	id.	id.
8	»	0.30	»	C B	Nord fort.	id.
9	»	0.30	»	C B	Nord.	id.
10	»	0.50	»	C B	id.	id.
11	»	0.28	»	C B	Nord-Est	id.
12	»	0.28	»	C R	id.	id.
13	»	0.28	»	C B	id.	id.
14	»	0.17	»	C B	id.	Pluie.
15	»	0.30	»	C B	Sud.	id.
16	»	1.90	»	C B	Nord.	Brouillard.
17	»	1.30	»	C B	id.	Clair.
18	»	0.85	»	C B	id.	id.
19	»	0.70	»	C B	id.	id.
20	»	0.60	»	C B	id.	id.
21	»	0.80	»	C B	id.	id.
22	»	1.05	»	C B	Nord-Est	id.
23	»	1.10	»	C B	id.	id.
24	»	1.40	»	C B	N.-Ouest.	id.
25	»	1.20	»	C B	Nord.	id.
26	»	1.33	»	C R	Nord-Est.	Couvert.
27	»	1.05	»	C B	N. très-f.	Clair.
28	»	1.55	»	C B	Nord.	id.
29	»	2.95	»	2.50	Nord-Est.	id.
30	»	2.40	»	2.00	id.	Brouillard.
31	»	2.20	»	C R	id.	Couvert.

FÉVRIER

DATES.	Echelle de Beaucaire. Heure	Cote	Echelle de Fourques. Heure	Cote	VENTS.	ETAT DU CIEL.
1	midi.	2.25	midi.	C B	Nord-Est	Clair.
2	»	2.58	»	C B	id.	id.
3	»	2.45	»	2.00	id.	id
4	»	2.40	»	C B	id.	id.
5	»	3.75	»	3.30	id.	id.
6	»	3.55	»	2.90	S.-Ouest.	id.
7	»	3.20	»	2.75	Nord-Est.	id.
8	»	3.03	»	2.60	id.	id.
9	»	3.07	»	2.65	S.-Ouest.	id.
10	»	3.05	»	2.60	Nord-Est.	id.
11	»	3.00	»	2.55	id.	id.
12	»	2.97	»	2.50	id.	id.
13	»	2.90	»	2.45	id.	id.
14	»	3.78	»	3.35	Nord.	id.
15	»	3.10	»	2.65	id.	id.
16	»	2.80	»	2.55	id.	id.
17	»	2.55	»	2.15	id.	id.
18	»	2.40	»	2.00	id.	id.
19	»	2.40	»	2.00	id.	id.
20	»	2.35	»	C B	S.-Ouest.	Brouillard.
21	»	2.25	»	C B	Nord.	id.
22	»	2.15	»	C B	id.	Clair.
23	»	2.05	»	C B	id.	id.
24	»	2.00	»	C B	id.	id.
25	»	1.90	»	C B	id.	id.
26	»	1.70	»	C B	id.	id.
27	»	1.60	»	C B	Sud.	Couvert.
28	»	1.50	»	C B	id.	Id.

MARS

DATES.	Echelle de Beaucaire. Heure	Cote	Echelle de Fourques. Heure	Cote	VENTS.	ETAT DU CIEL.
1	midi.	1.35	midi.	C B	Nord-Est.	Couvert.
2	»	1.25	»	C B	id.	Clair.
3	»	1.18	»	C B	id.	Couvert.
4	»	1.10	»	C B	Sud.	Clair.
5	»	1.20	»	C B	Nord.	id.
6	»	1.10	»	C B	id.	id.
7	»	1.10	»	C B	Nord Est.	id.
8	»	1.10	»	C B	id.	id.
9	»	1.05	»	C B	id.	id.
10	»	1.03	»	C B	Nord.	Couvert.
11	»	1.10	»	C B	Nord fort.	Clair.
12	»	1.05	»	C B	id.	id.
13	»	1.05	»	C B	Nord.	id.
14	»	1.05	»	C B	Nord fort.	id.
15	»	0.90	»	C B	id.	id.
16	»	0.85	»	C B	Nord.	id.
17	»	0.80	»	C B	Nord fort.	id.
18	»	0.75	»	C B	id.	id.
19	»	0.70	»	C B	id.	id.
20	»	0.65	»	C B	id.	id.
21	»	0.53	»	C B	id.	id.
22	»	0.48	»	C B	id.	id.
23	»	0.45	»	C B	Nord.	id.
24	»	0.40	»	C B	N.-Ouest.	id.
25	»	0.56	»	C B	id.	id.
26	»	0.56	»	C B	Sud	id.
27	»	0.36	»	C B	Sud-Est.	id
28	»	0.30	»	C B	Nord Est.	id.
29	»	0.52	»	C B	Sud-Est.	Couvert.
30	»	0.50	»	C B	id.	id.
31	»	0.35	»	C B	id.	Clair.

AVRIL

DATES.	Echelle de Beaucaire. Heure	Cote	Echelle de Fourques. Heure	Cote	VENTS.	ETAT DU CIEL.
1	midi.	0.30	midi.	C B	Sud-Est.	P.t pluie
2	»	0.30	»	C B	id.	Pluie.
3	»	2.00	»	C B	Nord.	Clair.
4	»	1.38	»	C B	Sud-Est.	Id.
5	»	1.52	»	C B	id.	id.
6	»	1.45	»	C B	Sud.	id.
7	»	1.55	»	C B	id.	id.
8	»	1.55	»	C B	id.	id.
9	»	1.45	»	C B	id.	Pluie.
10	»	2.40	»	2.00	Nord.	Clair.
11	»	2.35	»	C B	id.	id.
12	»	2.29	»	C B	id.	id.
13	»	2.10	»	C B	Nord-Est.	id.
14	»	1.94	»	C B	Nord.	id.
15	»	1.90	»	C B	id.	id.
16	»	1.90	»	C B	S.-Ouest.	Pluie.
17	»	2.00	»	C B	Sud.	Clair.
18	»	2.86	»	2.45	Nord.	id.
19	»	2.78	»	2.35	Nord fort.	id.
20	»	2.34	»	C B	Ouest.	id.
21	»	2.55	»	2.15	id.	id.
22	»	2.45	»	2.05	Nord.	id.
23	»	2.48	»	2.05	id.	id.
24	»	2.35	»	C B	id.	id.
25	»	2.10	»	C B	id.	id.
26	»	2.00	»	C B	id.	Pluie.
27	»	1.80	»	C B	id.	Pluie.
28	»	1.70	»	C B	N.-Ouest.	Orageux.
29	»	1.55	»	C B	id.	Or. et pluie
30	»	1.40	»	C B	Nord.	Id.

MAI

DATES.	Échelle de Beaucaire. Hauteurs observées (matin)		Échelle de Fourques. Hauteurs observées (matin)		VENTS.	ÉTAT DU CIEL.
	Heure	Cote	Heure	Cote		
1	midi.	1.30	midi.	C B	Nord.	Clair.
2	»	1.20	»	C B	Nord fort.	id.
3	»	1.10	»	C B	S.-E. fort	id.
4	»	1.02	»	C B	id.	Couvert
5	»	1.00	»	C B	id	id.
6	»	0.95	»	C B	id.	id.
7	»	0.95	»	C B	Sud.	Clair.
8	»	2.17	»	C B	N.-Ouest	id.
9	»	1.96	»	C B	id.	id.
10	»	1.75	»	C B	id.	id.
11	»	1.55	»	C B	Nord.	id.
12	»	1.35	»	C B	id.	id.
13	»	1.19	»	C B	N.-Ouest.	id.
14	»	1.10	»	C B	id.	id.
15	»	1.19	»	C B	Sud.	id.
16	»	1.28	»	C B	id.	id.
17	»	1.98	»	C B	Nord fort.	Pluie le s.
18	»	1.31	»	C B	id.	Clair.
19	»	1.47	»	C B	Sud.	id.
20	»	1.40	»	C B	id.	Pluie.
21	»	1.34	»	C B	id.	Couvert.
22	»	1.36	»	C B	id.	Clair
23	»	1.35	»	C B	id.	Pluie.
24	»	1.46	»	C B	id.	Clair.
25	»	2.35	»	C B	id.	id.
26	»	2.05	»	C B	id.	id.
27	»	2.05	»	C B	id	id
28	»	1.90	»	C B	Nord.	id.
29	»	1.90	»	C B	Sud.	id.
30	»	1.90	»	C B	id.	id.
31	»	1.88	»	C B	id.	id.

JUIN

DATES.	Échelle de Beaucaire. Hauteurs observées (matin)		Échelle de Fourques. Hauteurs observées (matin)		VENTS.	ÉTAT DU CIEL.
	Heure	Cote	Heure	Cote		
1	midi.	1.89	midi	C B	Sud.	Clair.
2	»	1.90	»	C B	id.	id.
3	»	2.10	»	C B	Nord-Est.	id.
4	»	2.19	»	C B	id	id.
5	»	2.10	»	C B	id.	id.
6	»	2.00	»	C B	Sud.	id.
7	»	1.90	»	C B	Nord-Est.	id.
8	»	1.78	»	C B	Est.	Couvert
9	»	2.40	»	2 00	Nord fort.	Clair.
10	»	2.77	»	2.35	Sud.	id.
11	»	2.87	»	2.40	id.	id.
12	»	2.28	»	C B	id.	id.
13	»	2.10	»	C B	id.	id.
14	»	2.06	»	C B	Nord-Est.	id.
15	»	2.16	»	C B	Sud-Est.	id.
16	»	2.20	»	C B	id.	id.
17	»	2.07	»	C B	Nord-Est.	id.
18	»	1.90	»	C B	id.	id.
19	»	1.90	»	C B	Nord fort.	id.
20	»	1.78	»	C B	id.	id.
21	»	1.65	»	C B	id.	id.
22	»	1.50	»	C B	id.	id.
23	»	1.38	»	C B	Nord.	id.
24	»	1.50	»	C B	Nord-Est.	id.
25	»	1.35	»	C B	N.-Ouest.	id.
26	»	1.45	»	C B	id.	id.
27	»	1.60	»	C B	Nord.	id.
28	»	1.75	»	C B	Ouest.	id.
29	»	1.75	»	C B	id.	Orageux
30	»	1.70	»	C B	Nord.	Clair.

JUILLET

DATES.	Heure	Cote	Heure	Cote	VENTS.	ÉTAT DU CIEL.
1	midi.	1.68	midi.	C B	Nord-Est.	Clair.
2	»	1.65	»	C B	Nord.	id.
3	»	1.54	»	C B	id.	id.
4	»	1.50	»	C B	id.	id.
5	»	1.35	»	C B	Nord-Est.	id.
6	»	1.30	»	C B	Nord.	id.
7	»	1.30	»	C B	Nord fort.	id.
8	»	1.25	»	C B	id.	id.
9	»	1.42	»	C B	id.	id.
10	»	1.28	»	C B	id.	id.
11	»	1.16	»	C B	id.	id.
12	»	1.06	»	C B	id.	id.
13	»	0.96	»	C B	Sud.	Couvert
14	»	0.90	»	C B	id.	Clair.
15	»	0.88	»	C B	id.	id.
16	»	0.85	»	C B	id.	id.
17	»	0.88	»	C B	id.	id.
18	»	0.90	»	C B	Nord.	id.
19	»	0.92	»	C B	id.	id.
20	»	0.95	»	C B	id.	id.
21	»	0.90	»	C B	id.	id.
22	»	0.80	»	C B	Sud.	id.
23	»	0.82	»	C B	id.	id.
24	»	0.75	»	C B	Nord.	id.
25	»	0.73	»	C B	id.	id.
26	»	0.80	»	C B	id.	id.
27	»	0.78	»	C B	id.	id.
28	»	0.77	»	C B	id.	id.
29	»	0.76	»	C B	id.	id.
30	»	0.78	»	C B	id.	id.
31	»	0.72	»	C B	id.	id.

AOUT

DATES.	Heure	Cote	Heure	Cote	VENTS.	ÉTAT DU CIEL.
1	midi.	0.78	midi.	C B	Nord.	Clair.
2	»	0.95	»	C B	Nord-Est.	id.
3	»	0.95	»	C B	Nord.	id.
4	»	0.95	»	C B	id.	id.
5	»	1.00	»	C B	Sud-Est.	id.
6	»	0.79	»	C B	id.	Pluie.
7	»	0.80	»	C B	id.	Clair.
8	»	0.80	»	C B	Sud.	id.
9	»	0.96	»	C B	id	id.
10	»	0.95	»	C B	id.	id.
11	»	0.86	»	C B	Nord.	id.
12	»	0.80	»	C B	id.	Pluie.
13	»	0.80	»	C B	Ouest.	Brouillard
14	»	0.80	»	C B	Sud.	Clair.
15	»	1.52	»	C B	S.-Oue t.	id.
16	»	1.35	»	C B	Ouest.	id.
17	»	1.30	»	C B	Nord.	id.
18	»	1.19	»	C B	id.	id.
19	»	1.15	»	C B	id.	id.
20	»	1.16	»	C B	id.	id.
21	»	1.06	»	C B	Sud.	id.
22	»	0.99	»	C B	Nord-Est.	id.
23	»	0.96	»	C B	Sud.	id.
24	»	0.94	»	C B	id.	Pluie.
25	»	1.07	»	C B	Nord-Est	Clair.
26	»	1.65	»	C B	Nord.	id.
27	»	1.86	»	C B	id.	id.
28	»	1.74	»	C B	Nord-Est.	id.
29	»	1.78	»	C B	id.	id
30	»	1.75	»	C B	Nord.	id.
31	»	1.60	»	C B	id.	id.

SEPTEMBRE

DATES	Echelle de Beaucaire. Heure	Cote	Echelle de Fourques Heure	Cote	VENTS	ÉTAT DU CIEL
1	midi.	4.35	midi.	C B	Nord.	Clair.
2	»	1.15	»	C B	id.	id.
3	»	0.97	»	C B	Sud.	id.
4	»	0.83	»	C B	id.	id.
5	»	0.74	»	C B	Nord fort.	id.
6	»	0.65	»	C B	id.	id
7	»	0.60	»	C B	id.	id.
8	»	0.55	»	C B	id.	id.
9	»	0.46	»	C B	id.	id.
10	»	0.47	»	C B	S.-Ouest.	id.
11	»	0.47	»	C B	Sud-Est.	id.
12	»	0.40	»	C B	id	en p. couv
13	»	0.36	»	C B	id.	Pet. pluie
14	»	0.30	»	C B	id.	Clair.
15	»	0.30	»	C B	id.	id.
16	»	0.28	»	C B	id.	Pet. pluie
17	»	0.23	»	C B	N.-Ouest.	id.
18	»	0.30	»	C B	id.	Clair.
19	»	0.22	»	C B	Nord.	id.
20	»	0.20	»	C B	Sud.	id.
21	»	0.21	»	C B	id.	F. pluie.
22	»	2.77	»	9.35	N.-Ouest.	Clair.
23	»	2.47	»	2.05	id.	id.
24	»	3.30	»	2.80	Ouest.	id.
25	»	2.05	»	C B	Nord.	id.
26	»	1.80	»	C B	id.	id.
27	»	1.40	»	C B	id.	id.
28	»	1.23	»	C B	id.	Couvert.
29	»	1.00	»	C B	N.-Ouest.	Clair.
30	»	0.80	»	C B	Ouest.	Couvert

OCTOBRE

DATES	Echelle de Beaucaire. Heure	Cote	Echelle de Fourques. Heure	Cote	VENTS	ÉTAT DU CIEL
1	midi	0.70	midi.	C B	Sud-Est.	Pluie.
2	»	0.80	»	C B	Nord.	Clair.
3	»	1.20	»	C B	id.	id.
4	»	1.50	»	C B	id.	id
5	»	1.20	»	C B	id	id.
6	»	1.30	»	C B	Nord fort.	id.
7	»	1.30	»	C B	Nord.	id.
8	»	1.30	»	C B	id.	id.
9	»	1.24	»	C B	id.	id.
10	»	1.05	»	C B	id.	Couvert.
11	6	0.90	»	C B	id.	Clair.
12	»	0.98	»	C B	Nord fort.	id.
13	»	1.02	»	C B	id.	id.
14	»	1.75	»	C B	Nord.	id.
15	»	1.76	»	C B	id.	id.
16	»	1.70	»	C B	Est.	id.
17	»	1.58	»	C B	Ouest.	id.
18	»	1.36	»	C B	Nord.	id.
19	»	1.20	»	C B	id.	id.
20	»	1.10	»	C B	id.	id.
21	»	0.94	»	C B	S.-Ouest.	id.
22	»	0.80	»	C B	Nord.	Pluie.
23	»	1.00	»	C B	id.	id.
24	»	0.95	»	C B	Nord-Est.	Pluie.
25	»	0.97	»	C B	id.	Clair.
26	»	1.00	»	C B	Nord-Est.	id.
27	»	0.90	»	C B	id.	id.
28	»	0.82	»	C B	id.	id.
29	»	0.77	»	C B	id.	id.
30	»	0.70	»	C B	Nord.	id.
31	»	0.72	»	C B	id.	id.

NOVEMBRE

DATES	Heure	Cote	Heure	Cote	VENTS	ÉTAT DU CIEL
1	midi.	0.80	midi.	C B	Nord.	Clair.
2	»	0.80	»	C B	Nord fort.	id.
3	»	0.75	»	C B	id.	id.
4	»	0.78	»	C B	Nord-Est.	id.
5	»	0.80	»	C B	Nord.	id.
6	»	0.75	»	C B	id	id.
7	»	0.60	»	C B	id.	id.
8	»	0.58	»	C B	id.	id.
9	»	0.50	»	C B	Nord fort.	id.
10	»	0.40	»	C B	id	id.
11	»	0.30	»	C B	Nord-Est.	id
12	»	0.30	»	C B	id.	Brouillard.
13	»	0.27	»	C B	Nord.	Clair.
14	»	0.10	»	C B	id.	id.
15	»	0.10	»	C B	id.	id.
16	»	0.07	»	C B	id.	id.
17	»	0.07	»	C B	id.	id.
18	»	0.04	»	C B	Nord-Est	id.
19	»	0.00	»	C B	Nord.	id.
20	»	0.15	»	C B	Sud.	id.
21	»	1.10	»	C B	S.-Ouest.	id.
22	»	1.50	»	C B	Nord.	id.
23	»	2.20	»	C B	id.	id.
24	»	2.65	»	2.15	id.	id.
25	»	2.35	»	C B	Sud.	Pluie.
26	»	2.55	»	2.05	Sud-Est.	id.
27	»	2.70	»	2.25	id.	Clair.
28	»	3.80	»	3.40	Nord.	id.
29	»	3.45	»	3.05	id.	id.
30	»	2.90	»	2.45	id.	id.

DÉCEMBRE

DATES	Heure	Cote	Heure	Cote	VENTS	ÉTAT DU CIEL
1	midi.	2.45	midi.	2 00	Nord.	Clair.
2	»	2.16	»	C B	Nord-Est	id.
3	»	1.90	»	C B	id.	id.
4	»	1.65	»	C B	id.	id.
5	»	1.40	»	C B	id.	id.
6	»	1.37	»	C B	id.	id.
7	»	1.10	»	C B	id.	id.
8	»	0.98	»	C B	id.	id.
9	»	0.90	»	C B	id.	id.
10	»	0.80	»	C B	id.	id.
11	»	0.70	»	C B	id.	id
12	»	0.65	»	C B	id.	Couvert.
13	»	0.60	»	C B	id.	id.
14	»	0.50	»	C B	id.	Pluie.
15	»	0.47	»	C B	id.	Brouillard
16	»	0.50	»	C B	id.	id
17	»	0.44	»	C B	N.-Ouest.	Clair.
18	»	0.75	»	C B	Ouest.	id.
19	»	1.90	»	C B	Nord-Est.	Couvert.
20	»	1.75	»	C B	Nord fort.	id.
21	»	1.80	»	C B	id.	Clair.
22	»	2.00	»	C B	id.	id.
23	»	1.85	»	C B	id.	id.
24	»	1.75	»	C B	Nord-Est	id.
25	»	1.70	»	C B	Nord.	id.
26	»	1.60	»	C B	Nord fort.	id.
27	»	1.45	»	C B	id.	id.
28	»	1.25	»	C B	id.	id.
29	»	0.95	»	C B	id.	id.
30	»	0.80	»	C B	Nord.	id.
31	»	0.70	»	C B	id	id.

ANNÉE 1851.

JANVIER

DATES.	Echelle de Beaucaire. Hauteurs observées (matin) Heure	Cote	Echelle de Fourques. Hauteurs observées (matin) Heure	Cote	VENTS.	ÉTAT DU CIEL.
1	midi.	0.60	midi.	C B	Nord-Est.	Clair.
2	»	0.56	»	C B	id.	id.
3	»	0.60	»	C B	id.	id.
4	»	0.70	»	C B	id.	id.
5	»	0.75	»	C B	id.	Pluie.
6	»	0.75	»	C B	Sud.	Clair.
7	»	0.80	»	C B	id.	Pluie.
8	»	0.90	»	C B	id.	id.
9	»	0.80	»	C B	Nord-Est.	Clair.
10	»	0.75	»	C B	Nord.	id.
11	»	0.80	»	C B	id.	id
12	»	0.83	»	C B	id.	id.
13	»	0.75	»	C B	Nord-Est.	Pluie.
14	»	0.70	»	C B	id.	Clair.
15	»	0.65	»	C B	Sud.	id.
16	»	0.68	»	C B	Nord-Est.	id.
17	»	0.60	»	C B	id.	Pluie.
18	»	0.55	»	C B	id.	Clair.
19	»	0.74	»	C B	Nord.	id.
20	»	0.70	»	C B	id.	id.
21	»	0.75	»	C B	Sud-Est.	Couvert.
22	»	0.70	»	C B	Nord-Est.	Pluie.
23	»	0.68	»	C B	id.	Clair.
24	»	0.68	»	C B	id.	Pluie.
25	»	0.75	»	C B	Nord.	Clair.
26	»	0.83	»	C B	id.	id.
27	»	0.83	»	C B	id.	id.
28	»	0.83	»	C B	id.	id.
29	»	0.90	»	C B	id.	id.
30	»	0.85	»	C B	Ouest.	id.
31	»	0.90	»	C B	Sud.	Couvert

FÉVRIER

DATES.	Echelle de Beaucaire. Hauteurs observées (matin) Heure	Cote	Echelle de Fourques. Hauteurs observées (matin) Heure	Cote	VENTS.	ÉTAT DU CIEL.
1	midi.	1.40	»	C B	Sud.	Pluie.
2	7 h.	3.50	»	3.00	id.	id.
3	»	4.20	»	3.65	id.	id.
4	2 h.	4.80	»	4.20	Nord	Clair.
5	midi	3.30	midi.	2.90	Nord fort.	id.
6	»	2.80	»	2.35	Ouest.	id.
7	»	2.45	»	2.00	Nord fort.	id.
8	»	2.80	»	C B	Nord.	id.
9	»	2.00	»	C B	id.	id.
10	»	1.80	»	C B	id.	id.
11	»	1.65	»	C B	id.	id.
12	»	1.65	»	C B	id.	id.
13	»	1.50	»	C B	id.	id.
14	»	1.40	»	C B	Nord fort.	id.
15	»	1.26	»	C B	Nord-Est.	Pluie
16	»	1.10	»	C B	Nord.	Clair
17	»	1.00	»	C B	id.	id.
18	»	0.90	»	C B	id.	id.
19	»	0.80	»	C B	Nord-Est.	id.
20	»	0.78	»	C B	id.	Pluie.
21	»	0.75	»	C B	id.	Clair.
22	»	0.70	»	C B	id.	id.
23	»	0.65	»	C B	Sud.	Pluie.
24	»	0.65	»	C B	Nord-Est.	Clair.
25	»	0.70	»	C B	id.	id.
26	»	0.85	»	C B	Nord.	Brouillé.
27	»	0.75	»	C B	Nord fort.	Clair.
28	»	0.75	»	C B	id.	id.

MARS

DATES.	Echelle de Beaucaire. Heure	Cote	Echelle de Fourques. Heure	Cote	VENTS.	ÉTAT DU CIEL.
1	midi.	0.80	midi.	C B	Nord fort.	Clair.
2	»	0.86	»	C B	N.-Est f.	id.
3	»	0.80	»	C B	Nord fort.	id.
4	»	0.72	»	C B	Nord.	id.
5	»	0.62	»	C B	id.	id.
6	»	0.55	»	C B	Ouest.	id.
7	»	0.50	»	C B	Nord-Est.	id.
8	»	0.55	»	C B	Nord.	id.
9	»	0.58	»	C B	Nord-Est.	id.
10	»	0.58	»	C B	id.	Couvert.
11	»	0.60	»	C B	Nord.	Clair.
12	»	0.56	»	C B	Nord-Est.	Couvert.
13	»	0.59	»	C B	Nord.	Clair.
14	»	0.55	»	C B	id.	Couvert.
15	»	0.60	»	C B	Nord-Est.	Clair.
16	»	0.70	»	C B	id	id.
17	»	0.80	»	C B	Nord.	id.
18	»	0.75	»	C B	Nord-Est.	id.
19	»	1.10	»	C B	Nord.	id.
20	»	1.45	»	C B	id.	id.
21	»	1.96	»	C B	Sud fort.	Couvert.
22	»	2.00	»	C B	Sud.	Clair.
23	»	2.20	»	C B	Nord-Est.	id.
24	»	3.10	»	2.65	Ouest.	id.
25	»	3.15	»	2.70	Nord.	id.
26	»	2.85	»	2.45	Sud.	Couvert.
27	»	2.65	»	2.20	Nord-Est.	Clair.
28	»	2.55	»	2.10	Ouest.	id.
29	»	2.63	»	2.20	id.	id.
30	»	2.84	»	2.45	N. Ouest.	id.
31	»	3.30	»	2.85	id.	id.

AVRIL

DATES.	Echelle de Beaucaire. Heure	Cote	Echelle de Fourques. Heure	Cote	VENTS.	ÉTAT DU CIEL.
1	midi.	3.08	midi.	2.65	Nord.	Clair.
2	»	2.93	»	2.50	id.	id.
3	»	2.70	»	2.30	id.	id.
4	»	2.45	»	2.05	id.	id.
5	»	2.40	»	C B	id.	id.
6	»	2.37	»	C B	id.	id.
7	»	2.37	»	C B	id.	id.
8	»	2.31	»	C B	id.	id.
9	»	2.28	»	C B	id.	Pluie.
10	»	2.15	»	C B	id.	Couvert
11	»	2.05	»	C B	id.	Pet. plu
12	»	1.90	»	C B	id.	Pluie.
13	»	1.85	»	C B	Nord-Est.	Clair.
14	»	1.84	»	C B	Sud.	Couvert
15	»	1.81	»	C B	id.	Pet. plu
16	»	1.90	»	C B	id.	Couvert
17	»	1.95	»	C B	id.	Clair.
18	»	2.00	»	C B	Nord-Est.	id.
19	»	2.00	»	C B	id.	id.
20	»	2.00	»	C B	Sud.	id.
21	»	2.05	»	C B	id.	Pet. plu
22	»	2.10	»	C B	id.	Couver
23	»	2.20	»	C B	Est.	id.
24	»	2.35	»	C B	Sud.	id.
25	»	2.75	»	2.40	id.	Pluie.
26	»	2.77	»	2.45	N.-Ouest.	Clair.
27	»	2.77	»	2.45	Ouest.	id.
28	»	3.85	»	3.40	id.	id.
29	»	3.74	»	3.30	N.-Ouest.	id.
30	»	3.80	»	3.05	Sud.	id.

MAI

DATES.	Echelle de Beaucaire. Hauteurs observées (matin)		Echelle de Fourques. Hauteurs observées (matin)		VENTS.	ETAT DU CIEL.
	Heure	Cote	Heure	Cote		
1	midi.	3.30	midi.	2.85	Sud-Ouest.	Clair.
2	»	3.10	»	2.60	Nord.	Couvert.
3	»	3.16	»	2.70	Ouest.	Clair.
4	»	3.26	»	2.80	id..	Couvert.
5	»	3.10	»	2.65	id.	id.
6	»	2.96	»	2.55	N.-Ouest.	Clair.
7	»	2.90	»	2.50	id.	id.
8	»	2.84	»	2.40	Sud.	Couvert.
9	»	2.64	»	2.20	id.	id.
10	»	2.66	»	2.25	Ouest.	Clair.
11	»	2.76	»	2.35	id.	id.
12	»	4.10	»	3.65	Sud.	id.
13	»	3.42	»	3.00	Nord.	id.
14	»	3.10	»	2.65	id.	id.
15	»	2.80	»	2.45	id.	Orageux.
16	»	2.77	»	2.40	N.-Ouest.	Clair.
17	»	2.80	»	2.45	Nord.	id.
18	»	2.60	»	2.20	id.	id.
19	»	2.48	»	2.05	id.	id.
20	»	2.50	»	C B	id.	id.
21	»	2.10	»	C B	Nord fort.	id.
22	»	1.96	»	C B	Nord.	id.
23	»	1.80	»	C B	id.	id.
24	»	1.74	»	C B	id.	id.
25	»	1.70	»	C B	id.	id.
26	»	1.80	»	C B	Sud.	id.
27	»	1.80	»	C B	Nord fort.	Couvert.
28	»	1.90	»	C B	id.	Clair.
29	»	2.10	»	C B	id.	id.
30	»	1.95	»	C B	Nord.	id.
31	»	1.90	»	C B	id.	id.

JUIN

DATES.	Echelle de Beaucaire. Hauteurs observées (matin)		Echelle de Fourques. Hauteurs observées (matin)		VENTS.	ETAT DU CIEL.
	Heure	Cote	Heure	Cote		
1	midi.	1.72	midi.	C B	Nord.	Clair.
2	»	1.65	»	C B	id.	id.
3	»	1.65	»	C B	id.	id.
4	»	1.70	»	C B	id.	id.
5	»	1.70	»	C B	Nord fort.	id.
6	»	1.74	»	C B	id.	id.
7	»	1.70	»	C B	id.	id.
8	»	1.67	»	C B	Nord.	id.
9	»	1.75	»	C B	id.	id.
10	»	1.80	»	C B	id.	id.
11	»	1.76	»	C B	id.	id.
12	»	1.75	»	C B	id.	id.
13	»	1.68	»	C B	Nord-Est.	id.
14	»	1.65	»	C B	Nord.	id.
15	»	1.65	»	C B	id.	id.
16	»	1.65	»	C B	id.	id.
17	»	1.70	»	C B	Nord fort.	id.
18	»	1.60	»	C B	id.	id.
19	»	1.55	»	C B	Nord.	id.
20	»	1.48	»	C B	id.	id.
21	»	1.36	»	C B	id.	id.
22	»	1.36	»	C B	id.	en p. couv.
23	»	1.38	»	C B	id.	id.
24	»	1.38	»	C B	Nord fort.	Clair.
25	»	1.42	»	C B	id.	id.
26	»	1.46	»	C B	Sud.	id.
27	»	1.30	»	C B	id.	id.
28	»	1.20	»	C B	Nord-Est.	id.
29	»	1.20	»	C B	id.	id.
30	»	1.20	»	C B	id.	id.

JUILLET

DATES.	Echelle de Beaucaire.		Echelle de Fourques.		VENTS.	ETAT DU CIEL.
1	midi.	1.28	midi.	C B	Sud.	Clair.
2	»	1.25	»	C B	id.	id.
3	»	1.38	»	C B	id.	id.
4	»	1.50	»	C B	id.	id.
5	»	1.35	»	C B	Nord.	id.
6	»	1.30	»	C B	id.	id.
7	»	1.41	»	C B	id.	id.
8	»	1.30	»	C B	id.	id.
9	»	1.26	»	C B	id.	id.
10	»	1.26	»	C B	Nord fort.	id.
11	»	1.10	»	C B	id.	id.
12	»	1.10	»	C B	id.	id.
13	»	1.07	»	C B	Nord.	id.
14	»	1.07	»	C B	Sud.	id.
15	»	1.00	»	C B	Ouest.	id.
16	»	1.00	»	C B	Sud.	id.
17	»	1.00	»	C B	id.	Pluie.
18	»	1.18	»	C B	Nord.	Clair.
19	»	1.60	»	C B	id.	id.
20	»	1.90	»	C B	id.	id
21	»	1.65	»	C B	id.	Brouillard.
22	»	1.40	»	C B	Sud.	Clair.
23	»	1.30	»	C B	id.	id.
24	»	1.40	»	C B	Nord-Est.	id.
25	»	1.35	»	C B	Nord.	id.
26	»	1.35	»	C B	id.	Pluie.
27	»	1.55	»	C B	id.	Clair.
28	»	1.90	»	C B	Ouest.	id.
29	»	1.88	»	C B	Sud.	id.
30	»	1.35	»	C B	N.-Ouest.	Pluie.
31	»	1.55	»	C B	Nord.	Couvert.

AOUT

DATES.	Echelle de Beaucaire.		Echelle de Fourques.		VENTS.	ETAT DU CIEL.
1	midi.	1.55	midi.	C B	Nord.	Clair.
2	»	3.50	»	3.05	id.	id.
3	6 heures.	3.99	6 heures.	3.35	Nord fort.	id.
4	midi.	3.80	midi.	3.35	id.	id.
5	»	3.10	»	2.65	Nord.	id.
6	»	2.55	»	2.10	id.	id.
7	»	2.45	»	2.00	id.	id.
8	»	2.24	»	C B	id.	id.
9	»	2.05	»	C B	id.	id.
10	»	1.97	»	C B	id.	id.
11	»	1.95	»	C B	id.	id.
12	»	1.96	»	C B	id.	id.
13	»	2.00	»	C B	Sud.	id.
14	»	1.90	»	C B	id.	id.
15	»	1.95	»	C B	Nord.	id.
16	»	1.87	»	C B	id.	id.
17	»	1.85	»	C B	id.	id.
18	»	1.75	»	C B	id.	id.
19	»	1.50	»	C B	Nord fort.	id.
20	»	1.50	»	C B	Nord.	id.
21	»	1.50	»	C B	id.	id
22	»	1.45	»	C B	id.	id.
23	»	1.30	»	C B	id.	id.
24	»	1.22	»	C B	id.	id.
25	»	1.20	»	C B	id.	id.
26	»	1.15	»	C B	id.	id.
27	»	1.22	»	C B	id.	id.
28	»	1.10	»	C B	Sud.	id.
29	»	1.07	»	C B	id.	id.
30	»	1.07	»	C B	Nord fort.	id.
31	»	1.45	»	C B	id.	id.

SEPTEMBRE

DATES.	Echelle de Beaucaire. Hauteurs observées (matin)		Echelle de Fourques. Hauteurs observées (matin)		VENTS.	ÉTAT DU CIEL.
	Heure	Cote	Heure	Cote		
1	midi.	1.65	midi.	C B	Nord fort.	Clair.
2	»	1.50	»	C B	Nord.	id.
3	»	1.40	»	C B	Nord fort	id.
4	»	1.36	»	C B	Sud.	id.
5	»	1.36	»	C B	id.	id.
6	»	1.53	»	C B	Nord-Est.	id.
7	»	1.70	»	C B	id.	Clair.
8	»	1.58	»	C B	Nord fort	id.
9	»	1.60	»	C B	Nord.	id.
10	»	1.50	»	C B	Nord Est.	id.
11	»	1.30	»	C B	Nord.	id.
12	»	1.15	»	C B	id.	id.
13	»	1.00	»	C B	id.	id.
14	»	0.90	»	C B	id.	id.
15	»	0.85	»	C B	id.	id.
16	»	0.80	»	C B	Sud.	id.
17	»	0.78	»	C B	Nord.	id.
18	»	0.70	»	C B	Nord-Est.	id.
19	»	0.70	»	C B	Nord.	id.
20	»	0.63	»	C B	id.	id.
21	»	0.56	»	C B	id.	id.
22	»	0.56	»	C B	id.	id.
23	»	0.60	»	C B	id.	id.
24	»	1.65	»	C B	id.	id.
25	»	2.33	»	C B	id.	id.
26	»	2.15	»	C B	Sud.	Pluie.
27	»	2.10	»	C B	Nord.	Clair.
28	»	2.20	»	C B	id.	id.
29	»	2.45	»	2.05	Sud-Est.	id.
30	»	2.50	»	2.10	id.	Pet. pluie

OCTOBRE.

DATES.	Echelle de Beaucaire. Hauteurs observées (matin)		Echelle de Fourques. Hauteurs observées (matin)		VENTS.	ÉTAT DU CIEL.
	Heure	Cote	Heure	Cote		
1	midi	2.45	midi.	2.00	Nord-Est.	Pluie.
2	»	2.77	»	2.30	id.	id.
3	»	3.70	»	3.25	id.	Clair.
4	»	3.75	»	3.30	id.	Pluie.
5	»	3 50	»	3.10	id.	id.
6	»	2.85	»	2.40	id.	Clair.
7	»	2.77	»	2.35	Nord.	id.
8	»	2.67	»	2.20	Nord-Est.	id.
9	»	2.30	»	C B	Nord.	id.
10	»	2.15	»	C B	id.	id.
11	»	2.36	»	C B	id.	id.
12	»	2.28	»	C B	id.	id.
13	»	2.38	»	C B	id.	id.
14	»	2.20	»	C B	Nord-Est.	id.
15	»	2 05	»	C B	Sud.	Pluie.
16	»	2.00	»	C B	Nord.	Clair.
17	»	1.90	»	C B	id.	id.
18	»	2.25	»	C B	Nord fort.	id.
19	»	2.18	»	C B	Nord.	id.
20	»	2.10	»	C B	id.	id.
21	»	9.00	»	C B	id.	id.
22	»	2.00	»	C B	id.	id.
23	»	1.90	»	C B	id	id.
24	»	1.72	»	C B	Nord-Est.	id.
25	»	1.55	»	C B	id.	id.
26	»	1.40	»	C B	id.	id.
27	»	1.25	»	C B	id.	id.
28	»	1.10	»	C B	id.	id.
29	»	1.05	»	C B	id.	id.
30	»	1.00	»	C B	Nord.	Pluie.
31	»	1.10	»	C B	id.	Clair.

NOVEMBRE

DATES.	Echelle de Beaucaire. Hauteurs observées (matin)		Echelle de Fourques. Hauteurs observées (matin)		VENTS.	ÉTAT DU CIEL.
	Heure	Cote	Heure	Cote		
1	midi.	1.33	midi.	C B	Nord.	Clair.
2	»	1.56	»	C B	id.	id.
3	»	1.84	»	C B	id.	id.
4	»	1.47	»	C B	id.	id.
5	»	1.35	»	C B	id.	id.
6	»	1.25	»	C B	Nord-Est.	id.
7	»	1.10	»	C B	id.	Pluie.
8	»	1.00	»	C B	id.	Clair.
9	»	1.00	»	C B	id.	id.
10	»	1.08	»	C B	id.	id.
11	»	1.08	»	C B	id.	Pluie.
12	»	1.10	»	C B	id.	Clair.
13	»	1.10	»	C B	id.	id.
14	»	1.10	»	C B	id.	Pet. pluie
15	»	0.90	»	C B	Nord fort.	Clair.
16	»	0.90	»	C B	id.	id.
17	»	0.85	»	C B	Nord.	id.
18	»	0.80	»	C B	id.	id.
19	»	0.70	»	C B	id.	id.
20	»	0.63	»	C B	id.	id.
21	»	0.55	»	C B	id.	id.
22	»	0.50	»	C B	Nord fort.	id.
23	»	0.45	»	C B	Nord.	id.
24	»	0.40	»	C B	id.	Pet. pluie
25	»	0.40	»	C B	Nord-Est.	Brouillard.
26	»	0.40	»	C B	Ouest.	Pet. pluie
27	»	0.40	»	C B	Nord-Est	Clair.
28	»	0.65	»	C B	Nord.	id.
29	»	0.85	»	C B	id.	id.
30	»	0 95	»	C B	id.	id.

DÉCEMBRE

DATES.	Echelle de Beaucaire. Hauteurs observées (matin)		Echelle de Fourques. Hauteurs observées (matin)		VENTS.	ÉTAT DU CIEL.
	Heure	Cote	Heure	Cote		
1	midi.	1.00	midi.	C B	Nord.	Clair.
2	»	0.95	»	C B	id.	id.
3	»	0.85	»	C B	id.	id.
4	»	0.80	»	C B	id.	id.
5	»	0.75	»	C B	id.	id.
6	»	0.72	»	C B	Nord-Est	id.
7	»	0.65	»	C B	Nord.	id.
8	»	0.56	»	C B	id.	id.
9	»	0.50	»	C B	id.	id.
10	»	0.45	»	C B	N.-Ouest.	id.
11	»	0.45	»	C B	id.	id.
12	»	0.35	»	C B	Nord-Est.	id.
13	»	0.62	»	C B	id.	id.
14	»	0.65	»	C B	id.	id.
15	»	0.75	»	C B	id.	id.
16	»	0.78	»	C B	id.	id.
17	»	0.73	»	C B	id.	id.
18	»	0.73	»	C B	id.	Brumeux
19	»	0.55	»	C B	id.	Clair.
20	»	0 48	»	C B	id.	id.
21	»	0 40	»	C B	id.	id.
22	»	0.32	»	C B	id.	Pluie.
23	»	0.30	»	C B	Nord.	Clair.
24	»	0.30	»	C B	id.	id.
25	»	0.25	»	C B	id.	id.
26	»	0.20	»	C B	id.	id.
27	»	0.12	»	C B	Nord fort.	id.
28	»	0.08	»	C B	Nord.	id.
29	»	0.08	»	C B	id.	id.
30	»	0.02	»	C B	Nord-Est	id.
31	»	0.00	»	C B	id.	id

ANNÉE 1852.

JANVIER

DATES.	Echelle de Beaucaire. Hauteurs observées (matin) Heure	Cote	Echelle de Fourques. Hauteurs observées (matin) Heure	Cote	VENTS.	ÉTAT DU CIEL.
1	midi.	au dessous.	midi.	C B	Nord-Est.	»
2	»	0.05	»	C B	id.	Pet. pluie
3	»	0.10	»	C B	id.	id.
4	»	0.10	»	C B	Nord.	Clair.
5	»	0.10	»	C B	id.	id.
6	»	0.13	»	C B	Nord-Est.	id.
7	»	0.16	»	C B	id.	id.
8	»	0.16	»	C B	Sud.	id.
9	»	0.16	»	C B	id.	Pluie.
10	»	au dessous 0.20	»	C B	Sud-Est.	Couvert.
11	»	0.12	»	C B	Nord-Est.	id.
12	»	0.10	»	C B	id.	id.
13	»	0.12	»	C B	Sud.	id.
14	»	0.50	»	C B	id.	Clair.
15	»	1.30	»	C B	Nord-Est.	id
16	»	1.55	»	C B	Ouest.	id.
17	»	1.65	»	C B	id.	id.
18	»	2.12	»	C B	Nord.	id.
19	»	2.85	2.40	C B	id.	id.
20	»	2.75	2.30	C B	Nord-Est.	id.
21	»	2.15	»	C B	id.	id.
22	»	2.00	»	C B	Nord.	id.
23	»	1.90	»	C B	id.	id.
24	»	2.00	»	C B	id.	id.
25	»	2.30	»	C B	id.	id.
26	»	2.10	»	C B	Nord-Est.	Pluie.
27	»	1.87	»	C B	Sud.	Clair.
28	»	1.75	»	C B	Nord-Est.	Pluie.
29	»	1.68	»	C B	id.	Clair.
30	»	1.56	»	C B	id.	id.
31	»	1.43	»	C B	Nord.	id.

FÉVRIER

DATES.	Echelle de Beaucaire. Hauteurs observées (matin) Heure	Cote	Echelle de Fourques. Hauteurs observées (matin) Heure	Cote	VENTS.	ÉTAT DU CIEL
1	midi.	1.25	midi.	C B	Nord.	Clair.
2	»	1.10	»	C B	id.	id.
3	»	0.97	»	C B	id.	id.
4	»	0.96	»	C B	id.	id.
5	»	0.95	»	C B	id.	id.
6	»	0.95	»	C B	id.	id.
7	»	1.00	»	C B	id.	id.
8	»	1.00	»	C B	id.	id.
9	»	1.00	»	C B	Ouest.	id.
10	»	1.10	»	C B	Nord-Est.	id.
11	»	1.10	»	C B	id.	id.
12	»	1.10	»	C B	Nord.	id.
13	»	1.15	»	C B	id.	id.
14	»	1.07	»	C B	id.	id.
15	»	1.00	»	C B	id.	id.
16	»	0.90	»	C B	Nord fort.	id.
17	»	0.74	»	C B	Nord.	id.
18	»	0.75	»	C B	N.-Ouest.	id.
19	»	0.80	»	C B	Nord.	Couvert.
20	»	1.48	»	C B	Nord fort.	Clair.
21	»	1.90	»	C B	id.	id.
22	»	1.70	»	C B	id.	Couvert.
23	»	1.55	»	C B	id.	Clair.
24	»	1.50	»	C B	Nord.	id.
25	»	1.50	»	C B	id.	id.
26	»	1.30	»	C B	id.	id.
27	»	1.12	»	C B	id.	id.
28	»	1.00	»	C B	id.	id.
29	»	0.95	»	C B	id.	id.

MARS

DATES.	Echelle de Beaucaire. Hauteurs observées (matin) Heure	Cote	Echelle de Fourques. Hauteurs observées (matin) Heure	Cote	VENTS.	ÉTAT DU CIEL
1	midi.	0.74	midi.	C B	Nord.	Clair.
2	»	0.64	»	C B	Ouest.	id.
3	»	0.55	»	C B	id.	id.
4	»	0.50	»	C B	Nord fort.	id.
5	»	0.65	»	C B	id.	id.
6	»	0.95	»	C B	Nord-Est.	id.
7	»	0.98	»	C B	id.	id.
8	»	0.92	»	C B	Nord.	id.
9	»	0.78	»	C B	id.	id.
10	»	0.60	»	C B	id.	id.
11	»	0.58	»	C B	id.	id.
12	»	0.60	»	C B	id.	id.
13	»	0.60	»	C B	id.	id.
14	»	0.53	»	C B	Nord fort.	id.
15	»	0.55	»	C B	id.	id.
16	»	0.50	»	C B	Nord.	id.
17	»	0.42	»	C B	id.	id.
18	»	0.36	»	C B	Nord-Est.	id.
19	»	0.30	»	C B	id.	id.
20	»	0.25	»	C B	id.	id.
21	»	0.30	»	C B	id.	id.
22	»	0.30	»	C B	id.	id.
23	»	0.34	»	C B	id.	id.
24	»	0.35	»	C B	id.	id.
25	»	0.36	»	C B	id.	id.
26	»	0.40	»	C B	id.	id.
27	»	0.46	»	C B	id.	id.
28	»	0.50	»	C B	id.	id.
29	»	0.40	»	C B	id.	id.
30	»	0.38	»	C B	id.	Couvert.
31	»	0.45	»	C B	id.	id.

AVRIL

DATES.	Echelle de Beaucaire. Hauteurs observées (matin) Heure	Cote	Echelle de Fourques. Hauteurs observées (matin) Heure	Cote	VENTS.	ÉTAT DU CIEL
1	midi.	0.72	midi.	C B	Nord-Est.	Clair.
2	»	1.10	»	C B	Nord.	id.
3	»	1.24	»	C B	id.	id.
4	»	1.18	»	C B	Sud.	id.
5	»	1.10	»	C B	id.	id.
6	»	1.05	»	C B	id.	id.
7	»	1.00	»	C B	id.	id.
8	»	0.96	»	C B	id.	id.
9	»	0.90	»	C B	Nord.	id.
10	»	0.80	»	C B	id.	id
11	»	0.75	»	C B	id.	id.
12	»	0.68	»	C B	Sud.	id.
13	»	0.55	»	C B	Nord.	id.
14	»	0.50	»	C B	id.	id.
15	»	0.43	»	C B	id.	id.
16	»	0.40	»	C B	id.	id.
17	»	0.55	»	C B	Nord-Est	Pluie.
18	»	0.30	»	C B	Nord.	Clair.
19	»	0.40	»	C B	Nord fort.	id.
20	»	0.32	»	C B	id.	id.
21	»	0.20	»	C B	Sud.	id.
22	»	0.12	»	C B	id.	Couvert.
23	»	0.05	»	C B	Nord-Est.	id.
24	»	0.00	»	C B	id.	Pluie.
25	»	0.15	»	C B	Sud.	id.
26	»	0.50	»	C B	id.	id.
27	»	1.10	»	C B	Nord.	Clair.
28	»	1.07	»	C B	id.	id.
29	»	0.85	»	C B	id	id.
30	»	0.65	»	C B	id.	id.

MAI

DATES.	Echelle de Beaucaire. Hauteurs observées (matin) Heure	Cote	Echelle de Fourques. Hauteurs observées (matin) Heure	Cote	VENTS.	ÉTAT DU CIEL
1	midi.	0.55	midi.	C B	Ouest.	Clair.
2	»	0.75	»	C B	Nord.	id.
3	»	0.80	»	C B	Nord fort.	id.
4	»	1.08	»	C B	Nord-Est.	id.
5	»	0.85	»	C B	id.	Pluie.
6	»	0.70	»	C B	Nord.	Clair.
7	»	0.63	»	C B	Nord-Est.	id.
8	»	0.50	»	C B	Nord fort.	id.
9	»	0.48	»	C B	Nord.	id.
10	»	0.48	»	C B	id.	id.
11	»	0.45	»	C B	id.	id.
12	»	0.42	»	C B	id.	id.
13	»	0.50	»	C B	id.	id.
14	»	0.52	»	C B	id.	id.
15	»	0.54	»	C B	id.	id.
16	»	0.47	»	C B	id.	id.
17	»	0.52	»	C B	id.	id.
18	»	0.60	»	C B	Sud fort.	id.
19	»	0.60	»	C B	Nord.	id.
20	»	0.70	»	C B	id.	id.
21	»	0.70	»	C B	id.	id.
22	»	0.60	»	C B	id.	id.
23	»	0.50	»	C B	Sud.	id.
24	»	0.40	»	C B	Nord-Est.	id.
25	»	0.48	»	C B	Sud.	Pluie.
26	»	0.60	»	C B	id.	Clair.
27	»	0.75	»	C B	id.	id.
28	»	0.90	»	C B	id.	id.
29	»	0.98	»	C B	id.	Pluie.
30	»	0.95	»	C B	Ouest.	Clair.
31	»	0.98	»	C B	Nord.	id.

JUIN

DATES.	Echelle de Beaucaire. Hauteurs observées (matin) Heure	Cote	Echelle de Fourques. Hauteurs observées (matin) Heure	Cote	VENTS.	ÉTAT DU CIEL
1	midi.	1.10	midi.	C B	Sud.	Clair.
2	»	1.13	»	C B	Nord-Est.	Pluie.
3	»	0.90	»	C B	Nord.	Clair.
4	»	0.80	»	C B	Sud.	Pluie.
5	»	1.10	»	C B	Nord.	Clair.
6	»	1.18	»	C B	id	id.
7	»	1.00	»	C B	Sud.	Pluie.
8	»	0.90	»	C B	Nord-Est.	id.
9	»	4.42	»	3.75	id.	id.
10	»	2.90	»	2.40	Nord.	Clair.
11	»	2.80	»	2 10	Sud.	id.
12	»	2.36	»	C B	Nord.	id.
13	»	2.15	»	C D	Nord-Est.	id.
14	»	2.20	»	C B	Ouest.	id.
15	»	2.10	»	C B	id.	id.
16	»	1.90	»	C B	Sud.	id.
17	»	2.10	»	C B	Nord-Est.	id.
18	»	2.50	»	2.15	Sud.	Pluie.
19	»	4.25	»	3.90	Nord.	Clair.
20	»	4.43	»	4.07	id.	id.
21	»	4.40	»	4.00	id.	id.
22	»	3.70	»	3.25	Sud.	id.
23	»	3.27	»	2 80	N.-Ouest.	id.
24	»	3.10	»	2.70	No d.	id.
25	»	3.05	»	2.65	id.	id.
26	»	3.05	»	2.65	id.	id.
27	»	2.95	»	2.50	id.	id.
28	»	2.78	»	2.30	id.	id.
29	»	2.72	»	2.25	id.	id.
30	»	2.65	»	2.20	id.	id.

JUILLET

DATES.	Heure	Cote	Heure	Cote	VENTS.	ÉTAT DU CIEL
1	midi.	2.50	midi.	2 15	Nord-Est.	Pluie.
2	»	2.90	»	2.45	Nord.	Clair.
3	»	2.87	»	2.40	id.	id.
4	»	2.55	»	2.15	id.	id.
5	»	2.50	»	C B	id.	id.
6	»	2.40	»	C B	Sud.	id.
7	»	1.80	»	C B	id.	id.
8	»	1.86	»	C B	id.	Orag. pl.
9	»	1.90	»	C B	id.	Clair.
10	»	1.55	»	C B	Nord.	id.
11	»	1.55	»	C B	id.	id.
12	»	1.50	»	C B	id.	id.
13	»	1.35	»	C B	Sud.	id.
14	»	1.35	»	C B	id.	id.
15	»	1.35	»	C B	id.	id.
16	»	1.20	»	C B	id.	id.
17	»	1.15	»	C B	Nord.	id.
18	»	1.15	»	C B	id.	Orag. pl.
19	»	1.25	»	C B	id.	Clair.
20	»	1.30	»	C B	id.	id.
21	»	1.20	»	C B	Nord fort.	id.
22	»	1.15	»	C B	id.	id.
23	»	0.97	»	C B	Nord.	id.
24	»	0.95	»	C B	id.	id.
25	»	0.95	»	C B	id.	id.
26	»	0.90	»	C B	id.	id.
27	»	0.90	»	C B	N.-Ouest.	id.
28	»	1.00	»	C B	id.	id.
29	»	1.20	»	C B	id.	Pl. d'orage.
30	»	1.25	»	C B	Sud.	Clair.
31	»	1.20	»	C B	id.	id.

AOUT

DATES.	Heure	Cote	Heure	Cote	VENTS.	ÉTAT DU CIEL
1	midi.	1.10	midi.	C B	Nord.	Brouillard
2	»	0.95	»	C B	Sud.	Pl. d'orag
3	»	0.95	»	C B	id.	Clair.
4	»	0.95	»	C B	id.	id.
5	»	1.00	»	C B	Nord.	id.
6	»	1.16	»	C B	Sud.	Pl. d'orag
7	»	1.50	»	C B	id.	Clair.
8	»	2 60	»	2.20	id.	id.
9	»	2.72	»	2.30	id.	id.
10	»	3.70	»	2.25	Nord.	id.
11	»	4.40	»	3.95	id.	Couvert
12	6	4.77	6	4.40	Nord-Est.	Clair.
13	»	5.20	»	4.78	Sud.	id.
14	midi.	4.60	midi.	4.20	id.	id.
15	»	4.15	»	3.70	Nord.	id.
16	»	3.85	»	3.40	id	id.
17	»	4.37	»	3.95	id.	id.
18	»	3.80	»	3.40	id.	Pl. d'orag
19	»	5.45	»	5.05	Sud.	Pl. d'orag
20	»	4.20	»	3.80	Nord.	Clair.
21	»	4.30	»	3.90	id.	id.
22	»	4 70	6	4.25	id.	id.
23	»	4 93	»	4.56	id.	id.
24	»	5.07	»	4 68	id.	id
25	»	4.68	midi.	4.25	id.	id.
26	»	3.85	»	3.43	Sud.	id.
27	»	3.47	»	3.05	id.	Brouillard
28	»	3.30	»	2.80	id.	Clair.
29	»	3.15	»	2.65	id.	Brouillard
30	»	3.05	»	2.55	id.	Clair.
31	»	2.95	»	2.30	id.	id.

SEPTEMBRE

DATES.	Echelle de Beaucaire. Hauteurs observées (matin) Heure	Cote	Echelle de Fourques. Hauteurs observées (matin) Heure	Cote	VENTS.	ETAT DU CIEL.
1	midi.	2.65	midi.	2.20	Nord.	Clair.
2	»	2.55	»	2.10	id.	id.
3	»	2.50	»	2.05	id.	id.
4	»	2.35	»	C B	id.	id.
5	»	2.20	»	C B	id.	id.
6	»	2.05	»	C B	id.	id.
7	»	2.00	»	C B	id.	id.
8	»	1.90	»	C B	Est.	Pluie.
9	»	2.00	»	C B	Nord.	Clair.
10	»	2.24	»	C B	id.	id.
11	»	2.15	»	C B	id.	id.
12	»	2.05	»	C B	id.	id.
13	»	1.95	»	C B	id.	id.
14	»	1.95	»	C B	id.	id.
15	»	1.77	»	C B	id.	id.
16	»	1.73	»	C B	Sud.	id.
17	»	1.60	»	C B	Nord.	id.
18	»	2.00	»	C B	Sud.	id.
19	»	3.15	»	2.75	id.	id.
20	»	3.15	»	2.75	Nord.	id.
21	»	3.00	»	2.55	Nord fort.	id.
22	»	2.75	»	2.20	id.	id.
23	»	2.65	»	2.25	Nord.	id.
24	»	2.50	»	2.10	id.	id.
25	»	2.50	»	2.10	id.	Pluie.
26	»	2.45	»	2.05	Sud.	Clair.
27	»	2.45	»	2.05	Nord.	id.
28	»	2.40	»	2.00	Sud.	id.
29	»	2.40	»	2.00	N.-Ouest.	Orageux.
30	»	2.40	»	2.00	Ouest.	Clair.

OCTOBRE

DATES.	Echelle de Beaucaire. Hauteurs observées (matin) Heure	Cote	Echelle de Fourques. Hauteurs observées (matin) Heure	Cote	VENTS.	ETAT DU CIEL.
1	midi.	2.20	midi.	C B	Nord.	Clair.
2	»	2.10	»	C B	Sud.	Pluie.
3	»	2.00	»	C B	Nord.	Clair.
4	»	2.27	»	C B	id.	id.
5	»	2.50	»	2.10	id.	id.
6	»	2.45	»	C B	id.	id.
7	»	2.00	»	C B	id.	id.
8	»	2.40	»	2.00	id.	id.
9	»	2.80	»	2.55	Nord-Est.	Pluie.
10	»	2.60	»	2.20	id.	Clair.
11	»	3.15	»	2.70	id.	Pluie.
12	»	4.20	»	3.75	Nord fort.	id.
13	»	4.65	»	4.20	id.	id.
14	»	4.55	»	4.10	Nord.	id.
15	»	5.70	»	3.25	id.	id.
16	»	3.30	»	2.85	id.	Clair.
17	»	3.00	»	2.55	id.	id.
18	»	2.85	»	2.10	Nord.	id.
19	»	2.35	»	C B	Nord fort.	id.
20	»	2.05	»	C B	Nord.	id.
21	»	1.95	»	C B	id.	id.
22	»	1.80	»	C B	id.	Couvert.
23	»	1.75	»	C B	Sud.	Clair.
24	»	1.65	»	C B	id.	Pluie.
25	»	1.80	»	C B	Nord.	Clair.
26	»	2.00	»	C B	id.	id.
27	»	1.85	»	C B	id.	id.
28	»	1.80	»	C B	id.	id.
29	»	1.90	»	C B	Nord-Est.	Pluie.
30	»	2.00	»	C B	id.	Clair.
31	»	1.80	»	C B	id.	id.

NOVEMBRE

DATES.	Echelle de Beaucaire. Hauteurs observées (matin) Heure	Cote	Echelle de Fourques. Hauteurs observées (matin) Heure	Cote	VENTS.	ETAT DU CIEL.
1	midi.	1.80	midi.	C B	Nord-Est.	Clair.
2	»	2.15	»	C B	id.	id.
3	»	2.30	»	C B	Sud.	Couvert.
4	»	2.05	»	C B	id.	Brouillard.
5	»	1.90	»	C B	Sud-Est.	Pluie.
6	»	1.85	»	C B	Nord.	id.
7	»	2.90	»	2.45	id.	Clair.
8	»	3.05	»	2.60	id.	id.
9	»	2.80	»	2.40	id.	id.
10	»	2.40	»	2.00	Sud.	Brouillard.
11	»	2.25	»	C B	Nord Est.	Clair.
12	»	2.05	»	C B	Sud.	id.
13	»	1.90	»	C B	id.	Pluie.
14	»	5.10	»	4.50	id.	Clair.
15	»	3.85	»	3.40	Sud-Est.	id.
16	»	3.35	»	2.90	Sud.	id.
17	»	4.00	»	3.50	id.	id.
18	»	4.30	»	3.90	id.	id.
19	»	3.70	»	3.25	Nord-Est.	id.
20	»	3.25	»	2.85	Sud.	Couvert.
21	»	3.45	»	3.05	id.	Pluie.
22	»	3.30	»	2.80	id.	id.
23	»	3.75	»	3.30	N.-Ouest.	Clair.
24	»	4.55	»	4.10	id.	id.
25	»	4.77	»	4.35	Nord.	id.
26	»	5.00	»	4.50	Ouest.	id.
27	»	5.05	»	4.55	Sud.	id.
28	»	5.00	»	4.50	id.	id.
29	»	4.00	»	3.55	Est.	Pluie.
30	»	4.00	»	3.55	id.	id.

DÉCEMBRE

DATES.	Echelle de Beaucaire. Hauteurs observées (matin) Heure	Cote	Echelle de Fourques. Hauteurs observées (matin) Heure	Cote	VENTS.	ETAT DU CIEL.
1	midi.	4.57	midi.	4.15	Nord.	Pluie.
2	»	4.80	»	4.35	id.	Clair.
3	»	4.40	»	3.93	id.	id.
4	»	3.98	»	3.55	Nord-Est.	id.
5	»	3.65	»	3.20	id.	id.
6	»	3.45	»	3.00	id.	id.
7	»	3.20	»	2.75	Sud.	id.
8	»	2.95	»	2.50	Sud fort.	id.
9	»	2.85	»	2.40	Nord-Est.	id.
10	»	2.65	»	2.20	id.	Couvert.
11	»	2.55	»	2.10	Sud.	Pluie.
12	»	2.35	»	C B	id.	Couvert.
13	»	2.25	»	C B	id.	Clair.
14	»	2.50	»	2.05	id.	id.
15	»	4.25	»	3.80	id.	id.
16	»	3.30	»	2.85	Nord.	id.
17	»	3.15	»	2.70	Nord-Est.	id.
18	»	2.85	»	2.40	Nord.	id.
19	»	2.80	»	2.55	id.	id.
20	»	3.23	»	2.80	Sud.	id.
21	»	3.10	»	2.65	id.	id.
22	»	2.80	»	2.55	Nord.	id.
23	»	2.60	»	2.15	Sud.	id.
24	»	2.50	»	2.10	id.	id.
25	»	2.38	»	C B	id.	id.
26	»	2.20	»	C B	id.	Couvert.
27	»	2.05	»	C B	id.	Pluie.
28	»	2.00	»	C B	id.	id.
29	»	2.05	»	C B	Nord.	Clair.
30	»	2.00	»	C B	Sud.	id.
31	»	2.00	»	C B	id.	Brouillard.

ANNÉE 1853.

JANVIER

DATES.	Echelle de Beaucaire. Hauteurs observées (matin)		Echelle de Fourques. Hauteurs observées (matin)		VENTS.	ETAT DU CIEL.
	Heure	Cote	Heure	Cote		
1	midi.	2.00	midi.	C B	Sud.	Clair.
2	»	1.80	»	C B	id.	id.
3	»	1.70	»	C B	Nord-Est.	id.
4	»	1.65	»	C B	id.	id.
5	»	1.60	»	C B	id.	id.
6	»	1.80	»	C B	id.	Pluie.
7	»	1.75	»	C B	Sud.	id.
8	»	1.68	»	C B	id.	id.
9	»	2.22	»	C B	Nord-Est.	Brouillard.
10	»	2.00	»	C B	id.	Clair.
11	»	2.20	»	C B	id.	id.
12	»	2 20	»	C B	Nord.	id.
13	»	2.30	»	C B	Nord-Est.	id.
14	»	2.40	»	2.00	Nord.	id.
15	»	2.20	»	C B	Nord-Est.	id.
16	»	2.28	»	C B	id.	id.
17	»	2.28	»	C B	id.	id.
18	»	2.25	»	C B	Ouest.	id.
19	»	2.25	»	C B	Nord.	id.
20	»	2.25	»	C B	id.	id.
21	»	2.20	»	C B	Sud.	id.
22	»	2.20	»	C B	Nord.	id.
23	»	2.27	»	C B	id.	id.
24	»	2.60	»	2.15	Nord fort.	id.
25	»	2.55	»	2 10	Nord	id.
26	»	2 40	»	2.00	Sud fort.	Pluie.
27	»	2.35	»	C B	id.	id.
28	»	2.95	»	2.50	id.	Clair.
29	»	3.50	»	3.05	Sud.	id.
30	»	3.00	»	2.55	id.	Pluie.
31	»	2.85	»	2.40	Nord.	Clair.

FÉVRIER

DATES.	Echelle de Beaucaire. Hauteurs observées (matin)		Echelle de Fourques. Hauteurs observées (matin)		VENTS.	ÉT... DU C...
	Heure	Cote	Heure	Cote		
1	midi.	2.55	midi.	2.10	Nord.	Cl...
2	»	2.48	»	2.05	id.	...
3	»	2.28	»	C B	id.	Plu...
4	»	2.15	»	C B	Nord-Est.	Cl...
5	»	2.00	»	C B	id.	Plu...
6	»	2.00	»	C B	Sud.	...
7	»	1.85	»	C B	id.	Cl...
8	»	1.75	»	C B	Nord.	...
9	»	1 60	»	C B	id.	...
10	»	1.65	»	C B	id.	...
11	»	1.50	»	C B	id.	...
12	»	1.40	»	C B	id.	...
13	»	1.35	»	C B	id.	...
14	»	1.30	»	C B	id.	...
15	»	1.25	»	C B	id.	...
16	»	1.20	»	C B	id.	...
17	»	1.10	»	C B	id.	...
18	»	1.05	»	C B	id.	...
19	»	0.95	»	C B	id.	...
20	»	0.90	»	C B	id.	...
21	»	0.85	»	C B	id.	...
22	»	0.80	»	C B	id.	...
23	»	0.78	»	C B	Nord fort.	...
24	»	0.75	»	C B	id.	...
25	»	0.75	»	C B	Ouest.	...
26	»	0.70	»	C B	Nord.	...
27	»	0.70	»	C B	N.-Ouest.	...
28	»	0.70	»	C B	Nord.	Cou...

MARS

DATES.	Echelle de Beaucaire		Echelle de Fourques		VENTS.	ETAT DU CIEL.
	Heure	Cote	Heure	Cote		
1	midi.	0.92	midi.	C B	Nord.	Clair.
2	»	0.94	»	C B	id.	id.
3	»	0.90	»	C B	Ouest.	id.
4	»	0.90	»	C B	id.	id.
5	»	0.80	»	C B	Nord fort.	id.
6	»	0.80	»	C B	Nord.	Pluie.
7	»	0.80	»	C B	id.	Clair.
8	»	0.90	»	C B	Sud.	id.
9	»	1.12	»	C B	id.	id.
10	»	1.50	»	C B	Nord-Est.	id.
11	»	1.86	»	C B	id.	id.
12	»	2.10	»	C B	id.	Pluie.
13	»	2.25	»	C B	Sud.	id.
14	»	2.30	»	C B	id.	Clair.
15	»	2.35	»	C B	id.	Pluie.
16	»	2.55	»	2.10	id.	id.
17	»	2.85	»	2.40	Nord.	Clair.
18	»	2.65	»	2.20	Nord fort.	Convert.
19	»	2.55	»	2.10	id.	Clair.
20	»	2.35	»	C B	id.	id.
21	»	2.20	»	C B	id.	id.
22	»	2.00	»	C B	id.	id.
23	»	1.75	»	C B	id.	id.
24	»	1.55	»	C B	id.	id.
25	»	1.35	»	C B	Nord.	id.
26	»	1 20	»	C B	Sud.	Pluie.
27	»	1.20	»	C B	Nord.	Clair.
28	»	1.15	»	C B	Nord fort.	id.
29	»	1.10	»	C B	Nord-Est.	id.
30	»	1.08	»	C B	Sud.	id.
31	»	1.05	»	C B	id.	Pluie.

AVRIL

DATES.	Echelle de Beaucaire		Echelle de Fourques		VENTS.	ÉTAT DU CIEL.
	Heure	Cote	Heure	Cote		
1	midi.	1.52	midi.	C B	Sud.	Clai...
2	»	1.50	»	C B	N.-Ouest.	id...
3	»	1.77	»	C B	Nord-Est.	id...
4	»	2.46	»	2.05	Sud.	id...
5	»	2.59	»	C B	id.	id...
6	»	2.60	»	2.15	id.	id...
7	»	3.70	»	3.30	Nord.	id...
8	»	4.05	»	3.65	Sud.	id...
9	»	3.75	»	3.35	Nord.	id...
10	»	3.75	»	3.35	id.	id...
11	»	3.40	»	3.00	id.	id...
12	»	3.16	»	2.75	id.	id...
13	»	3.00	»	2 60	id.	id...
14	»	2 90	»	2.50	Nord-Est	id...
15	»	2.83	»	2.35	id.	id...
16	»	2.85	»	2.40	id.	id...
17	»	2.60	»	2.15	Nord.	id...
18	»	2.40	»	2 00	id.	id...
19	»	2.25	»	C B	id.	id...
20	»	2.12	»	C B	id.	id...
21	»	2.07	»	C B	N.-Ouest.	id...
22	»	2.10	»	C B	id.	id...
23	»	2.05	»	C B	id.	id...
24	»	2.00	»	C B	Nord-Est.	id...
25	»	2.08	»	C B	Nord.	id...
26	»	2.20	»	C B	Nord-Est.	id...
27	»	2.10	»	C B	Sud.	id...
28	»	2.10	»	C B	id.	Couve...
29	»	2.20	»	C B	S.-Ouest.	id...
30	»	2.30	»	C B	id.	Clai...

MAI

DATES	Echelle de Beaucaire. Hauteurs observées (matin)		Echelle de Fourques. Hauteurs observées (matin)		VENTS	ÉTAT DU CIEL
	Heure	Cote	Heure	Cote		
1	midi.	2.20	midi.		C B	Nord.	Clair.
2	»	2.20	»		C B	id.	Pluie.
3	»	2.90	»		C B	Sud.	id.
4	»	2.32	»		C B	id.	id.
5	»	3.35	»	2.90	Nord-Est.	id.
6	»	3.37	»	2.95	Nord.	id.
7	»	2.97	»	2.50	id.	Clair.
8	»	2.85	»	2.40	id.	id.
9	»	2.56	»	2.15	Sud.	id.
10	»	2.55	»	1.90	Nord-Est.	id.
11	»	2.25	»	1.80	Est.	Pluie.
12	»	2.62	»	2.13	Sud.	id.
13	»	3.75	»	3.20	Nord-Est.	Clair.
14	»	3.60	»	3.15	Sud.	Pluie.
15	»	3.80	»	3.40	id.	id.
16	»	3.88	»	3.45	id.	id.
17	»	4.11	»	3.65	Nord-Est	Clair.
18	»	4.50	»	4.05	Sud.	id.
19	»	3.90	»	3.45	Nord-Est.	id.
20	»	3.63	»	3.10	id.	id.
21	»	3.50	»	3.10	Nord.	id.
22	»	3.25	»	2.80	Nord-Est.	id.
23	»	3.15	»	2.70	Sud.	Pluie.
24	»	3.15	»	2.70	id.	id.
25	»	3.20	»	2.75	Est fort.	id.
26	»	3.65	»	3.20	Sud.	id.
27	»	3.85	»	3.40	id.	id.
28	»	4.50	»	4.05	id.	id.
29	»	3.80	»	3.35	Nord.	Clair.
30	»	3.37	»	2.95	id.	id.
31	»	3.33	»	2.90	id.	id.

JUIN

DATES	Echelle de Beaucaire. Hauteurs observées (matin)		Echelle de Fourques. Hauteurs observées (matin)		VENTS	ÉTAT DU CIEL
	Heure	Cote	Heure	Cote		
1	midi.	3.45	midi.	3.00	Nord.	Clair.
2	»	3.70	»	3.25	id.	id.
3	»	3.95	»	3.50	Sud.	id.
4	»	3.80	»	3.05	id	Pluie.
5	»	3.35	»	2.90	Nord.	Clair.
6	»	3.55	»	2.90	id.	id.
7	»	3.35	»	2.90	Nord fort.	id.
8	»	3.40	»	2.95	Nord.	id.
9	»	3.40	»	2.93	id.	id.
10	»	3.30	»	2.85	Sud.	id.
11	»	3.40	»	2.95	id.	Pluie.
12	»	3.40	»	2.95	id.	id.
13	»	3.37	»	2.95	id.	Clair.
14	»	3.48	»	3.03	id.	Pluie
15	»	3.50	»	3.05	Nord.	Clair.
16	»	3.33	»	2.00	N.-Ouest.	id.
17	»	3.10	»	2.65	id.	id.
18	»	2.95	»	2.50	id.	id.
19	»	2.70	»	2.25	Ouest.	id.
20	»	2.63	»	2.20	Sud.	id.
21	»	2.70	»	2.25	Ouest.	id.
22	»	2.80	»	2.35	Sud.	id.
23	»	2.78	»	2.35	id.	id.
24	»	2.60	»	2.15	id.	id.
25	»	2.50	»	2.03	N.-Ouest.	id.
26	»	2.58	»	C B	Ouest.	id.
27	»	2.55	»	C B	Sud.	id.
28	»	2.82	»	2.35	id.	id.
29	»	3.30	»	2.85	id.	Brouillard
30	»	3.15	»	2.70	id.	id.

JUILLET

DATES	Echelle de Beaucaire. Hauteurs observées (matin)		Echelle de Fourques. Hauteurs observées (matin)		VENTS	ÉTAT DU CIEL
	Heure	Cote	Heure	Cote		
1	midi.	3.15	midi.	2.70	Ouest.	Clair.
2	»	3.18	»	2.75	Nord.	id.
3	»	3.40	»	2.95	id.	id.
4	»	3.38	»	2.95	id.	id.
5	»	3.18	»	2.75	id.	id.
6	»	2.90	»	2.45	id.	id.
7	»	2.78	»	2.35	Sud.	id.
8	»	2.70	»	2.25	id.	Brouillard.
9	»	2.75	»	2.30	Est.	Clair.
10	»	2.60	»	2.15	Ouest.	Brouillard.
11	»	2.50	»	2.05	Nord.	Clair.
12	»	2.45	»	2.00	id.	id.
13	»	2.37	»	C B	Sud.	id.
14	»	2.25	»	C B	id.	id.
15	»	2.28	»	C B	id.	Pluie.
16	»	2.38	»	C B	id.	Clair.
17	»	2.77	»	2 35	id.	id.
18	»	2.30	»	C B	Ouest.	id.
19	»	2.25	»	C B	Nord.	id.
20	»	2.23	»	C B	id.	id.
21	»	2.25	»	C B	id.	id.
22	»	2.25	»	C B	Sud.	id.
23	»	2.20	»	C B	id.	id.
24	»	2.20	»	C B	Nord.	id.
25	»	2.10	»	C B	id.	id.
26	»	2.00	»	C B	Sud.	id.
27	»	2.00	»	C B	id.	id.
28	»	2.00	»	C B	id.	id.
29	»	1.90	»	C B	Nord.	id.
30	»	1.85	»	C B	id.	id.
31	»	1.80	»	C B	id.	id.

AOUT

DATES	Echelle de Beaucaire. Hauteurs observées (matin)		Echelle de Fourques. Hauteurs observées (matin)		VENTS	ÉTAT DU CIEL
	Heure	Cote	Heure	Cote		
1	midi.	2.00	midi.	C B	Nord.	Clair.
2	»	1.80	»	C B	id.	Brouillard.
3	»	1.75	»	C B	Sud.	Clair.
4	»	1.70	»	C B	id.	id.
5	»	1.80	»	C B	Nord.	id.
6	»	2.00	»	C B	id.	id.
7	»	2.05	»	C B	id.	id
8	»	1.95	»	C B	id.	id.
9	»	2.00	»	C B	id.	id.
10	»	1.80	»	C B	id.	id.
11	»	1.70	»	C B	id.	id.
12	»	1.60	»	C B	id.	id.
13	»	1.55	»	C B	Sud.	id.
14	»	1.45	»	C B	id.	id.
15	»	1.40	»	C B	id.	id.
16	»	1.35	»	C B	id.	id.
17	»	1.38	»	C B	id.	Pluie.
18	»	1.35	»	C B	id.	Clair.
19	»	1.30	»	C B	id.	id.
20	»	1.30	»	C B	id.	id.
21	»	1.42	»	C B	id.	id.
22	»	1.42	»	C B	id.	Brouillard.
23	»	1.35	»	C B	id.	Clair.
24	»	1.30	»	C B	id.	id.
25	»	1.40	»	C B	id.	id.
26	»	1.47	»	C B	id.	id.
27	»	1.50	»	C B	id	id.
28	»	1.44	»	C B	id.	id.
29	»	1.45	»	C B	id.	id.
30	»	1.40	»	C B	Nord.	id.
31	»	1.35	»	C B	Sud.	id.

SEPTEMBRE

DATES.	Echelle de Beaucaire. Hauteurs observées (matin)		Echelle de Fourques. Hauteurs observées (matin)		VENTS.	ÉTAT DU CIEL.
	Heure	Cote	Heure	Cote		
1	midi.	1.50	midi.	C B	Nord.	Clair.
2	»	1.55	»	C B	id.	id.
3	»	1.45	»	C B	Nord-Est.	id.
4	»	1.78	»	C B	id.	id.
5	»	2.20	»	C B	id.	id.
6	»	1.79	»	C B	id.	id.
7	»	1.70	»	C B	id.	id.
8	»	1.87	»	C B	id.	id.
9	»	2.05	»	C B	id.	id.
10	»	2.55	»	2.10	Ouest.	Pl. d'orage.
11	»	2.55	»	2.10	Nord.	Clair.
12	»	2.72	»	2 25	id.	id.
13	»	2.97	»	2.55	id.	id.
14	»	2.65	»	2.90	id.	id.
15	»	2.55	»	2.10	Sud.	Couvert.
16	»	2.55	»	C B	id.	Pet. pluie
17	»	2.45	»	2.00	id.	Pluie.
18	»	2.85	»	2.40	Nord.	Clair.
19	»	2.60	»	2.15	id.	id.
20	»	2.30	»	C B	Nord-Est.	id.
21	»	2.03	»	C B	id.	id.
22	»	1.85	»	C B	id.	id.
23	»	1.70	»	C B	Nord.	Brouillard
24	»	1.55	»	C B	id.	Clair.
25	»	1.50	»	C B	id.	id
26	»	1 40	»	C B	id.	id.
27	»	1.35	»	C B	id.	id.
28	»	1.35	»	C B	id.	id.
29	»	1.35	»	C B	id.	id.
30	»	1.25	»	C B	id.	id.

OCTOBRE

DATES.	Echelle de Beaucaire. Hauteurs observées (matin)		Echelle de Fourques. Hauteurs observées (matin)		VENTS.	ÉTAT DU CIEL.
	Heure	Cote	Heure	Cote		
1	midi	midi	midi.	C B	Nord.	Clair.
2	»	1.10	»	C B	id.	id.
3	»	1.10	»	C B	id.	id.
4	»	1.05	»	C B	id.	id.
5	»	1.20	»	C B	Est.	Pluie
6	»	1.56	»	C B	Ouest.	Clair.
7	»	1.45	»	C B	Sud.	id.
8	»	1.55	»	C B	id.	Pluie.
9	»	3.00	»	2.50	Nord-Est.	Clair.
10	»	2.70	»	2.25	id.	Pluie.
11	»	3.05	»	2.60	Nord.	Clair.
12	»	2.70	»	2.20	Nord-Est.	id.
13	»	3.50	»	2 80	id.	Couvert
14	»	3.10	»	2.60	Sud.	Clair.
15	»	3.40	»	2.90	id.	id.
16	»	3.00	»	2.55	id.	Pluie.
17	»	3.50	»	2.85	Nord.	Clair.
18	»	3.00	»	2.50	id.	id.
19	»	3.40	»	2.90	Nord-Est.	Pet. pluie
20	»	3.40	»	2.90	Nord.	Clair.
21	»	3.60	»	3.10	Sud.	id.
22	»	3.60	»	3 10	Nord.	id.
23	»	3.50	»	2.85	Nord-Est.	id
24	»	2.90	»	2.45	id.	id.
25	»	2.65	»	2.20	Sud.	id.
26	»	2.40	»	C B	id.	id.
27	»	2.50	»	C B	Est.	Pluie
28	»	2.40	»	C B	id.	id.
29	»	3.60	»	3.00	id.	id.
30	»	5.69	»	4.95	Nord-Est.	Clair.
31	»	4.70	»	4.20	id.	id.

NOVEMBRE

DATES.	Echelle de Beaucaire. Hauteurs observées (matin)		Echelle de Fourques. Hauteurs observées (matin)		VENTS.	ÉTAT DU CIEL.
	Heure	Cote	Heure	Cote		
1	midi.	3.25	midi.	2.75	Sud.	Pluie.
2	»	2.80	»	2.20	id.	id.
3	»	2.55	»	2.10	id.	id.
4	»	2.35	»	C B	id.	Clair.
5	»	2.50	»	C B	id.	Pluie.
6	»	3.00	»	2.55	id.	id.
7	»	3.10	»	2.65	id.	id.
8	»	4.60	»	4.10	id.	id.
9	»	5.55	»	4.80	id.	Clair.
10	»	4.75	»	4.25	Nord.	id.
11	»	3.40	»	2.95	id.	id.
12	»	3.00	»	2.50	Sud.	id.
13	»	2.70	»	2.25	id.	id.
14	»	2.45	»	2.00	id.	Pluie.
15	»	2.50	»	C B	id.	id
16	»	2.20	»	C B	Nord-Est	Clair.
17	»	2.20	»	C B	id.	id.
18	»	2.35	»	C B	id.	id.
19	»	2.35	»	C B	id.	id.
20	»	2.15	»	C B	Nord.	id.
21	»	2.05	»	C B	id.	id.
22	»	1.90	»	C B	id.	id.
23	»	1.80	»	C B	Nord-Est	id.
24	»	1.70	»	C B	Nord.	id.
25	»	1.60	»	C B	id.	Pluie.
26	»	1.50	»	C B	Nord-Est.	Clair.
27	»	1.40	»	C B	Nord.	id.
28	»	1 50	»	C B	id.	id.
29	»	1.25	»	C B	id.	id.
30	»	1.10	»	C B	id.	id.

DÉCEMBRE

DATES.	Echelle de Beaucaire. Hauteurs observées (matin)		Echelle de Fourques. Hauteurs observées (matin)		VENTS.	ÉTAT DU CIEL.
	Heure	Cote	Heure	Cote		
1	midi.	1.10	midi.	C B	Nord.	Clair.
2	»	1.05	»	C B	id.	id.
3	»	1.02	»	C B	id.	id.
4	»	0.90	»	C B	id.	id.
5	»	0.90	»	C B	id.	id.
6	»	0.88	»	C B	id.	id.
7	»	0.85	»	C B	id.	id.
8	»	0 80	»	C B	Nord fort.	id.
9	»	0.75	»	C B	id.	id.
10	»	0.70	»	C B	Sud.	Pluie.
11	»	0.70	»	C B	Est.	Couvert.
12	»	0.90	»	C B	id.	Pluie.
13	»	1.35	»	C B	id.	id.
14	»	1.25	»	C B	id.	id.
15	»	2.10	»	C B	id.	id.
16	»	2.10	»	C B	Nord-Est.	Clair.
17	»	4.70	»	C B	Nord.	id.
18	»	1.45	»	C B	id.	id.
19	»	1.30	»	C B	Nord-Est	id.
20	»	1.17	»	C B	id.	Pluie.
21	»	1.10	»	C B	id.	Clair.
22	»	1.00	»	C B	Nord.	id.
23	»	1.00	»	C B	id.	id.
24	»	0.95	»	C B	id.	id.
25	»	0.87	»	C B	id.	id.
26	»	0.87	»	C B	id.	Couvert.
27	»	0.75	»	C B	id.	Clair.
28	»	0.70	»	C B		id.
29	»	0.68				
30	»	0.50				
31	»	0.40				

ANNÉE 1854.

JANVIER

DATES.	Echelle de Beaucaire. Hauteurs observées (matin)		Echelle de Fourques. Hauteurs observées (matin)		VENTS.	ETAT DU CIEL.
	Heure	Cote	Heure	Cote		
1	midi.	0.80	midi.	C B	Nord-Est.	Clair.
2	»	0.50	»	C B	id.	id.
3	»	0.45	»	C B	Est fort.	Pluie.
4	»	0.60	»	C B	id.	id.
5	»	2.05	»	C B	id.	Clair.
6	»	2.05	»	C B	Nord.	id.
7	»	1.54	»	C B	id.	id.
8	»	1.40	»	C B	id.	id.
9	»	1.70	»	C B	id.	id.
10	»	1.75	»	C B	id.	id.
11	»	1.95	»	C B	id.	Pluie.
12	»	1.85	»	C B	Nord-Est.	Clair.
13	»	1.80	»	C B	id.	id.
14	»	1.70	»	C B	id.	id.
15	»	1.60	»	C B	Sud.	id.
16	»	1.27	»	C B	Nord-Est	id.
17	»	1.10	»	C B	id.	id.
18	»	1.05	»	C B	id.	id.
19	»	1.05	»	C B	id.	Couvert.
20	»	0.95	»	C B	id.	Clair.
21	»	0.85	»	C B	id.	id.
22	»	0.85	»	C B	Nord.	id.
23	»	0.70	»	C B	id.	id.
24	»	0.65	»	C B	id.	id.
25	»	0.70	»	C B	Sud.	Pluie.
26	»	0.70	»	C B	Nord.	Clair.
27	»	0.70	»	C B	id.	id.
28	»	0.70	»	C B	id.	id.
29	»	0.60	»	C B	id.	id.
30	»	0.60	»	C B	id.	id.
31	»	0.60	»	C B	id.	id.

FÉVRIER

DATES.	Echelle de Beaucaire. Hauteurs observées (matin)		Echelle de Fourques. Hauteurs observées (matin)		VENTS.	ETAT DU CIEL.
	Heure	Cote	Heure	Cote		
1	midi.	0.55	midi.	C B	Nord.	Clair.
2	»	1.45	»	C B	id.	Brouillard.
3	»	1.40	»	C B	id.	Couvert.
4	»	1.50	»	C B	id.	id.
5	»	1.50	»	C B	id.	Clair.
6	»	1.40	»	C B	id.	id.
7	»	1.25	»	C B	id.	id.
8	»	1.18	»	C B	id.	id.
9	»	1.40	»	C B	id.	id.
10	»	1.40	»	C B	id.	id.
11	»	1.50	»	C B	id.	id.
12	»	1.55	»	C B	id.	id.
13	»	1.40	»	C B	id.	id.
14	»	1.30	»	C B	id.	id.
15	»	1.10	»	C B	id.	id.
16	»	1.05	»	C B	id.	id.
17	»	0.85	»	C B	id.	id.
18	»	0.80	»	C B	id.	id.
19	»	0.80	»	C B	id.	id.
20	»	0.75	»	C B	id.	id.
21	»	0.70	»	C B	id.	id.
22	»	0.65	»	C B	id.	id.
23	»	0.60	»	C B	id.	id.
24	»	0.60	»	C B	id.	id.
25	»	0.45	»	C B	id.	id.
26	»	0.30	»	C B	id.	id.
27	»	0.30	»	C B	id.	id.
28	»	0.30	»	C B	id.	id.

MARS

DATES.	Echelle de Beaucaire.		Echelle de Fourques.		VENTS.	ETAT DU CIEL.
1	midi.	0.55	midi.	C B	Nord.	Clair.
2	»	0.45	»	C B	id.	id.
3	»	0.40	»	C B	id.	id.
4	»	0.50	»	C B	id.	id.
5	»	0.50	»	C B	id.	id.
6	»	0.65	»	C B	id.	id.
7	»	0.68	»	C B	id.	id.
8	»	0.70	»	C B	id.	id.
9	»	0.70	»	C B	id.	id.
10	»	0.72	»	C B	id.	id.
11	»	0.75	»	C B	id.	Brouillard.
12	»	0.78	»	C B	id.	Clair.
13	»	0.86	»	C B	id.	id.
14	»	0.94	»	C B	id.	id.
15	»	1.02	»	C B	id.	id.
16	»	1.00	»	C B	id.	id.
17	»	1.05	»	C B	id.	id.
18	»	1.03	»	C B	id.	id.
19	»	1.00	»	C B	Nord-Est.	id.
20	»	0.98	»	C B	id.	id.
21	»	0.90	»	C B	id.	id.
22	»	0.80	»	C B	Nord.	id.
23	»	0.70	»	C B	id.	id.
24	»	0.48	»	C B	id.	id.
25	»	0.60	»	C B	id.	id.
26	»	0.55	»	C B	id.	id.
27	»	0.50	»	C B	id.	id.
28	»	0.52	»	C B	id.	id.
29	»	0.55	»	C B	id.	id
30	»	0.50	»	C B	id.	Couvert.
31	»	0.50	»	C B	id.	Clair.

AVRIL

DATES.	Echelle de Beaucaire.		Echelle de Fourques.		VENTS.	ETAT DU CIEL.
1	midi.	0.45	midi.	C B	Nord.	Clair.
2	»	0.42	»	C B	id.	id.
3	»	0.54	»	C B	id.	id.
4	»	0.50	»	C B	Nord-Est.	id.
5	»	0.45	»	C B	id.	id.
6	»	0.45	»	C B	Sud.	Brouillard.
7	»	0.42	»	C B	id.	id.
8	»	0.75	»	C B	id.	Clair.
9	»	0.55	»	C B	id.	id.
10	»	0.58	»	C B	id.	id.
11	»	0.60	»	C B	Nord.	id
12	»	0.60	»	C B	id.	id.
13	»	0.62	»	C B	Sud.	id.
14	»	0.62	»	C B	id.	id.
15	»	0.63	»	C B	id.	id.
16	»	0.63	»	C B	id.	id.
17	»	0.55	»	C B	id.	id.
18	»	0.50	»	C B	id.	id.
19	»	0.45	»	C B	Est fort.	Couvert.
20	»	0.42	»	C B	id.	Pluie.
21	»	0.40	»	C B	id.	id.
22	»	1.15	»	C B	id.	id.
23	»	1.32	»	C B	Nord fort.	Clair.
24	»	1.00	»	C B	id.	id.
25	»	0.80	»	C B	id.	Neige.
26	»	0.75	»	C B	Nord.	Clair.
27	»	0.70	»	C B	id.	id.
28	»	0.67	»	C B	id.	id.
29	»	0.60	»	C B	id.	id.
30	»	0.55	»	C B	id.	id.

MAI — JUIN

DATES.	Echelle de Beaucaire. Hauteurs observées (matin)		Echelle de Fourques. Hauteurs observées (matin)		VENTS.	ÉTAT DU CIEL.	DATES.	Echelle de Beaucaire. Hauteurs observées (matin)		Echelle de Fourques. Hauteurs observées (matin)		VENTS.	ÉTAT DU CIEL.
	Heure	Cote	Heure	Cote				Heure	Cote	Heure	Cote		
1	midi.	0.50	midi.	C B	Sud.	Clair.	1	midi.	1.90	midi.	C B	Sud.	Pluie.
2	»	0.62	»	C B	id.	id.	2	»	3.80	»	3.35	id.	Clair.
3	»	0.80	»	C B	id.	id.	3	»	4.50	»	4.00	id.	id.
4	»	0.80	»	C B	id.	Pet. pluie	4	»	3.45	»	3.00	id.	id.
5	»	0.95	»	C B	id.	Clair.	5	»	3.00	»	2.50	id.	Pluie.
6	»	2.05	»	C B	id.	id.	6	»	2.70	»	2.25	id.	id.
7	»	1.70	»	C B	id.	id.	7	»	2.65	»	2.30	id.	Clair.
8	»	1.55	»	C B	id.	id.	8	»	2.65	»	2.20	Nord fort.	id.
9	»	1.35	»	C B	id.	id.	9	»	2.50	»	2.00	id.	id.
10	»	1.35	»	C B	id.	id.	10	»	2.30	»	C B	Nord.	id.
11	»	1.50	»	C B	id.	Pluie.	11	»	2.05	»	C B	id.	id.
12	»	1.90	»	C B	id.	Clair.	12	»	1.95	»	C B	Sud.	id.
13	»	2.00	»	C B	Nord.	id.	13	»	1.75	»	C B	id.	id.
14	»	1.85	»	C B	id.	id.	14	»	1.58	»	C B	id.	id.
15	»	1.75	»	C B	id.	Pluie.	15	»	1.50	»	C B	id.	id.
16	»	1.70	»	C B	Sud.	Clair.	16	»	1.50	»	C B	id.	id.
17	»	1.68	»	C B	id.	id.	17	»	1.55	»	C B	id.	id.
18	»	1.65	»	C B	Nord.	id.	18	»	1.40	»	C B	id	id.
19	»	1.60	»	C B	Nord-Est.	id.	19	»	1.65	»	C B	id.	id.
20	»	1.80	»	C B	Nord.	id.	20	»	2.40	»	C B	Nord.	id.
21	»	1.90	»	C B	id.	id.	21	»	2.50	»	C B	id.	id.
22	»	1.88	»	C B	id.	id.	22	»	2.60	»	C B	id.	id.
23	»	1.75	»	C B	Sud.	Pluie.	23	»	2.40	»	C B	id.	id.
24	»	1.55	»	C B	id.	Clair.	24	»	2.20	»	C B	id.	id.
25	»	1.70	»	C B	id.	id.	25	»	2.00	»	C B	Sud.	id.
26	»	2.00	»	C B	Nord.	id.	26	»	1.78	»	C B	id.	id.
27	»	2.04	»	C B	Sud.	id.	27	»	1.58	»	C B	id.	id.
28	»	2.20	»	C B	id.	id.	28	»	1.48	»	C B	id.	Pluie.
29	»	1.90	»	C B	N.-Ouest.	id.	29	»	2.10	»	C B	N.-Ouest.	Clair.
30	»	1.85	»	C B	Sud.	id.	30	»	2.40	»	C B	id.	id.
31	»	1.80	»	C B	id.	id.							

JUILLET — AOUT

DATES.	Heure	Cote	Heure	Cote	VENTS.	ÉTAT DU CIEL.	DATES.	Heure	Cote	Heure	Cote	VENTS.	ÉTAT DU CIEL.
1	midi.	2.87	midi.	2.40	Nord.	Clair.	1	midi.	1.68	midi.	C B	Sud.	Clair.
2	»	2.35	»	C B	id.	id.	2	»	1.58	»	C B	id.	Pluie.
3	»	2.70	»	2.25	Sud.	id.	3	»	2.10	»	C B	Nord.	Clair.
4	»	2.50	»	2.05	id.	id.	4	»	2.40	»	C B	id.	id.
5	»	2.30	»	C B	Nord.	id.	5	»	2.50	»	2.05	id.	id.
6	»	2.35	»	C B	Sud.	id.	6	»	2.20	»	C B	id.	id.
7	»	2.40	»	2.00	Nord.	id.	7	»	2.00	»	C B	id.	id
8	»	2.60	»	2.15	id.	id.	8	»	2.00	»	C B	Sud.	id.
9	»	3.50	»	3.05	id.	id.	9	»	1.80	»	C B	Nord.	id.
10	»	3.30	»	2.85	id.	id.	10	»	1.70	»	C B	Sud.	id.
11	»	2.95	»	2.50	Sud.	id.	11	»	1.55	»	C B	Nord.	id.
12	»	2.60	»	2.15	Nord.	id.	12	»	1.65	»	C B	id.	id.
13	»	2.40	»	2.00	id.	id.	13	»	1.75	»	C B	id.	id.
14	»	2.55	»	C B	id.	id.	14	»	1.65	»	C B	Sud.	Brouillard.
15	»	2.55	»	2.00	Sud.	id.	15	»	1.55	»	C B	id.	Clair.
16	»	2.40	»	C B	Nord.	id.	16	»	1.47	»	C B	Nord.	id.
17	»	2.35	»	C B	id.	id.	17	»	1.45	»	C B	id.	id.
18	»	2.45	»	C B	id.	id.	18	»	1.42	»	C B	id.	id.
19	»	2.35	»	C B	id.	id.	19	»	1.40	»	C B	id.	id.
20	»	2.24	»	C B	id.	id.	20	»	1.35	»	C B	id.	id.
21	»	2.20	»	C B	id.	id.	21	»	1.25	»	C B	id.	id.
22	»	2.10	»	C B	id.	id.	22	»	1.20	»	C B	id.	id.
23	»	1.97	»	C B	id.	id.	23	»	1.20	»	C B	id.	id.
24	»	1.90	»	C B	id.	id.	24	»	1.10	»	C B	id.	id.
25	»	1.90	»	C B	id.	id.	25	»	1.15	»	C B	id.	id.
26	»	1.88	»	C B	id.	id.	26	»	1.20	»	C B	id.	id.
27	»	1.87	»	C B	id.	id.	27	»	1.10	»	C B	id.	id.
28	»	1.85	»	C B	id.	id.	28	»	1.15	»	C B	id.	id.
29	»	1.78	»	C B	id.	id.	29	»	1.10	»	C B	id	id.
30	»	1.70	»	C B	Nord-Est.	id.	30	»	0.95	»	C B	id.	id.
31	»	1.65	»	C B	id.	id.	31	»	0.95	»	C B	id.	id.

SEPTEMBRE

DATES.	Echelle de Beaucaire. Hauteurs observées (matin)		Echelle de Fourques. Hauteurs observées (matin)		VENTS.	ÉTAT DU CIEL.
	Heure	Cote	Heure	Cote		
1	midi.	0.95	midi.	C B	Nord.	Brouillard
2	»	0.90	»	C B	id.	Clair.
3	»	0.95	»	C B	id.	id.
4	»	0.90	»	C B	Sud–Est.	id.
5	»	1.05	»	C B	Nord.	id.
6	»	1.00	»	C B	id.	id.
7	»	0.95	»	C B	id.	id
8	»	0.90	»	C B	id.	id.
9	»	0.88	»	C B	Nord–Est.	id.
10	»	0.80	»	C B	id.	id.
11	»	0.80	»	C B	id.	id.
12	»	0.80	»	C B	id.	id.
13	»	0.77	»	C B	id.	id.
14	»	0.75	»	C B	id.	id.
15	»	0.70	»	C B	id.	id.
16	»	0.70	»	C B	Nord.	Couvert.
17	»	0.70	»	C n	id.	Clair.
18	»	0.70	»	C B	id.	id.
19	»	0.70	»	C B	id.	id.
20	»	0.70	»	C B	id.	id.
21	»	0.70	»	C n	id.	id.
22	»	0.70	»	C B	Nord fort	id.
23	»	0.65	»	C B	id.	id.
24	»	0.60	»	C B	id.	id.
25	»	0.65	»	C B	id.	id.
26	»	0.50	»	C B	id.	id.
27	»	0.55	»	C B	Sud.	id.
28	»	0.55	»	C B	id.	id.
29	»	0.55	»	C B	id.	id.
30	»	0.55	»	C B	id.	id.

OCTOBRE

DATES.	Echelle de Beaucaire. Hauteurs observées (matin)		Echelle de Fourques. Hauteurs observées (matin)		VENTS.	ÉTAT DU CIEL.
	Heure	Cote	Heure	Cote		
1	midi	0.50	midi.	C B	Sud.	Clair.
2	»	0.45	»	C B	id.	id.
3	»	0.45	»	C B	id.	id.
4	»	0.45	»	C B	Nord.	id.
5	»	0.50	»	C B	id.	id.
6	»	0.45	»	C B	Sud fort.	id.
7	»	0.40	»	C B	id.	id.
8	»	0.40	»	C B	Sud.	id.
9	»	0.40	»	C B	Nord–Est.	id.
10	»	0.45	»	C B	id.	id.
11	»	0.50	»	C B	Nord fort.	id.
12	»	0.45	»	C B	id.	Couvert.
13	»	0.50	»	C B	id.	Clair.
14	»	0.56	»	C B	Nord.	id.
15	»	0.50	»	C B	Nord fort.	id.
16	»	0.40	»	C B	Sud.	id.
17	»	0.38	»	C B	Sud fort.	Couvert.
18	»	0.55	»	C B	Sud.	id.
19	»	0.48	»	C B	id.	Pluie.
20	»	1.10	»	C B	id.	Clair.
21	»	0.88	»	C B	id.	id.
22	»	0.75	»	C B	Nord.	id.
23	»	0.70	»	C B	Sud.	Couvert.
24	»	0.70	»	C B	id.	Clair.
25	»	1.10	»	C B	id.	id.
26	»	1.90	»	C B	Nord.	id.
27	»	1.93	»	C B	id.	id.
28	»	1.80	»	C B	Nord–Est.	id.
29	»	1.88	»	C B	id.	id.
30	»	1.75	»	C B	id.	id.
31	»	1.65	»	C B	id.	id.

NOVEMBRE

DATES.	Echelle de Beaucaire.		Echelle de Fourques.		VENTS.	ÉTAT DU CIEL.
1	midi.	1.25	midi.	C B	Nord–Est	Clair.
2	»	1.05	»	C B	id.	id.
3	»	0.95	»	C B	Nord.	id.
4	»	0.87	»	C B	Nord fort.	id.
5	»	0.80	»	C B	Nord.	id.
6	»	0.70	»	C B	Nord fort	id.
7	»	0.65	»	C B	id.	id.
8	»	0.60	»	C B	Nord.	id.
9	»	0.65	»	C B	id.	id.
10	»	0.80	»	C B	id.	id.
11	»	0.80	»	C B	Nord fort.	id.
12	»	0.80	»	C B	id.	id.
13	»	0.80	»	C B	Nord.	id.
14	»	0.70	»	C B	id.	id.
15	»	0.70	»	C B	Nord–Est	Pluie.
16	»	0.70	»	C B	Sud fort.	id.
17	»	2.55	»	2.10	Sud.	Clair.
18	»	2.80	»	2.40	Nord–Est.	id
19	»	1.75	»	C B	id.	id
20	»	1.30	»	C B	id.	Pluie.
21	»	1.20	»	C B	id.	Clair.
22	»	1.20	»	C B	id.	id.
23	»	1.03	»	C B	id.	Couvert.
24	»	1.00	»	C B	Sud.	id.
25	»	1.66	»	C B	id.	Clair.
26	»	2.00	»	C B	id.	id.
27	»	1.86	»	C B	Nord.	id.
28	»	1.90	»	C B	id.	Couvert.
29	»	1.80	»	C B	Nord fort.	id.
30	»	1.75	»	C B	id.	Clair.

DÉCEMBRE

DATES.	Echelle de Beaucaire.		Echelle de Fourques.		VENTS.	ÉTAT DU CIEL.
1	midi.	2.00	»	C B	Nord.	Clair.
2	»	2.50	»	2.10	id.	id.
3	»	2.25	»	C B	id.	id.
4	»	2.80	»	2.35	id.	id.
5	»	2.50	»	2.10	id.	id.
6	»	2.30	»	C B	id.	Pluie.
7	»	2.70	»	2.20	Nord fort.	Clair.
8	»	2.50	»	2.19	id.	id.
9	»	2.55	»	2.15	Nord.	Pluie.
10	»	2.40	»	C B	id.	Clair.
11	»	2.45	»	C B	Nord fort.	id.
12	»	2.50	»	C B	id.	id.
13	»	2.20	»	C B	id.	id.
14	»	2.04	»	C B	Nord.	id.
15	»	1.95	»	C B	id.	id.
16	»	1.88	»	C B	id.	id.
17	»	2.02	»	C B	id.	id.
18	»	2.20	»	C B	Nord–Est.	Pluie.
19	»	2.30	»	C B	Nord fort.	Clair.
20	»	2.15	»	C B	id.	Neige.
21	»	2.10	»	C B	Nord–Est.	Clair.
22	»	2.05	»	C B	id.	id.
23	»	9.03	»	C B	id.	id.
24	»	2.00	»	C B	Nord.	id.
25	»	3.12	»	2.65	id.	id.
26	»	3.80	»	3.55	id.	id.
27	»	5.70	»	3.25	N.–Ouest.	id.
28	»	3.00	»	2.60	id.	id.
29	»	2.85	»	2.45	Nord fort.	id.
30	»	2.85	»	2.45	Nord.	id.
31	»	2.55	»	2.10	Nord fort.	id.

ANNÉE 1855.

JANVIER

DATES.	Echelle de Beaucaire. Heure	Cote	Echelle de Fourques. Heure	Cote	VENTS.	ÉTAT DU CIEL.
1	midi.	2.55	midi.	2.10	Nord.	Clair.
2	»	2.55	»	2.10	Ouest.	id.
3	»	2.40	»	2.00	Nord.	id.
4	»	2.65	»	2.20	id.	id.
5	»	2.70	»	2.25	Nord-Est.	id
6	»	2.40	»	2.00	Nord.	id.
7	»	2.25	»	C B	id.	id.
8	»	2.10	»	C B	Nord-Est.	id.
9	»	2.00	»	C B	id.	id.
10	»	1.80	»	C B	id. .	id.
11	»	1.70	»	C B	id.	id.
12	»	1.55	»	C B	id.	id.
13	»	1.20	»	C B	Nord fort.	id.
14	»	1.10	»	C B	id.	id.
15	»	1.00	»	C B	id.	id.
16	»	1.00	»	C B	Nord.	id.
17	»	0.90	»	C B	Nord-Est.	id.
18	»	0.85	»	C B	id.	id.
19	»	0.85	»	C B	id.	Neige.
20	»	0.75	»	C B	id.	id.
21	»	glacé	»	C B	id.	Clair.
22	»	id.	»	C B	id.	id.
23	»	id.	»	C B	id.	id.
24	»	id.	»	C B	id.	id.
25	»	id.	»	C B	id.	id.
26	»	id.	»	C B	Nord fort.	id.
27	»	id.	»	C B	Nord-Est.	Couvert.
28	»	id.	»	C B	id.	Clair.
29	»	id.	»	C B	id.	Couvert.
30	»	id.	»	C B	id.	Clair.
31	»	id.	»	C B	id.	id.

FÉVRIER

DATES.	Echelle de Beaucaire. Heure	Cote	Echelle de Fourques. Heure	Cote	VENTS.	ÉTAT DU CIEL.
1	midi.	0.80	midi.	C B	Nord-Est.	Clair.
2	»	0.75	»	C B	id.	Pluie.
3	»	1.25	»	C B	Sud.	id.
4	»	1.50	»	C B	id.	id.
5	»	4.00	»	3.50	Nord.	Clair.
6	»	3.50	»	3.05	Nord-Est.	id.
7	»	3.20	»	2.75	id.	id.
8	»	2.70	»	2.25	Sud.	Pluie.
9	»	2.70	»	2.25	Nord.	Clair.
10	»	2.75	»	2.30	id.	id.
11	»	2.65	»	2.20	id.	Pluie.
12	»	2.65	»	2.20	id.	Clair.
13	»	3.20	»	2.75	Sud.	Pluie.
14	»	3.30	»	2.85	id.	id.
15	»	4.20	»	3.70	Nord.	Clair.
16	»	3.70	»	3.20	Sud.	Pluie.
17	»	3.40	»	2.90	Nord	Clair.
18	»	3.10	»	2.60	Nord-Est.	id.
19	»	3.20	»	2.70	id.	id.
20	»	4.30	»	3.80	Sud.	Pluie.
21	»	4.92	»	4.30	Nord-Est.	Clair.
22	»	4.30	»	3.75	id.	id.
23	»	3.90	»	3.30	Nord.	id.
24	»	3.70	»	3.20	id.	id.
25	»	3.40	»	2.95	id.	id.
26	»	3.25	»	2.70	id.	id.
27	»	3.10	»	2.45	id.	id.
28	»	3.00	»	2.40	id.	

MARS

DATES.	Echelle de Beaucaire. Heure	Cote	Echelle de Fourques. Heure	Cote	VENTS.	ÉTAT DU CIEL.
1	midi.	2.96	midi.	2.45	Nord.	Clair.
2	»	2.80	»	2.30	Sud.	id.
3	»	2.70	»	2.20	Nord.	id.
4	»	2.70	»	2.20	Nord-Est.	id.
5	»	3.00	»	2.50	id.	Pluie.
6	»	3.30	»	2.75	id.	id.
7	»	3.20	»	2.70	Nord.	Clair.
8	»	3.15	»	2.65	id.	id.
9	»	3.10	»	2.60	Nord fort.	id.
10	»	3.10	»	2.60	id.	id.
11	»	3.10	»	2.60	N.-Ouest.	id.
12	»	2.95	»	2.45	Ouest.	Pluie.
13	»	2.85	»	2.35	Nord-Est.	Clair.
14	»	2.70	»	2.20	Nord.	id.
15	»	2.55	»	2.10	id.	id.
16	»	2.40	»	2.00	id.	id.
17	»	2.35	»	C B	id.	id.
18	»	2.25	»	C B	id.	id.
19	»	2.30	»	C B	id.	id.
20	»	2.43	»	C B	Sud.	id.
21	»	2.55	»	2.10	Est.	Pluie.
22	»	2.55	»	2.10	Nord.	id.
23	»	3.15	»	2.65	Sud.	Clair.
24	»	3.10	»	2.60	Est.	Pluie.
25	»	3.90	»	3.40	Sud.	Clair.
26	»	4.08	»	3.55	id.	id
27	»	3.70	»	3.20	Nord-Est.	Pluie.
28	»	3.40	»	2.90	id.	Couvert.
29	»	3.20	»	2.70	Nord.	Clair.
30	»	2.90	»	2.40	id.	id.
31	»	2.70	»	2.20	id.	id.

AVRIL

DATES.	Echelle de Beaucaire. Heure	Cote	Echelle de Fourques. Heure	Cote	VENTS.	ÉTAT DU CIEL.
1	midi.	2.70	midi.	2.20	Nord-Est.	Clair.
2	»	2.55	»	2.05	id.	id.
3	»	2.35	»	C B	Nord.	id.
4	»	2.20	»	C B	id.	id.
5	»	2.05	»	C B	Nord-Est.	id.
6	»	1.95	»	C B	id.	id.
7	»	1.80	»	C B	Nord.	id.
8	»	1.70	»	C B	id.	id.
9	»	1.66	»	C B	id.	Couvert.
10	»	1.70	»	C B	id.	Clair.
11	»	1.70	»	C B	id.	id.
12	»	1.75	»	C B	id.	id.
13	»	2.30	»	C B	id.	id.
14	»	2.30	»	C B	Nord-Est.	id.
15	»	2.55	»	2.05	Sud.	id.
16	»	2.70	»	2.20	id.	id.
17	»	2.80	»	2.30	id.	id.
18	»	2.87	»	2.35	id	id.
19	»	2.94	»	2.45	id.	id.
20	»	2.85	»	2.35	id.	id.
21	»	2.80	»	2.30	Nord-Est	id.
22	»	2.07	»	2.20	id.	id.
23	»	2.65	»	2.15	Nord fort.	id.
24	»	2.53	»	2.05	id.	id.
25	»	2.30	»	C B	id.	id.
26	»	2.20	»	C B	id.	id.
27	»	1.90	»	C B	id.	id.
28	»	1.75	»	C B	id.	id.
29	»	1.60	»	C B	Nord.	id.
30	»	1.55	»	C B	Nord-Est.	Pluie.

MAI

DATES	Echelle de Beaucaire. Hauteurs observées (matin)		Echelle de Fourques. Hauteurs observées (matin)		VENTS.	ÉTAT DU CIEL.
	Heure	Cote	Heure	Cote		
1	midi.	1.52	midi.	C B	Nord-Est.	Clair.
2	»	1.48	»	C B	id.	id.
3	»	1.50	»	C B	Nord.	id.
4	»	1.08	»	C B	id.	id.
5	»	1.52	»	C B	Nord-Est	Pluie.
6	»	2.35	»	C B	Sud.	id.
7	»	2.70	»	2.25	Nord-Est.	Clair.
8	»	2.30	»	C B	id.	id.
9	»	2.20	»	C B	id.	id.
10	»	2.05	»	C B	N.-Ouest.	id.
11	»	2.00	»	C B	id.	id.
12	»	1.96	»	C B	id.	id.
13	»	1.80	»	C B	id.	Pluie.
14	»	2.00	»	C B	Ouest.	Clair.
15	»	2.09	»	C B	Est.	Pluie.
16	»	2.00	»	C B	Nord.	Clair.
17	»	2.31	»	C B	id.	id.
18	»	2.50	»	2.05	id.	id.
19	»	2.48	»	2.05	Ouest.	id.
20	»	2.35	»	C B	Est.	id.
21	»	2.20	»	C B	id.	Pluie.
22	»	2.30	»	C B	Ouest.	Clair.
23	»	2.55	»	2.10	Est.	id.
24	»	2.55	»	2.10	id.	id.
25	»	2.40	»	C B	Ouest	id.
26	»	2.22	»	C B	id.	id.
27	»	2.20	»	C B	id.	id.
28	»	2.30	»	C B	Sud.	id.
29	»	2.40	»	C B	id.	id.
30	»	2.40	»	C B	Est.	Pluie.
31	»	2.45	»	2.00	id.	Clair.

JUIN

DATES	Echelle de Beaucaire. Hauteurs observées (matin)		Echelle de Fourques. Hauteurs observées (matin)		VENTS.	ÉTAT DU CIEL.
	Heure	Cote	Heure	Cote		
1	midi.	3.30	midi.	2.80	Sud.	Pluie
2	»	3.20	»	2.70	id.	id.
3	»	3.60	»	3.10	id.	id.
4	»	3.15	»	2.65	id.	Clair.
5	»	2.90	»	2.40	id.	id.
6	»	2.70	»	2.20	id.	id.
7	»	2.60	»	2.10	id.	id.
8	»	2.65	»	2.15	id.	id.
9	»	2.70	»	2.20	id.	id.
10	»	2.78	»	2.30	Nord.	id.
11	»	2.80	»	2.30	id.	id.
12	»	2.80	»	2.30	Sud.	id.
13	»	2.75	»	2.25	id.	id.
14	»	2.77	»	2.25	Id.	id.
15	»	2.90	»	2.40	Nord-Est.	id.
16	»	2.80	»	2.30	id.	Pluie.
17	»	2.80	»	2.30	N.-Ouest.	Clair.
18	»	3.25	»	2.75	id.	id.
19	»	3.15	»	2.63	id.	id.
20	»	2.85	»	2.40	Nord fort.	id.
21	»	2.65	»	2.20	id.	id.
22	»	2.70	»	2.25	Nord.	id.
23	»	2.70	»	2.25	id.	id.
24	»	2.40	»	C B	Nord fort.	id.
25	»	2.25	»	C B	id.	id.
26	»	2.25	»	C B	Nord.	id.
27	»	2.20	»	C B	id.	id.
28	»	2.18	»	C B	Sud.	id.
29	»	2.15	»	C B	id.	id.
30	»	2.15	»	C B	id.	id.

JUILLET

DATES	Echelle de Beaucaire. Hauteurs observées (matin)		Echelle de Fourques. Hauteurs observées (matin)		VENTS.	ÉTAT DU CIEL.
	Heure	Cote	Heure	Cote		
1	midi.	2.20	midi.	C B	Sud.	Clair.
2	»	2.20	»	C B	id.	id.
3	»	2.30	»	C B	id.	id.
4	»	2.35	»	C B	id.	id.
5	»	2.30	»	C B	id.	id.
6	»	2.25	»	C B	id.	id.
7	»	2.20	»	C B	id.	id.
8	»	2.18	»	C B	id.	id.
9	»	2.23	»	C B	id.	id.
10	»	2.20	»	C B	id.	id.
11	»	2.25	»	C B	id.	id.
12	»	2.30	»	C B	id.	id.
13	»	2.20	»	C B	id.	id.
14	»	2.05	»	C B	id.	id.
15	»	2.10	»	C B	id.	id.
16	»	2.12	»	C B	id.	id.
17	»	2.25	»	C B	id.	id.
18	»	2.20	»	C B	id.	id.
19	»	2.20	»	C B	id.	id.
20	»	2.15	»	C B	id.	id.
21	»	2.00	»	C B	Nord.	id.
22	»	2.05	»	C B	Nord fort.	id.
23	»	1.90	»	C B	id.	id.
24	»	1.80	»	C B	Sud.	id.
25	»	1.80	»	C B	id.	id.
26	»	1.95	»	C B	id.	id.
27	»	2.10	»	C B	id.	id.
28	»	1.90	»	C B	Nord-Est.	id.
29	»	1.75	»	C B	id.	id.
30	»	1.70	»	C B	id.	id.
31	»	1.65	»	C B	id.	id.

AOUT

DATES	Echelle de Beaucaire. Hauteurs observées (matin)		Echelle de Fourques. Hauteurs observées (matin)		VENTS.	ÉTAT DU CIEL.
	Heure	Cote	Heure	Cote		
1	midi.	1.65	midi.	C B	Nord.	Brouillard
2	»	1.60	»	C B	id.	id.
3	»	1.60	»	C B	Sud.	Clair.
4	»	1.60	»	C B	id.	id.
5	»	1.65	»	C B	id.	id.
6	»	1.70	»	C B	Nord.	id.
7	»	1.75	»	C B	id.	id.
8	»	1.65	»	C B	id.	id.
9	»	1.60	»	C B	id.	id.
10	»	1.53	»	C B	Nord fort.	id.
11	»	1.50	»	C B	id.	id.
12	»	1.50	»	C B	id.	id
13	»	1.55	»	C B	id.	id.
14	»	1.40	»	C B	id.	id.
15	»	1.40	»	C B	id.	id.
16	»	1.37	»	C B	id.	id.
17	»	1.35	»	C B	id.	id.
18	»	1.30	»	C B	Sud.	id.
19	»	1.25	»	C B	id.	id.
20	»	1.25	»	C B	id.	id.
21	»	1.25	»	C B	id.	Brouillard
22	»	1.25	»	C B	id.	id.
23	»	1.20	»	C B	Nord-Est.	id.
24	»	1.20	»	C B	id.	Clair.
25	»	1.20	»	C B	id.	id.
26	»	1.20	»	C B	Sud.	id.
27	»	1.25	»	C B	id.	id.
28	»	1.20	»	C B	id.	id.
29	»	1.20	»	C B	id.	id.
30	»	1.20	»	C B	id.	id.
31	»	1.20	»	C B	id.	id.

SEPTEMBRE

DATES.	Echelle de Beaucaire. Hauteurs observées (matin) Heure	Cote	Echelle de Fourques. Hauteurs observées (matin) Heure	Cote	VENTS.	ÉTAT DU CIEL.
1	midi.	1.15	midi.	C B	Sud.	Clair.
2	»	1.23	»	C B	id.	id.
3	»	1.33	»	C B	id.	id.
4	»	1.30	»	C B	id.	id.
5	»	1.50	»	C B	id.	id.
6	»	1.40	»	C B	Nord.	id
7	»	1.30	»	C B	id.	id.
8	»	1.47	»	C B	id.	id.
9	»	1.40	»	C B	id.	id.
10	»	1.50	»	C B	Nord fort	id.
11	»	1.60	»	C B	id.	id.
12	»	1.65	»	C B	id.	id.
13	»	1.70	»	C B	id.	id.
14	»	1.70	»	C B	id.	id.
15	»	1.60	»	C B	Nord.	id.
16	»	1.60	»	C B	id.	id.
17	»	1.60	»	C B	Sud.	id.
18	»	1.50	»	C B	id.	id.
19	»	1.45	»	C B	id.	id.
20	»	1.30	»	C B	id.	id.
21	»	1.25	»	C B	Nord.	id.
22	»	1.20	»	C B	id.	id.
23	»	1.20	»	C B	id.	id.
24	»	1.15	»	C B	id.	id.
25	»	1.05	»	C B	Nord fort.	id.
26	»	1.00	»	C B	Nord-Est.	id.
27	»	1.00	»	C B	Sud.	id.
28	»	1.00	»	C B	Est.	id.
29	»	1.00	»	C B	id.	id.
30	»	1.00	»	C B	Sud.	id.

OCTOBRE

DATES.	Echelle de Beaucaire. Hauteurs observées (matin) Heure	Cote	Echelle de Fourques. Hauteurs observées (matin) Heure	Cote	VENTS.	ÉTAT DU CIEL.
1	midi	1.30	midi.	C B	Nord.	Clair.
2	»	1.15	»	C B	id.	id.
3	»	1.00	»	C B	id.	id.
4	»	1.00	»	C B	Sud.	Pluie.
5	»	1.00	»	C B	id.	Clair.
6	»	1.70	»	C B	id.	id.
7	»	3.10	»	2.60	id.	id.
8	»	3.50	»	3.00	id.	id.
9	»	2.80	»	2.50	id.	id.
10	»	2.80	»	2.30	Nord.	id.
11	»	3.10	»	2.65	id.	id.
12	»	2.75	»	2.30	id.	id.
13	»	2.55	»	2.05	id.	id.
14	»	2.45	»	2.00	Sud.	id.
15	»	2.25	»	C B	Nord-Est.	id.
16	»	2.90	»	2.45	id.	id.
17	»	3.35	»	2.80	Est.	Pluie.
18	»	3.45	»	2.90	id.	id.
19	6 h.	4.60	6 h.	3.70	id.	id.
20	»	5.29	»	4.50	Nord-Est.	Clair.
21	»	5.84	»	4.95	id.	id.
22	»	5.53	»	4.80	id.	id.
23	»	4.95	»	4.20	id.	Brouillard
24	midi.	3.60	midi.	3.10	id.	Clair.
25	»	3.05	»	2.55	id.	id.
26	»	2.80	»	2.30	id.	id.
27	»	2.40	»	1.90	Est.	Pluie.
28	»	4.10	»	2.90	Nord-Est.	id.
29	»	5.35	»	4.55	id.	id.
30	»	4.85	»	4.20	id.	Clair.
31				3.80	id.	id.

NOVEMBRE

DATES.	Echelle de Beaucaire Heure	Cote	Echelle de Fourques Heure	Cote	VENTS.	ÉTAT DU CIEL.
1	midi.	3.40	midi.	2.80	Sud.	Clair.
2	»	3.35	»	2.75	Nord.	id.
3	»	3.35	»	2.75	Sud.	Pluie.
4	»	3.35	»	2.75	Nord.	Clair.
5	»	3.00	»	2.40	id.	id.
6	»	2.75	»	2.25	Nord fort	id.
7	»	2.60	»	2.10	Nord.	id.
8	»	2.65	»	2.15	Sud fort.	id.
9	»	2.55	»	2.05	Sud.	Pluie.
10	»	2.85	»	2.35	id.	id.
11	»	2.80	»	2.30	Sud-Est.	id.
12	»	2.60	»	2.10	id.	id.
13	»	2.55	»	2.05	Nord.	Clair.
14	»	2.35	»	C B	Nord-Est	id.
15	»	2.20	»	C B	id.	id.
16	»	2.05	»	C B	id.	id.
17	»	1.95	»	C B	id.	id.
18	»	1.80	»	C B	id.	Pluie.
19	»	1.77	»	C B	id.	id.
20	»	1.75	»	C B	id.	Couvert.
21	»	1.65	»	C B	id.	Clair.
22	»	1.57	»	C B	id.	Pluie.
23	»	1.50	»	C B	id.	id.
24	»	1.80	»	C B	id.	Clair.
25	»	2.20	»	C B	id.	id.
26	»	2.00	»	C B	id.	Pluie.
27	»	1.95	»	C B	id.	Clair.
28	»	1.90	»	C B	id.	id.
29	»	1.70	»	C B	id.	id.
30	»	1.65	»	C B	id.	

DÉCEMBRE

DATES.	Echelle de Beaucaire Heure	Cote	Echelle de Fourques Heure	Cote	VENTS.	ÉTAT DU CIEL.
1	midi	1.50	midi.	C B	Nord.	Clair.
2	»	1.40	»	C B	Nord fort.	id.
3	»	1.30	»	C B	id.	id.
4	»	1.20	»	C B	id.	id.
5	»	1.15	»	C B	Ouest.	id.
6	»	1.10	»	C B	Nord.	id.
7	»	1.00	»	C B	id.	id.
8	»	1.05	»	C B	id.	id.
9	»	1.00	»	C B	id.	id.
10	»	1.05	»	C B	id.	id.
11	»	1.00	»	C B	id.	id.
12	»	1.00	»	C B	id.	id.
13	»	0.95	»	C B	id.	id.
14	»	0.90	»	C B	id.	id.
15	»	0.85	»	C B	id.	id.
16	»	0.80	»	C B	id.	id.
17	»	0.80	»	C B	id	id.
18	»	0.85	»	C B	id.	id.
19	»	0.80	»	C B	id.	Brumeux.
20	»	0.80	»	C B	id.	id.
21	»	0.75	»	C B	id.	Clair.
22	»	0.70	»	C B	id.	Pluie.
23	»	0.70	»	C B	id.	Clair.
24	»	0.70	»	C B	id.	id.
25	»	0.65	»	C B	Nord-Est.	Pet. pluie
26	»	0.60	»	C B	id.	Brouillard
27	»	1.20	»	C B	Sud.	Couvert.
28	»	1.20	»	C B	Nord-Est.	Clair.
29	»	1.75	»	C B	id.	id.
30	»	2.00	»	C B	id.	Couvert.
31	»	1.95	»	C B	id.	id.

ANNÉE 1856.

JANVIER

DATES.	Echelle de Beaucaire. Hauteurs observées (matin)		Echelle de Fourques. Hauteurs observées (matin)		VENTS.	ÉTAT DU CIEL.
	Heure	Cote	Heure	Cote		
1	midi.	1.00	midi.	C B	Nord-Est.	Clair.
2	»	1.50	»	C B	Est.	Pluie.
3	»	2.30	»	C B	id.	id.
4	»	3.30	»	2.75	id.	Clair.
5	»	2.45	»	2.00	Sud.	Pluie.
6	»	2.25	»	C B	Nord-Est.	id.
7	»	3.20	»	2.65	id.	id.
8	»	4.30	»	3.60	id.	id.
9	»	2.80	»	2.30	Sud.	Clair.
10	»	2.35	»	C B	id.	id.
11	»	2.95	»	2.40	Nord-Est.	Pluie orag.
12	»	2.55	»	2.05	id.	Brouillard.
13	»	2.80	»	2.30	Nord.	Clair.
14	»	2.65	»	2.15	Nord-Est.	Pluie.
15	»	2.50	»	2.00	id.	id.
16	»	2.70	»	2.00	id.	Clair.
17	»	2.30	»	C B	Est.	Pluie.
18	»	2.20	»	C B	id.	id.
19	»	2.20	»	C B	Nord-Est.	id.
20	»	4.45	»	3.60	Nord.	Clair.
21	»	3.45	»	2.80	Est.	Pluie.
22	»	3.10	»	2.50	Nord-Est.	Clair.
23	»	3.30	»	2.70	id.	Pluie.
24	»	3.55	»	3.00	id.	Brouillard.
25	»	4.00	»	3.50	id.	Pluie.
26	»	4.00	»	3.50	id.	Clair.
27	»	4.00	»	3.50	Nord.	id.
28	»	4.05	»	3.55	Nord-Est.	id.
29	»	3.45	»	2.95	id.	Clair.
30	»	3.20	»	2.65	Nord.	id.
31	»	3.05	»	2.50	Nord fort.	id.

FÉVRIER

DATES.	Echelle de Beaucaire. Hauteurs observées (matin)		Echelle de Fourques. Hauteurs observées (matin)		VENTS.	ÉTAT DU CIEL.
	Heure	Cote	Heure	Cote		
1	midi.	3.00	midi.	2.50	Nord.	Clair.
2	»	3.00	»	2.50	id.	id.
3	»	2.85	»	2.35	id.	id.
4	»	2.65	»	2.15	id.	id.
5	»	2.55	»	2.05	id.	id.
6	»	2.35	»	C B	id.	id.
7	»	2.20	»	C B	id.	id.
8	»	2.05	»	C B	id.	id.
9	»	2.00	»	C B	id.	id.
10	»	1.75	»	C B	Sud.	id.
11	»	1.70	»	C B	id.	Couvert.
12	»	1.70	»	C B	id.	id.
13	»	1.75	»	C B	Nord-Est.	id.
14	»	1.70	»	C B	id.	id.
15	»	1.60	»	C B	id.	Pluie.
16	»	1.55	»	C B	Sud.	id.
17	»	1.65	»	C B	id.	id.
18	»	2.15	»	C B	id.	
19	»	2.10	»	C B	Nord-Est.	
20	»	2.20	»	C B	Sud.	Pluie.
21	»	3.20	»	2.70	id.	Clair.
22	»	2.90	»	2.40	Nord	id.
23	»	2.80	»	2.30	Nord fort.	id.
24	»	2.35	»	C B	id.	id.
25	»	2.10	»	C B	Nord.	id.
26	»	1.95	»	C B	id.	id.
27	»	1.85	»	C B	Nord fort.	id.
28	»	1.70	»	C B	Nord.	id.
29	»	1.65	»	C B	id.	id.

MARS

DATES.	Echelle de Beaucaire. Hauteurs observées (matin)		Echelle de Fourques. Hauteurs observées (matin)		VENTS.	ÉTAT DU CIEL.
	Heure	Cote	Heure	Cote		
1	midi.	1.60	midi.	C B	Nord.	Clair.
2	»	1.55	»	C B	Nord-Est.	id.
3	»	1.45	»	C B	Nord fort.	id.
4	»	1.40	»	C B	Nord.	id.
5	»	1.33	»	C B	id.	id.
6	»	1.30	»	C B	id.	id.
7	»	1.25	»	C B	id.	id.
8	»	1.25	»	C B	id.	id.
9	»	1.20	»	C B	id.	id.
10	»	1.15	»	C B	id.	id.
11	»	1.10	»	C B	Nord-Est.	Pluie.
12	»	1.10	»	C B	id.	id.
13	»	1.17	»	C B	Sud.	Clair.
14	»	1.55	»	C B	id.	Couvert.
15	»	1.48	»	C B	id.	id.
16	»	1.62	»	C B	Nord-Est.	id.
17	»	1.55	»	C B	Sud.	Pluie.
18	»	1.90	»	C B	id.	id.
19	»	2.60	»	2.10	id.	id.
20	»	3.15	»	2.65	id.	id.
21	»	3.35	»	2.85	Nord-Est.	Clair.
22	»	2.95	»	2.45	id.	id.
23	»	2.70	»	2.20	Nord.	id.
24	»	2.50	»	2.05	id.	id.
25	»	2.25	»	C B	id.	id.
26	»	2.05	»	C B	id.	id.
27	»	1.90	»	C B	Nord-Est.	Couvert.
28	»	1.78	»	C B	id.	Pluie.
29	»	1.68	»	C B	Nord.	Clair.
30	»	1.55	»	C B	Nord-Est.	id.
31	»	1.50	»	C B	id.	id.

AVRIL

DATES.	Echelle de Beaucaire. Hauteurs observées (matin)		Echelle de Fourques. Hauteurs observées (matin)		VENTS.	ÉTAT DU CIEL.
	Heure	Cote	Heure	Cote		
1	midi.	1.40	midi.	C B	Nord.	Clair.
2	»	1.30	»	C B	Sud.	Pluie.
3	»	1.30	»	C B	id.	id.
4	»	1.25	»	C B	Nord-Est.	id.
5	»	1.35	»	C B	Sud.	Clair.
6	»	2.40	»	C B	id.	Pluie.
7	»	2.20	»	C B	id.	Clair.
8	»	2.35	»	C B	id.	id.
9	»	2.40	»	C B	Nord.	id.
10	»	2.75	»	2.25	id.	id.
11	»	3.55	»	2.15	id.	id.
12	»	2.60	»	2.10	Nord-Est.	id.
13	»	2.40	»	C B	Sud.	Couvert.
14	»	2.38	»	C B	Est.	Pluie.
15	»	2.95	»	2.43	Nord-Est.	Clair.
16	»	3.00	»	2.50	N.-Ouest.	id.
17	»	2.80	»	2.50	Sud.	Pluie.
18	»	2.95	»	2.45	Nord.	Clair.
19	»	2.80	»	2.35	Sud.	Orageux.
20	»	2.55	»	2.10	id.	id.
21	»	2.45	»	2.00	id	Pluie.
22	»	2.30	»	C B	id.	id.
23	»	2.15	»	C B	Ouest.	Orageux.
24	»	2.15	»	C B	Sud.	Clair.
25	»	1.95	»	C B	id.	id.
26	»	1.86	»	C B	id.	id.
27	»	1.75	»	C B	id.	Pluie.
28	»	3.10	»	2.60	id.	id.
29	»	4.47	»	3.80	Ouest.	Clair.
30	»	4.75	»	4.15	Nord.	id.

MAI

DATES.	Echelle de Beaucaire. Hauteurs observées (matin) Heure	Cote	Echelle de Fourques. Hauteurs observées (matin) Heure	Cote	VENTS.	ÉTAT DU CIEL.
1	midi.	3 98	midi.	3.50	Sud.	Clair.
2	»	3.55	»	3.05	Nord.	id.
3	»	3.28	»	2.80	Nord fort.	id.
4	»	3.35	»	2.85	id.	id.
5	»	3.20	»	2.70	id.	id.
6	»	2.98	»	2 50	Sud.	id.
7	»	9.85	»	2.45	id.	Pluie.
8	»	2.85	»	2.45	N.-Ouest.	Clair.
9	»	3.05	»	2.55	id.	id.
10	»	3.05	»	2.55	Nord-Est.	id.
11	»	3.10	»	2.60	id.	Pluie.
12	»	3.24	»	2.85	id.	id.
13	»	3.65	»	3.45	id.	id.
14	»	4.23	»	3.80	Nord.	Clair.
15	7	4.50	6	4.02	Nord-Est.	Pluie.
16	»	4.56	»	4.12	Est.	id.
17	»	4.88	»	4.25	S.-Ouest.	Clair.
18	»	5.40	»	4.75	Nord-Est	id.
19	»	5.50	»	4.79	id.	id.
20	»	5.67	»	4.91	id.	id.
21	»	5 42	»	4.76	id.	id.
22	»	4.82	»	4.35	id.	id.
23	»	4.65	»	4.25	Est.	Pluie.
24	»	4.65	»	4.29	id.	id.
25	»	4.98	»	4.50	Nord-Est.	Clair.
26	»	5.20	»	4.69	d.	id.
27	»	5.07	»	4.59	id.	id.
28	»	4.75	»	4.38	Sud.	id.
29	»	4.35	»	3.85	Est.	Pluie.
30	»	5.80	»	4.40	N.-Ouest.	Clair.
31	»	7.00	»:	5.45	id.	id.

JUIN

DATES.	Echelle de Beaucaire. Hauteurs observées (matin) Heure	Cote	Echelle de Fourques. Hauteurs observées (matin) Heure	Cote	VENTS.	ÉTAT DU CIEL.
1	midi.	6.80	midi.	5.85	Nord.	Clair.
2	»	6.42	»	5.45	id.	id.
3	»	6 16	»	5.20	id.	id.
4	»	5.75	»	4.85	Sud.	id.
5	»	5.40	»	4.50	id.	id.
6	»	5.23	»	4.40	id.	id.
7	»	5.27	»	4.50	Nord fort.	id.
8	»	5.10	»	4.40	id.	id.
9	»	5.09	»	4.50	Nord.	id.
10	»	4.93	»	4.30	Sud.	Pluie.
11	»	4.48	»	3.90	Nord.	Clair.
12	»	4.20	»	3.60	id.	id.
13	»	4.00	»	3.40	id.	id.
14	»	3.97	»	3.40	id.	Pluie.
15	»	3.70	»	3.20	Sud.	Clair.
16	»	3.70	»	3.20	id.	id.
17	»	3.78	»	3.30	id.	id.
18	»	3.70	»	3.20	Nord-Est.	id.
19	»	3.70	»	3.20	id.	id.
20	»	3.65	»	3.15	Sud.	Pluie.
21	»	3.55	»	3.05	Nord.	Clair.
22	»	3.43	»	3.00	Nord fort.	id.
23	»	3.00	»	3.15	id.	id.
24	»	3.40	»	2.95	id.	id.
25	»	3.20	»	2.75	id.	id.
26	»	3.00	»	2.85	Nord.	id.
27	»	2.90	»	2.45	Sud.	id.
28	»	2.80	»	2.35	id.	Brouillard.
29	»	2.70	»	2.25	id.	Clair.
30	»	2.60	»	2.15	id	id.

JUILLET

DATES.	Echelle de Beaucaire. Heure	Cote	Echelle de Fourques. Heure	Cote	VENTS.	ÉTAT DU CIEL.
1	midi.	2.55	midi.	2.05	Nord.	Clair.
2	»	2.50	»	2.00	id.	id.
3	»	2.45	»	C B	Ouest.	id.
4	»	2.38	»	C B	Sud.	id.
5	»	2.38	»	C B	Nord.	id.
6	»	2.40	»	C B	id.	id.
7	»	2.50	»	2.05	id.	id.
8	»	2.20	»	C B	id.	id.
9	»	2.05	»	C B	id.	id.
10	»	2.00	»	C B	id.	id.
11	»	1.90	»	C B	id.	id.
12	»	1.80	»	C B	id.	id.
13	»	1 70	»	C B	id.	id.
14	»	1.60	»	C B	Sud.	id.
15	»	1.58	»	C B	id.	id.
16	»	1.57	»	C B	id.	id.
17	»	1 58	»	C B	Nord fort.	id.
18	»	1.58	»	C B	id.	id.
19	»	1.64	»	C B	id.	id.
20	»	1.55	»	C B	id.	id.
21	»	1.50	»	C B	id.	id.
22	»	1.50	»	C B	Nord.	id.
23	»	1.50	»	C B	Sud.	Brouillard.
24	»	1.50	»	C B	Nord.	Clair.
25	»	1.45	»	C B	id.	id.
26	»	1.60	»	C B	Nord fort.	id.
27	»	1.55	»	C B	id.	id.
28	»	1.55	»	C B	id.	id.
29	»	1.45	»	C B	Nord.	id.
30	»	1.40	»	C B	id.	id.
31	»		»		id.	id.

AOUT

DATES.	Echelle de Beaucaire. Heure	Cote	Echelle de Fourques. Heure	Cote	VENTS.	ÉTAT DU CIEL.
1	midi.	1.35	midi.	C B	Nord.	Clair.
2	»	1 33	»	C B	id.	id.
3	»	1.40	»	C B	id.	id.
4	»	1.40	»	C B	id.	id.
5	»	1.45	»	C B	id.	id.
6	»	1.45	»	C B	id.	id.
7	»	1 30	»	C B	id.	id.
8	»	1.30	»	C B	Nord-Est.	id.
9	»	1.25	»	C B	id.	id.
10	»	1.20	»	C B	Sud.	id.
11	»	1.20	»	C B	id.	id.
12	»	1.20	»	C B	Nord.	id.
13	»	1.20	»	C B	id.	id.
14	»	1.30	»	C B	Nord-Est.	id.
15	»	1 30	»	C B	id.	id.
16	»	1.30	»	C B	Sud.	id.
17	»	1.25	»	C B	id.	Pluie.
18	»	1.30	»	C B	id.	id.
19	»	1.55	»	C B	Nord-Est.	Clair.
20	»	1.55	»	C B	Nord.	id.
21	»	1.77	»	C B	Sud.	id.
22	»	1.75	»	C B	Ouest.	id.
23	»	1.70	»	C B	Nord.	id.
24	»	2.00	»	C B	id.	id.
25	»	2.30	»	C B	Nord fort.	id
26	»	1.95	»	C B	id.	id.
27	»	1.60	»	C B	Nord.	id.
28	»	1.45	»	C B	id.	id.
29	»	1.35	»	C B	Nord fort.	id.
30	»	1.27	»	C B	id.	id.
31	»	1.23	»	C B	Nord.	id.

SEPTEMBRE

DATES.	Echelle de Beaucaire. Heure	Cote	Echelle de Fourques. Heure	Cote	VENTS.	ETAT DU CIEL.
1	midi.	1.20	midi.	C B	Nord.	Clair.
2	»	1.20	»	C B	Sud.	Pluie.
3	»	1.20	»	C B	Nord.	Clair.
4	»	1.35	»	C B	id.	id.
5	»	1.50	»	C B	Sud.	id.
6	»	1.35	»	C B	id.	id.
7	»	1.30	»	C B	id.	id.
8	»	1.90	»	C B	Nord.	id.
9	»	1.95	»	C B	id.	id.
10	»	2.15	»	C B	id.	id.
11	»	2.30	»	C B	id.	id.
12	»	1.98	»	C B	id.	id.
13	»	1.90	»	C B	id.	id.
14	»	1.88	»	C B	id.	id.
15	»	1.70	»	C B	Nord fort.	id.
16	»	1.75	»	C B	id.	id.
17	»	1.78	»	C B	Nord.	id.
18	»	1.55	»	C B	id.	id.
19	»	1.45	»	C B	id.	Pet. pluie
20	»	1.35	»	C B	id.	Clair.
21	»	1.95	»	C B	Nord fort.	id.
22	»	2.10	»	C B	id.	id.
23	»	1.75	»	C B	Sud.	Pluie.
24	»	1.85	»	C B	id.	Clair.
25	»	1.95	»	C B	Nord-Est.	id.
26	»	1.95	»	C B	id.	id.
27	»	2.00	»	C B	Sud fort.	Pluie.
28	»	2.30	»	C B	Sud.	Clair.
29	»	2.67	»	2.17	id.	Couvert.
30	»	2.53	»	2.05	id.	id.

OCTOBRE

DATES.	Echelle de Beaucaire. Heure	Cote	Echelle de Fourques. Heure	Cote	VENTS.	ETAT DU CIEL.
1	midi.	2.50	midi.	2.00	Sud fort.	Pluie.
2	»	2.60	»	2.10	Nord-Est	Clair.
3	»	3.40	»	2.90	Sud.	id.
4	»	2.80	»	2.35	id.	id.
5	»	2.45	»	2.00	id.	id.
6	»	2.15	»	C B	id.	id.
7	»	1.90	»	C B	id.	id.
8	»	1.75	»	C B	id.	id.
9	»	1.60	»	C B	Sud fort.	Pluie.
10	»	1.80	»	C B	Sud.	id.
11	»	1.90	»	C B	id.	id.
12	»	2.40	»	C B	id.	Clair.
13	»	2.08	»	C B	id.	id.
14	»	1.80	»	C B	id.	Pluie.
15	»	1.70	»	C B	id.	id.
16	»	1.55	»	C B	Nord.	Clair.
17	»	1.50	»	C B	Nord fort.	id.
18	»	1.60	»	C B	Nord-Est.	id.
19	»	1.75	»	C B	id.	Pluie.
20	»	1.60	»	C B	Nord.	Clair.
21	»	1.55	»	C B	id.	id.
22	»	1.45	»	C B	id.	id.
23	»	1.35	»	C B	id.	id.
24	»	1.35	»	C B	id.	id.
25	»	1.20	»	C B	id.	id.
26	»	1.15	»	C B	Nord-Est.	id.
27	»	1.10	»	C B	id.	id.
28	»	1.10	»	C B	id.	Brouillard.
29	»	1.05	»	C B	id.	Clair.
30	»	1.00	»	C B	id.	id.
31	»	0.95	»	C B	id.	id.

NOVEMBRE

DATES.	Echelle de Beaucaire. Heure	Cote	Echelle de Fourques. Heure	Cote	VENTS.	ETAT DU CIEL.
1	midi.	0.90	midi.	C B	Nord-Est.	Clair.
2	»	0.90	»	C B	Nord.	il.
3	»	0.90	»	C B	id.	id.
4	»	0.85	»	C B	id.	id.
5	»	0.80	»	C B	id.	id.
6	»	0.75	»	C B	id.	id.
7	»	0.70	»	C B	id.	id.
8	»	0.65	»	C B	id.	id.
9	»	0.65	»	C B	id.	id.
10	»	0.60	»	C B	id.	id.
11	»	0.60	»	C B	id.	id.
12	»	0.50	»	C B	id.	id.
13	»	0.60	»	C B	id.	id.
14	»	0.65	»	C B	id.	id.
15	»	0.70	»	C B	id.	id.
16	»	0.75	»	C B	id.	id.
17	»	0.80	»	C B	id.	id.
18	»	0.80	»	C B	Nord fort.	id.
19	»	0.80	»	C B	Nord.	id.
20	»	0.75	»	C B	id.	id.
21	»	0.70	»	C B	Nord fort.	id.
22	»	0.70	»	C B	id.	id.
23	»	0.60	»	C B	Nord.	id.
24	»	0.78	»	C B	id.	id.
25	»	0.88	»	C B	id.	id.
26	»	0.95	»	C B	id.	id.
27	»	1.00	»	C B	id.	id.
28	»	1.30	»	C B	N.-Ouest.	id.
29	»	1.78	»	C B	id.	id.
30	»	1.90	»	C B	id.	id.

DÉCEMBRE

DATES.	Echelle de Beaucaire. Heure	Cote	Echelle de Fourques. Heure	Cote	VENTS.	ETAT DU CIEL.
1	midi.	1.95	midi.	C B	Nord.	Beau.
2	»	2.25	»	C B	id.	id.
3	»	2.00	»	C B	Nord-Est.	Pluie.
4	»	1.85	»	C B	Nord.	id.
5	»	1.85	»	C B	id.	id.
6	»	1.85	»	C B	id.	id.
7	»	1.80	»	C B	id.	Brumeux.
8	»	1.85	»	C B	id.	id.
9	»	1.85	»	C B	id.	Pluie.
10	»	1.85	»	C B	Sud.	id.
11	»	2.55	»	2.05	id.	id.
12	»	3.30	»	2.80	id.	id.
13	»	3.05	»	2.55	id.	Beau.
14	»	3.05	»	2.55	Nord.	id.
15	»	3.15	»	2.65	id.	id.
16	»	2.85	»	2.35	id.	id
17	»	2.55	»	2.05	id.	id
18	»	2.35	»	C B	id.	id.
19	»	2.20	»	C B	id.	id.
20	»	2.10	»	C B	id.	id.
21	»	2.00	»	C B	id.	id.
22	»	1.85	»	C B	id.	id.
23	»	1.65	»	C B	id.	id.
24	»	1.50	»	C B	id.	id.
25	»	1.35	»	C B	Sud.	id.
26	»	1.40	»	C B	Nord.	id.
27	»	1.50	»	C B	id.	id.
28	»	1.67	»	C B	id.	id.
29	»	1.50	»	C B	id.	id.
30	»	1.50	»	C B	id.	id.
31	»	1.45	»	C B	id.	id.

ANNÉE 1857.

JANVIER

DATES.	Echelle de Beaucaire. Hauteurs observées (matin)		Echelle de Fourques. Hauteurs observées (matin)		VENTS.	ÉTAT DU CIEL.
	Heure	Cote	Heure	Cote		
1	Midi.	1.40	Midi.	C B	N. faible.	Beau.
2	»	1.35	»	C B	id.	id.
3	»	1.28	»	C B	id.	id.
4	»	1.25	»	C B	id.	id.
5	»	1.33	»	C B	id.	id.
6	»	1.60	»	C B	id.	id.
7	»	1.70	»	C B	Nord fort.	id.
8	»	1.70	»	C B	id.	id.
9	»	1.70	»	C B	id.	id.
10	»	1.60	»	C B	id.	id.
11	»	1.55	»	C B	id.	id.
12	»	1.42	»	C B	id.	id.
13	»	1.60	»	C B	id.	id.
14	»	2.30	»	C B	id.	id.
15	»	2.00	»	C B	id.	id.
16	»	1.90	»	C B	id.	id.
17	»	1.85	»	C B	id.	id.
18	»	1.75	»	C B	id.	id.
19	»	1.75	»	C B	Nord.	id.
20	»	1.65	»	C B	id.	id.
21	»	1.65	»	C B	Sud.	Pluie.
22	»	1.37	»	C B	id.	Beau.
23	»	1.60	»	C B	N. faible.	id.
24	»	1.53	»	C B	id.	id.
25	»	1.55	»	C B	id.	id.
26	»	1.50	»	C B	id.	id.
27	»	1.40	»	C B	id.	id.
28	»	1.30	»	C B	id.	id.
29	»	1.20	»	C B	id.	id.
30	»	1.10	»	C B	id.	id.
31	»	1.00	»	C B	id.	id.

FÉVRIER

DATES.	Echelle de Beaucaire. Hauteurs observées (matin)		Echelle de Fourques. Hauteurs observées (matin)		VENTS.	ÉTAT DU CIEL.
	Heure	Cote	Heure	Cote		
1	Midi.	0.95	»	»	Nord.	
2	»	0.90	»	»	id.	
3	»	0.84	»	»	Sud.	
4	»	0.80	»	»	Nord.	
5	»	0.80	»	»	id.	
6	»	0.75	»	»	id.	
7	»	0.65	»	»	Sud.	
8	»	0.65	»	»	id.	
9	»	0.60	»	»	id.	
10	»	0.60	»	»	id.	
11	»	1.40	»	»	Nord.	
12	»	1.30	»	»	Sud.	
13	»	1.10	»	»	id.	
14	»	1.00	»	»	id.	
15	»	0.90	»	»	Nord.	
16	»	0.80	»	»	id.	
17	»	0.80	»	»	id.	
18	»	0.80	»	»	id.	
19	»	0.80	»	»	Sud.	
20	»	0.87	»	»	id.	
21	»	1.10	»	»	id.	
22	»	1.30	»	»	id.	
23	»	1.10	»	»	id.	
24	»	1.05	»	»	id.	
25	»	1.05	»	»	id.	
26	»	1.05	»	»	id.	
27	»	1.05	»	»	id.	
28	»	1.50	»	»	id.	

MARS

DATES.	Echelle de Beaucaire	Echelle de Fourques		VENTS.	ÉTAT DU CIEL.
1	Midi. 1.60	Midi.	C B	Nord.	
2	» 1.60	»	C B	id.	
3	» 1.50	»	C B	id.	
4	» 1.40	»	C B	id.	
5	» 1.30	»	C B	id.	
6	» 1.10	»	C B	id.	
7	» 1.05	»	C B	Sud.	
8	» 1.10	»	C B	id.	
9	» 1.05	»	C B	Nord.	
10	» 1.00	»	C B	id.	
11	» 0.94	»	C B	id.	
12	» 0.90	»	C B	id.	
13	» 0.80	»	C B	id.	
14	» 0.80	»	C D	Sud.	
15	» 0.80	»	C D	Nord.	
16	» 0.80	»	C B	Sud.	
17	» 0.88	»	C B	id.	
18	» 1.40	»	C B	id.	
19	» 1.40	»	C B	id.	
20	» 1.45	»	C B	id.	
21	» 1.45	»	C B	id.	
22	» 1.40	»	C B	id.	
23	» 1.39	»	C B	Nord.	
24	» 1.26	»	C B	id.	
25	» 1.20	»	C B	id.	
26	» 1.11	»	C B	id.	
27	» 1.10	»	C B	id.	
28	» 1.05	»	C B	Ouest.	
29	» 1.00	»	C B	Nord.	
30	» 0.91	»	C B	id.	
31	» 0.86	»	C B	Sud.	

AVRIL

DATES.	Echelle de Beaucaire	Echelle de Fourques		VENTS.	ÉTAT DU CIEL.
1	Midi. 0.95	Midi.	C B	Nord.	Beau.
2	» 1.25	»	C B	id.	id.
3	» 1.55	»	C B	id.	id.
4	» 1.55	»	C B	id.	id.
5	» 1.50	»	C B	id.	id.
6	» 1.40	»	C B	Sud.	Pet. pluie.
7	» 1.35	»	C B	id.	Couvert.
8	» 1.35	»	C B	Nord.	Beau.
9	» 1.35	»	C B	Sud.	Couvert.
10	» 1.40	»	C B	Sud fort.	id
11	» 2.10	»	C B	Sud.	Beau.
12	» 1.95	»	C B	Nord.	Modéré.
13	» 2.00	»	C B	id.	id.
14	» 2.30	»	C B	id.	id.
15	» 2.36	»	C B	id.	id.
16	» 2.34	»	C B	id.	id.
17	» 2.16	»	C B	id.	id.
18	» 2.07	»	C B	id.	id.
19	» 1.95	»	C B	id.	Faible.
20	» 1.95	»	C B	Sud.	id.
21	» 1.85	»	C B	id.	id.
22	» 1.73	»	C B	Nord	Modéré.
23	» 1.67	»	C B	id.	id.
24	» 1.66	»	C B	id.	Fort.
25	» 1.65	»	C B	id.	id.
26	» 1.70	»	C B	id.	id.
27	» 1.60	»	C B	id.	id.
28	» 1.56	»	C B	id.	id.
29	» 1.45	»	C B	id.	id.
30	» 1.40	»	C B	id.	id.

MAI

DATES.	Echelle de Beaucaire. Hauteurs observées (matin)		Echelle de Fourques. Hauteurs observées (matin)		VENTS.	ETAT DU CIEL.
	Heure	Cote	Heure	Cote		
1	Midi.	1.35				
2	»	1.19				
3	»	1.10				
4	»	1.10				
5	»	1.10				
6	»	1.10				
7	»	1.10				
8	»	1.10				
9	»	1.10				
10	»	1.12				
11	»	1.20				
12	»	1.42				
13	»	1.61				
14	»	1.59				
15	»	1.50			N. faible.	Beau.
16	»	1.50			id.	id.
17	»	1.58				id.
18	»	1.60				id.
19	»	1.62				id.
20	»	1.60				id.
21	»	1.70			Très-faib.	id.
22	»	1.70			id.	id.
23	»	1.70			Midi fort.	Nuag. et pl.
24	»	1.80			id.	Orage.
25	»	1.70			id.	Pluie.
26	»	2.20	»	1.40	N. faible.	Beau.
27	»	3.20	5 1/2	2.90		id.
28	»	2.55	5 1/2	3.00	Midi faib.	Nuageux.
29	»	2.23		C B		id.
30	»	2.00		id.	N. assez f.	Beau.
31	»	»				

JUIN

DATES.	Echelle de Beaucaire. Hauteurs observées (matin)		Echelle de Fourques. Hauteurs observées (matin)		VENTS.	ETAT DU CIEL.
	Heure	Cote	Heure	Cote		
1	Midi.	1.70	»		Nord fort.	Beau.
2	»	1.70	»		Très-faib.	id.
3	»	1.70	»		id.	id.
4	»	1.70	»		id.	id.
5	»	1.55	»		id.	id.
6	»	1.50	»		id.	id.
7	»	1.45	»			id.
8	»	1.45	»		Midi fort.	Nuag. et or
9	»	1.55	»		Faible.	Beau.
10	»	1.78	»		Midi fort.	Nuageux.
11	»	1.97	»		N. faible.	Beau.
12	»	2.00	»		Nord fort.	id.
13	»	2.20	»		id.	id.
14	»	2.10	»		Très-faib.	id.
15	»	1.92	»	C B	Midi fort	Nuageux.
16	»	1.77	»	C B		Nuag. et pl.
17	»	1.85	»	C B	Très-faib.	Nuageux.
18	»	1.70	»	C B	id.	Nuag et pl
19	»	1.70	»	C B	id.	Nuageux.
20	»	1.65	»	C B	id.	id.
21	»	1.65	»	C B	Nord fort.	Beau.
22	»	1.70	»	C B	id.	id.
23	»	1.65	»	C B	Très-faib.	id.
24	»	1.60	»	C B	id.	id.
25	»	1.55	»	C B	id.	id.
26	»	1.50	»	C B	id.	id.
27	»	1.40	»	C B	id.	id.
28	»	1.30	»	C B	id.	id.
29	»	1.30	»	C B	id.	id.
30	»	1.30	»	C B	id.	id.

JUILLET

DATES.	Echelle de Beaucaire. Hauteurs observées (matin)		Echelle de Fourques. Hauteurs observées (matin)		VENTS.	ETAT DU CIEL.
	Heure	Cote	Heure	Cote		
1	7 h.	1.30	»	C B	N. faible.	Beau.
2	»	1.60	»	C B	id.	id.
3	»	1.40	»	C B	Assez fort	id.
4	»	1.30	»	C B	Faible.	id.
5	»	1.30	»	C B	M t.-faib.	id.
6	»	1.25	»	C B	Calme.	id.
7	»	1.20	»	C B	Nord fort.	id.
8	»	1.20	»	C B	id.	id.
9	»	1.10	»	C B	Faible.	id.
10	»	1.10	»	C B	id.	id.
11	»	1.05	»	C B	Nord fort.	id.
12	»	1.00	»	C R	id	id.
13	»	1.00	»	C B	Très-faib.	id.
14	»	1.00	»	C B	id.	id.
15	»	0.97	»	C B	id.	id.
16	»	0.97	»	C B	id.	id.
17	»	0.95	»	C B	Calme.	id.
18	»	1.00	»	C B	Nord fort.	id.
19	»	1.00	»	C B	Calme.	id.
20	»	1.00	»	C B	id.	id.
21	»	0.95	»	C R	Très-faib.	id.
22	»	1.00	»	C B	Assez fort	id.
23	»	1.00	»	C B	Gros vent	id.
24	»	1.00	»	C B	Assez fort	id.
25	»	0.95	»	C B	Calme.	id.
26	»	0.95	»	C B	id.	id.
27	»	0.90	»	C B	id.	id.
28	»	0.90	»	C B	id.	id.
29	»	0.90	»	C B	id.	id.
30	»	0.90	»	C B	Faible	id.
31	»	0.90	»	C B	id.	id.

AOUT

DATES.	Echelle de Beaucaire. Hauteurs observées (matin)		Echelle de Fourques. Hauteurs observées (matin)		VENTS.	ETAT DU CIEL.
	Heure	Cote	Heure	Cote		
1	»	»	»	C B	»	Beau.
2	»	»	»	C B	»	id.
3	»	»	»	C B	»	id.
4	»	»	»	C B	N. mod.)	id.
5	»	»	»	C B	»	id.
6	»	»	»	C B	»	id.
7	»	»	»	C B	N. mod.	id.
8	»	»	»	C B	id.	id.
9	»	»	»	C B	id.	id.
10	»	»	»	C B	Nord fort.	id.
11	»	»	»	C B	id.	id.
12	»	»	»	C B	Modéré.	id.
13	»	»	»	C B	id.	id.
14	»	»	»	C B	id.	id.
15	»	»	»	C B	Midi fort.	Pluie.
16	»	»	»	C B	»	Beau.
17	»	»	»	C B	Nord fort.	id.
18	»	»	»	C B	id	id.
19	»	»	»	C B	Modéré.	id.
20	»	»	»	C B	id.	id.
21	»	»	»	C B	id.	id.
22	»	»	»	C B	id.	id.
23	»	»	»	C B	Midi fort.	Nuageux.
24	»	»	»	C B	id.	id.
25	»	»	»	C B	Nord fort.	Beau.
26	»	»	»	C B	Modéré.	id.
27	»	»	»	C B	id.	id.
28	»	»	»	C B	id.	id.
29	»	»	»	C B	»	id.
30	»	»	»	C B	»	id.
31	»	»	»	C B	»	id.

SEPTEMBRE

DATES.	Echelle de Beaucaire. Hauteurs observées (matin)		Echelle de Fourques. Hauteurs observées (matin)		VENTS.	ÉTAT DU CIEL.
	Heure	Cote	Heure	Cote		
1	7 h.	0.80		C B	N. mod.	Beau.
2	»	0.85		C B	id.	id.
3	»	0.90		C B	id.	id.
4	»	0.90		C B	Midi mod.	Nuag. et or.
5		0.95			id.	Beau.
6	»	1.00		C B	id.	id.
7	»	0.90		C B	id.	id.
8	»	0.90		C B	id.	id.
9	»	0.90		C B	Midi fort.	Nuageux.
10	»	1.40		C B	id.	id.
11	»	4.45	5	3.10	Midi faib.	Beau.
12	»	2.55	6	2.40	id.	id.
13	»	2.25		C B		id.
14		1.75		C B		id.
15	»	1.55		C B	N. mod.	id.
16	»	1.40		C B		id.
17	»	1.30		C B		id.
18	»	1.20		C B		id.
19	»	1.10		C B	Nord fort.	id.
20		1.00		C B		id.
21	»	0.95		C B		id.
22	»	0.90		C B		id.
23	»	0.90		C B		Nébuleux
24	»	0.85		C B	Midi fort.	Pl. par int.
25	»	1.35		id.	id.	id.
26	»	2.50		id.	id.	id.
27	»	2.55	6	2.50		Pluie.
28	»	2.35		C B		id.
29	»	3.45	5	2.80	N. faible.	Beau.
30	»	2.40	6	1.85		

OCTOBRE

DATES.	Echelle de Beaucaire. Hauteurs observées (matin)		Echelle de Fourques. Hauteurs observées (matin)		VENTS.	ÉTAT DU CIEL.
	Heure	Cote	Heure	Cote		
1	7 h.	1.70	7 h.	C B	N. faible.	Beau.
2	»	1.50	»	C B	id.	id.
3	»	1.20	»	C B	id.	id.
4	»	1.10	»	C B	id.	id.
5	»	1.10	»	C B	Midi fort.	Nuag. et pl
6	»	4.35	»		Midi moy.	Nuageux.
7	»	2.90	»		id.	id.
8	»	2.40	»		Midi fort.	id.
9	»	2.45	»		Midi faib.	Pluvieux.
10	»	2.20	»		N. moyen	Beau.
11	»	2.40	»		Très-faib.	id.
12	»	2.30	»		id.	id.
13	»	2.35	»		id.	id.
14	»	2.10	»		id.	id.
15	»	1.90	»	C B	id.	id.
16	»	1.60	»	C B	id.	id.
17	»	1.45	»	C B	Midi fort.	Nuageux.
18	»	1.30	»	C B	id.	id.
19	»	1.30	»	C B	Midi faib.	Pluvieux.
20	»	4.00	»		Midi faib.	Nuageux.
21	»	3.20	»		id.	id.
22	»	3.10	»		id.	id.
23	»	3.50	»		id.	id.
24	»	2.40	»		id.	id.
25	»	2.25	»		id.	id.
26	»	2.80	»		id.	id.
27	»	3.65	»		id.	id.
28	»	2.90	»		id.	id.
29	»	2.55	»		id.	id.
30	»	2.30	»	C B	N. moyen	Beau.
31	»	2.30		C B	id.	id.

NOVEMBRE

DATES.	Echelle de Beaucaire. Hauteurs observées (matin)		Echelle de Fourques. Hauteurs observées (matin)		VENTS.	ÉTAT DU CIEL.
	Heure	Cote	Heure	Cote		
1	7 h.	1.90		C B	Midi.	Nuageux.
2	»	1.70		C B	id.	Pluie.
3	»	1.70		C B	id.	Nuageux.
4	»	1.55		C B		Beau.
5	»	1.35		C B		id.
6	»	1.30		C B		id.
7	»	1.25		C B		id.
8	»	1.20		C B		id.
9	»	1.10		C B	Midi.	Nuageux.
10	»	1.10		C B		Beau.
11	»	1.00		C B	Nord.	id.
12	»	0.90		C B	id.	Pluie.
13	»	0.90		C B	Midi.	id.
14	»	0.83		C B	id.	I f.
15	»	0.85		C B	id.	Nuageux.
16	»	0.90		C B	id.	id.
17	»	0.90		C B	id.	id.
18	»	0.90		C B	id.	Pluie.
19	»	0.90		C B	id.	id.
20	»	0.90		C B	id.	Pluvieux.
21	»	0.75		C B	Nord.	Beau.
22	»	0.70		C B	id.	id.
23	»	0.70		C B	Midi.	Nuageux.
24	»	0.65		C B	id.	Pluie.
25	»	2.00		C B	id.	Pluvieux.
26	»	4.90	7	4.30	Nord.	Beau.
27	»	3.00		2.30	id.	id.
28	»	2.20		C B	id.	id.
29	»	1.80		C B	id.	id.
30	»	1.50		C B	id.	id.

DÉCEMBRE

DATES.	Echelle de Beaucaire. Hauteurs observées (matin)		Echelle de Fourques. Hauteurs observées (matin)		VENTS.	ÉTAT DU CIEL.
	Heure	Cote	Heure	Cote		
1	7 h.	1.70		C B	»	Beau.
2	»	1.25	»	C B	Midi.	Nuageux.
3	»	1.15	»	C B	id.	id.
4	»	1.10	»	C B	id.	id.
5	»	1.10	»	C B	id.	id.
6	»	1.60	»	C B	Nord.	Beau.
7	»	1.30	»	C B	id.	id.
8	»	1.10	»	C B	id.	id.
9	»	1.10	»	C B	id.	id.
10	»	1.05	»	C B	id.	id.
11	»	0.95	»	C B	id.	id.
12	»	0.90	»	C B	id.	id.
13	»	0.95	»	C B	id.	id.
14	»	0.80	»	C B	Midi.	Nuageux.
15	»	0.70	»	C D		Beau.
16	»	0.70	»	C B		id.
17	»	0.65	»	C B		id.
18	»	0.65	»	C D	Midi.	Nébuleux
19	»	0.60	»	C B	id.	Pluvieux.
20	»	0.60	»	C B	Nord.	Beau.
21	»	0.90	»	C B	id.	id.
22	»	0.80	»	C B	id.	id.
23	»	0.65	»	C B	id.	id.
24	»	0.65	»	C B	id.	id.
25	»	0.70	»	C B	id.	id.
26	»	0.70	»	C B	id.	id.
27	»	0.70	»	C B	id.	id.
28	»	0.65	»	C B	id.	id.
29	»	0.60	»	C D	id.	id.
30	»	0.60	»	C B	id.	id.
31	»	0.60		C B	id.	id.

ANNÉE 1858.

JANVIER — FÉVRIER

DATES.	Echelle de Beaucaire. Hauteurs observées (matin) Heure	Cote	Echelle de Fourques. Hauteurs observées (matin) Heure	Cote	VENTS.	ÉTAT DU CIEL.	DATES.	Echelle de Beaucaire. Hauteurs observées (matin) Heure	Cote	Echelle de Fourques. Hauteurs observées (matin) Heure	Cote	VENTS.	ÉTAT DU CIEL
1	7 h.	0.50	»	C B	Nord.	Beau.	1	7 h.	0.05	»	C B	Midi.	Pluvieux.
2	»	0.50	»	C B	id.	id.	2	»	0.05	»	C B	Nord.	Beau.
3	»	0.50	»	C N	id.	id.	3	»	0.05	»	C B	»	id.
4	»	0.50	»	C B	id.	id.	4	»	0.05	»	C B	Midi.	Nuageux.
5	»	0.45	»	C B	id.	id.	5	»	0.05	»	C B	id.	id.
6	»	0.40	»	C B	id.	id.	6	»	0.10	»	C B	id.	id.
7	»	0.40	»	C B	Midi.	pluie.	7	»	0.10	»	C B	id.	id.
8	»	0.35	»	C B	Nord.	Beau.	8	»	0.10	»	C B	id.	Pluie.
9	»	0.35	»	C B	id.	id.	9	»	0.15	»	C B	id.	Nuageux.
10	»	0.35	»	C B	id.	id.	10	»	0.15	»	C B	id.	id.
11	»	0.35	»	C B	id.	id.	11	»	0.25	»	C B	id.	id.
12	»	0.30	»	C B	id.	id.	12	»	0.65	»	C B	id.	id.
13	»	0.28	»	C B	id.	id.	13	»	0.75	»	C B	id.	id.
14	»	0.25	»	C B	id.	id.	14	»	0.65	»	C B	»	Beau.
15	»	0.20	»	C B	id.	id.	15	»	0.50	»	C B	»	id.
16	»	0.18	»	C B	id.	id.	16	»	0.45	»	C B	»	id.
17	»	0.18	»	C B	id.	id.	17	»	0.40	»	C B	Nord.	id.
18	»	0.12	»	C B	id.	id.	18	»	0.40	»	C B	Midi.	Nuageux.
19	»	0.10	»	C B	id.	id.	19	»	0.40	»	C B	id.	Pluvieux.
20	»	0.10	»	C B	id.	id.	20	»	0.40	»	C B	id.	Pluie.
21	»	0.07	»	C B	id.	id.	21	»	0.35	»	C B	Nord.	Beau.
22	»	0.07	»	C B	id.	id.	22	»	0.35	»	C B	Midi.	Pluie.
23	»	0.07	»	C B	id.	id.	23	»	0.35	»	C B	id.	id.
24	»	0.07	»	C B	id.	id.	24	»	1.60	»	C B	id.	Nuageux.
25	»	0.07	»	C B	id.	id.	25	»	1.10	»	C B	id.	Pluie.
26	»	0.05	»	C B	Midi.	id.	26	»	1.10	»	C B	id.	Pluvieux.
27	»	0.05	»	C B	Nord.	id.	27	»	1.40	»	C B	id.	Nuageux.
28	»	0.05	»	C B	id.	id.	28	»	1.20	»	C B	id.	id.
29	»	0.05	»	C B	id.	id.							
30	»	0.05	»	C B	id.	id.							
31	»	0.05	»	C B	id.	id.							

MARS — AVRIL

DATES.	Heure	Cote	Heure	Cote	VENTS.	ÉTAT DU CIEL.	DATES.	Heure	Cote	Heure	Cote	VENTS.	ÉTAT DU CIEL
1	7 h.	2.00	»	C B	Midi.	Nuageux.	1	7 h.	1.30	7 h.	C B	Midi.	Beau.
2	»	1.60	»	C B	id.	Pluie.	2	»	1.56	»	C B	id.	id.
3	»	3.37	7	2.75	id.	Nuageux.	3	»	1.85	»	C B	id.	id.
4	»	4.60	»	4.10	id.	Pluvieux.	4	»	1.80	»	C B	id.	id.
5	»	3.00	»	2.60	Nord.	Beau.	5	»	2.00	»	C B	id.	id.
6	»	2.50	»	1.80	id.	id.	6	»	2.76	»	2.20	id	id.
7	»	2.08	»	C B	id.	id.	7	»	2.70	»	2.20	id.	id.
8	»	1.80	»	C B	id.	id.	8	»	2.95	»	2.30	id.	Nuageux.
9	»	1.60	»	C B	id.	id.	9	»	3.24	»	2.70	Nord.	Beau.
10	»	1.48	»	C B	Midi.	Nuageux.	10	»	3.30	»	2.75	Midi.	Pluie.
11	»	1.50	»	C B	id.	Beau.	11	»	3.80	»	2.20	Nord.	Nuag. et or.
12	»	1.50	»	C B	Nord.	id.	12	»	2.65	»	2.00	id.	Beau.
13	»	1.40	»	C B	id.	id.	13	»	2.55	»	1.95	id.	id.
14	»	1.30	»	C B	id.	id.	14	»	2.51	»	1.90	id.	id.
15	»	1.20	»	C B	id.	id.	15	»	2.30	»	1.80	id.	id.
16	»	1.30	»	C B	id.	id.	16	»	2.10	»	C B	Midi.	Nuageux.
17	»	1.60	»	C B	id.	id.	17	»	1.90	»	C B	Nord.	Beau.
18	»	1.90	»	C B	id.	id.	18	»	1.72	»	C B	id.	id.
19	»	2.00	»	C B	id.	id.	19	»	1.60	»	C B	id.	id.
20	»	2.00	»	C B	id.	id.	20	»	1.50	»	C B	id.	id.
21	»	2.03	»	C B	id.	id.	21	»	1.45	»	C B	id.	id.
22	»	2.04	»	C B	id.	id.	22	»	1.40	»	C B	id.	id.
23	»	2.00	»	C B	id.	id.	23	»	1.36	»	C B	id.	id.
24	»	1.95	»	C B	id.	id.	24	»	1.45	»	C B	id.	id.
25	»	1.85	»	C B	id.	id.	25	»	1.30	»	C B	Midi.	Nuag. et or.
26	»	1.80	»	C B	id.	id.	26	»	1.27	»	C B	Nord.	Beau.
27	»	1.70	»	C B	id.	id.	27	»	1.27	»	C B	id.	id.
28	»	1.65	»	C B	id.	id.	28	»	1.25	»	C B	id.	id.
29	»	1.60	»	C B	id.	id.	29	»	1.20	»	C B	id.	id.
30	»	1.50	»	C B	id.	id.	30	»	1.20	»	C D	id.	id.
31	»	»	»	C B -	id.	id.							

MAI

DATES.	Echelle de Beaucaire. Heure	Cote	Echelle de Fourques. Heure	Cote	VENTS.	ÉTAT DU CIEL.
1	7 h.	1.10	6 h.	C B	Nord.	Beau.
2	»	1.20	»	C B	id.	id.
3	»	1.40	»	C B	id.	id.
4	»	1.50	»	C B	Midi.	Nuageux.
5	»	1.50	»	C B	id.	Pluie.
6	»	1.75	»	C B	id.	Pluvieux.
7	»	2.00	»	C B	Nord.	Orageux.
8	»	1.75	»	C B	Midi.	Nuageux.
9	»	1.80	»	C B	Nord.	Beau.
10	»	1.85	»	C B	Midi.	Nuageux.
11	»	1.70	»	C B	id.	id.
12	»	1.65	»	C B	Nord.	Beau.
13	»	1.70	»	C B	id.	id.
14	»	1.70	»	C B	id.	id.
15	»	1.60	»	C B	Midi.	Nuageux.
16	»	1.50	»	C B	id.	Pluvieux.
17	»	1.65	»	C B	Nord.	Beau.
18	»	1.75	»	C B	id.	id.
19	»	1.65	»	C B	id.	id.
20	»	1.65	»	C B	id.	id.
21	»	1.55	»	C B	id.	id.
22	»	1.45	»	C B	id.	id.
23	»	1.30	»	C B	id.	id.
24	»	1.35	»	C B	id.	id.
25	»	1.35	»	C B	N.-Ouest.	Orageux.
26	»	1.50	»	C B	id.	id.
27	»	2.30	»	1.70	id.	id.
28	»	2.60	»	2.00	id.	id.
29	»	2.20	»	C B	id.	id.
30	»	1.90	»	C B	Nord.	Beau.
31	»	1.75	»	C B	id.	id.

JUIN

DATES.	Echelle de Beaucaire Heure	Cote	Echelle de Fourques. Heure	Cote	VENTS.	ÉTAT DU CIEL.
1	7 h.	1.70	»	C B	Nord.	Beau.
2	»	1.60	»	C B	id.	id.
3	»	1.50	»	C B	id.	id.
4	»	1.50	»	C B	id.	id.
5	»	1.45	»	C B	id.	id.
6	»	1.55	»	C B	id.	id.
7	»	1.55	»	C B	id.	id.
8	»	1.50	»	C B	id.	Orageux.
9	»	1.50	»	C B	Midi.	id.
10	»	1.50	»	C B	Nord.	Beau.
11	»	1.50	»	C B	id.	id.
12	»	1.20	»	C B	id.	id.
13	»	1.10	»	C B	id.	id.
14	»	1.10	»	C B	id.	id.
15	»	1.10	»	C B	id.	id.
16	»	1.10	»	C B	id	id.
17	»	1.10	»	C B	Midi.	Nuageux.
18	»	1.10	»	C B	id.	id.
19	»	1.10	»	C B	Nord.	Beau.
20	»	1.05	»	C B	id.	id.
21	»	1.05	»	C B	id.	id.
22	»	1.05	»	C B	id.	id.
23	»	1.00	»	C B	id.	id.
24	»	0.90	»	C B	id.	id.
25	»	0.90	»	C B	id.	id.
26	»	0.80	»	C B	id.	id.
27	»	0.80	»	C B	id.	id.
28	»	0.80	»	C B	id.	id.
29	»	0.80	»	C B	id.	id.
30	»	0.80	»	C B	id.	id.

JUILLET

DATES.	Heure	Cote	Heure	Cote	VENTS.	ÉTAT DU CIEL.
1	7 h.	0.75	»	C B	Nord.	Beau.
2	»	0.65	»	C B	id.	id.
3	»	0.60	»	C B	id.	id.
4	»	0.60	»	C B	id.	id.
5	»	0.60	»	C B	id.	id.
6	»	0.55	»	C B	id.	id.
7	»	0.55	»	C B	id.	id.
8	»	0.55	»	C B	id.	id.
9	»	0.60	»	C B	Calme.	Nuageux.
10	»	0.60	»	C B	Nord.	Beau.
11	»	0.60	»	C B	id.	id.
12	»	0.60	»	C B	id.	id.
13	»	0.60	»	C B	id.	id.
14	»	0.55	»	C B	Calm.	id.
15	»	0.50	»	C B	id.	id.
16	»	0.50	»	C B	id.	id.
17	»	0.50	»	C B	Nord.	id.
18	»	0.50	»	C B	Midi.	id.
19	»	0.60	»	C B	Nord.	id.
20	»	0.56	»	C B	id.	id.
21	»	0.55	»	C B	Calme.	Pluvieux.
22	»	0.60	»	C B	id.	Beau.
23	»	0.80	»	C B	id.	id.
24	»	0.90	»	C B	Midi.	id.
25	»	0.75	»	C B	Nord.	id.
26	»	0.70	»	C B	id.	id.
27	»	0.70	»	C B	Midi.	Nuageux.
28	»	0.70	»	C B	Nord.	Beau.
29	»	0.70	»	C B	id.	id.
30	»	1.10	»	C B	id.	id.
31	»	»	»	C B	id.	id.

AOUT

DATES.	Heure	Cote	Heure	Cote	VENTS.	ÉTAT DU CIEL.
1	7 h.	1.20	7 h.	C B	Nord.	Beau.
2	»	1.00	»	C B	id.	id.
3	»	0.80	»	C B	id.	id.
4	»	0.78	»	C B	id.	id.
5	»	0.65	»	C B	id.	id.
6	»	0.65	»	C B	id.	id.
7	»	0.65	»	C B	id.	id.
8	»	0.65	»	C B	id.	id.
9	»	0.60	»	C B	Calme.	id.
10	»	0.60	»	C B	id.	id.
11	»	0.60	»	C B	Nord.	id.
12	»	0.60	»	C B	id.	id.
13	»	0.65	»	C B	Calme.	Nébuleux.
14	»	0.65	»	C B	id.	id.
15	»	0.70	»	C B	id.	d.
16	»	0.70	»	C B	id.	id.
17	»	0.80	»	C B	Midi.	Nuageux.
18	»	0.80	»	C B	id.	id.
19	»	0.70	»	C B	Nord.	Beau.
20	»	0.70	»	C B	id.	id.
21	»	0.70	»	C B	id.	id.
22	»	0.80	»	C B	id.	id.
23	»	1.30	»	C B	id.	id.
24	»	1.20	»	C B	id.	id.
25	»	0.90	»	C B	id.	id.
26	»	0.75	»	C B	id.	Orageux.
27	»	0.70	»	C B	id.	Beau.
28	»	0.70	»	C B	id.	id.
29	»	0.80	»	C B	id.	id.
30	»	0.85	»	C B	id.	id.
31	»	»	»	C B	id.	id.

SEPTEMBRE

DATES.	Echelle de Beaucaire. Hauteurs observées (matin)		Echelle de Fourques. Hauteurs observées (matin)		VENTS.	ÉTAT DU CIEL.
	Heure	Cote	Heure	Cote		
1	»	0.71	»	C B		Beau.
2	»	0.71	»	C B	Nord.	id.
3	»	0.71	»	C B	id.	id.
4	»	0.65	»	C B	id.	Nuageux.
5	»	0.60	»	C B	id.	id.
6	»	0.60	»	C B	id.	Pluie.
7	»	0.60	»	C B	id.	Beau.
8	»	1.05	»	C B	id.	id.
9	»	1.05	»	C B	id.	id.
10	»	1.05	»	C B	id	id.
11	»	0.90	»	C B	id.	id.
12	»	0.70	»	C B	id.	id.
13	»	0.70	»	C B	id.	id.
14	»	0.65	»	C B	id.	id.
15	»	0.60	»	C B	id.	id.
16	»	0.60	»	C B	id.	Nuageux.
17	»	0.55	»	C B	id.	Pluie.
18	»	1.20	»	C B	id.	Beau.
19	»	1.10	»	C B	Sud.	Nuageux.
20	»	0.90	»	C B	id.	id.
21	»	0.70	»	C B	id.	id.
22	»	0.70	»	C B	id.	Pluie.
23	»	0.70	»	C B	id.	Nuageux.
24	»	1.15	»	C B	Nord.	Beau.
25	»	1.35	»	C B	Sud.	id.
26	»	1.20	»	C B	id.	id.
27	»	1.28	»	C B	id.	id.
28	»	1.12	»	C B	id.	id.
29	»	1.08	»	C B	id.	id.
30	»	1.07	»	C B	id.	Nuageux.

OCTOBRE

DATES.	Echelle de Beaucaire. Hauteurs observées (matin)		Echelle de Fourques. Hauteurs observées (matin)		VENTS.	ÉTAT DU CIEL.
	Heure	Cote	Heure	Cote		
1	7 h.	0.80	»	»	Nord-Est.	Beau.
2	»	0.70	»	»	Nord.	id.
3	»	0.75	»	»	Nord-Est.	id.
4	»	0.86	»	»	Nord.	id.
5	»	0.80	»	»	Sud.	Pluie.
6	»	0.75	»	»	Nord.	Beau.
7	»	0.70	»	»	id.	id.
8	»	0.65	»	»	id.	id.
9	»	0.60	»	»	Sud-Est.	Pluie.
10	»	0.60	»	»	Sud.	id.
11	»	0.80	»	»	id.	id.
12	»	2.34	»	»	id.	Beau.
13	»	2.75	»	»	Nord.	id.
14	»	2.87	»	»	id.	id.
15	»	2.50	»	»	id.	id.
16	»	1.87	»	»	id.	id.
17	»	1.45	»	»	Sud.	id.
18	»	3.50	»	»	id.	Pluie.
19	»	3.20	»	»	id.	id.
20	»	1.50	»	»	id.	id.
21	»	2.70	»	»	id.	id.
22	»	2.80	»	»	id.	Beau.
23	»	2.50	»	»	id.	id.
24	»	2.20	»	»	id.	id.
25	»	1.84	»	»	Nord.	id.
26	»	1.45	»	»	id.	id.
27	»	1.46	»	»	id.	id.
28	»	1.27	»	»	id.	id.
29	»	1.10	»	»	id.	id.
30	»	0.96	»	»	id.	id.
31	»	0.84	»	»	id.	id.

NOVEMBRE

DATES.	Echelle de Beaucaire. Hauteurs observées (matin)		Echelle de Fourques. Hauteurs observées (matin)		VENTS.	ÉTAT DU CIEL.
	Heure	Cote	Heure	Cote		
1	7 h.	0.80	7 h.	C B	Nord.	Beau.
2	»	0.75	»	C B	id.	id.
3	»	0.75	»	C B	id.	id.
4	»	0.70	»	C B	id.	id.
5	»	0.65	»	C B	id.	id.
6	»	0.60	»	C B	id.	id.
7	»	0.50	»	C B	id.	id.
8	»	0.45	»	C B	id.	id.
9	»	0.45	»	C B	id.	id.
10	»	0.40	»	C B	id.	id.
11	»	0.40	»	C B	Nord-Est.	id.
12	»	0.37	»	C B	id.	id.
13	»	0.38	»	C B	Sud.	Pluie.
14	»	0.40	»	C B	id.	id.
15	»	0.99	»	0.20	Nord-Est.	Beau.
16	»	1.15	»	0.60	Sud-Est.	Pluie.
17	»	2.10	»	1.00	Nord-Est	Beau.
18	»	2.15	»	1.55	Nord.	id.
19	»	2.00	»	1.35	Sud.	Pluie.
20	»	2.37	»	1.65	Nord.	Beau.
21	»	2.47	»	1.80	id.	id.
22	»	2.95	»	2.50	id.	id.
23	»	2.58	»	2.05	id.	id.
24	»	2.35	»	1.75	id.	Pluie.
25	»	2.05	»	1.55	Sud.	id.
26	»	1.95	»	1.40	id.	id.
27	»	3.25	»	2.52	id.	id.
28	»	4.32	»	3.70	Nord-Est.	Beau.
29	»	3.60	»	3.00	Nord.	Pluie.
30	»	3.10	»	2.42	id.	Beau.

DÉCEMBRE

DATES.	Echelle de Beaucaire. Hauteurs observées (matin)		Echelle de Fourques. Hauteurs observées (matin)		VENTS.	ÉTAT DU CIEL.
	Heure	Cote	Heure	Cote		
1	7 h.	2.95	7 h.	2.50	Nord.	Beau.
2	»	2.80	»	2.20	id.	id.
3	»	2.43	»	2.00	id.	id.
4	»	2.25	»	1.60	id.	id.
5	»	2.00	»	1.40	id.	id.
6	»	1.78	»	1.18	Sud.	id.
7	»	1.55	»	0.90	Nord.	id.
8	»	1.47	»	0.85	id.	id.
9	»	1.35	»	0.75	Nord-Est.	Couvert.
10	»	1.25	»	0.65	id.	id.
11	»	1.05	»	0.50	id.	id.
12	»	1.05	»	0.45	id.	id.
13	»	1.00	»	0.40	id.	Beau.
14	»	0.95	»	0.30	Sud.	Couvert.
15	»	0.87	»	0.25	Nord-Est.	id.
16	»	0.78	»	0.15	Nord	Beau.
17	»	0.78	»	0.12	Sud.	id
18	»	0.74	»	0.10	Nord-Est	Couvert.
19	»	0.70	»	0.05	id.	Beau.
20	»	0.67	»	0.00	Nord.	id.
21	»	0.65	»	0.00	id.	id.
22	»	0.85	»	0.00	id.	id.
23	»	1.12	»	0.00	Sud.	id.
24	»	1.05	»	0.45	id.	Couvert.
25	»	1.25	»	0.60	Nord.	Beau.
26	»	1.65	»	0.90	id.	id.
27	»	1.80	»	1.10	Sud.	Couvert.
28	»	2.00	»	1.30	Nord.	Beau.
29	»	3.40	»	2.70	id.	id.
30	»	3.82	»	3.10	id.	id.
31	»	»	»	»	»	»

ANNÉE 1859.

JANVIER

DATES.	Echelle de Beaucaire. Hauteurs observées (matin) Heure	Cote	Echelle de Fourques. Hauteurs observées (matin) Heure	Cote	VENTS.	ÉTAT DU CIEL.
1	7 h.	3.00	7 h.	2.40	Nord.	Beau.
2	»	2.50	»	1.95	id.	id.
3	»	2.40	»	1.85	Id.	id.
4	»	2.38	»	1.80	Nord-Est.	id.
5	»	2.22	»	1.78	Nord.	id.
6	»	1.90	»	1.70	id.	id.
7	»	1.83	»	1.55	id.	id.
8	»	1.60	»	1.30	id.	id.
9	»	1.30	»	1.00	id.	id.
10	»	1.10	»	0.70	id.	id.
11	»	0.98	»	0.50	id.	id.
12	»	0.80	»	0.35	id.	id.
13	»	0.75	»	0.25	id.	Nuageux.
14	»	0.75	»	0.15	Sud.	Pluie.
15	»	0.75	»	0.10	id.	id.
16	»	0.70	»	C B	id.	id.
17	»	0.70	»	C B	id.	id.
18	»	0.66	»	C B	Nord.	Beau.
19	»	0.66	»	C B	Sud.	id.
20	»	0.60	»	C B	id.	Nuageux.
21	»	0.60	»	C B	Nord.	Beau.
22	»	0.55	»	C B	id.	id.
23	»	0.50	»	C B	id.	id.
24	»	0.50	»	C B	id.	id.
25	»	0.60	»	C B	id.	id.
26	»	0.60	»	C B	id.	id.
27	»	0.65	»	C B	id.	id.
28	»	0.60	»	C B	id.	id.
29	»	0.55	»	C B	id.	id.
30	»	0.55	»	C B	Nord-Est.	Nuageux.
31	»	0.50	»	C B	Est.	id.

FÉVRIER

DATES.	Echelle de Beaucaire. Hauteurs observées (matin) Heure	Cote	Echelle de Fourques. Hauteurs observées (matin) Heure	Cote	VENTS.	ÉTAT DU CIEL.
1	7 h.	1.00	7 h.	0.50	Sud.	Couvert.
2	»	1.68	»	0.95	id.	Pluie.
3	»	1.90	»	1.20	Nord.	Beau.
4	»	1.80	»	1.15	id.	id.
5	»	1.83	»	1.20	Est.	Pluie.
6	»	1.80	»	1.20	id.	id.
7	»	1.70	»	1.15	id.	id.
8	»	1.95	»	1.33	Sud.	Beau.
9	»	1.75	»	1.18	Nord.	id.
10	»	1.50	»	0.98	Est.	Couvert.
11	»	1.40	»	0.80	id.	id.
12	»	2.20	»	1.20	id.	Pluie.
13	»	2.50	»	1.90	id.	Couvert.
14	»	2.20	»	1.65	Nord.	Beau.
15	»	2.00	»	1.40	id.	id.
16	»	2.00	»	1.50	id.	id.
17	»	1.95	»	1.32	id.	id.
18	»	1.90	»	1.25	id.	id.
19	»	1.65	»	1.18	id.	id.
20	»	1.80	»	1.10	id.	id.
21	»	1.70	»	1.05	id.	id.
22	»	1.55	»	0.90	id.	id.
23	»	1.45	»	0.70	id.	id.
24	»	1.30	»	0.50	id.	id.
25	»	1.10	»	0.40	id.	id.
26	»	1.05	»	0.32	id.	id.
27	»	1.00	»	0.22	id.	id.
28	»	0.90	»	0.15	id.	id.

MARS

DATES.	Heure	Cote	Heure	Cote	VENTS.	ÉTAT DU CIEL.
1	7 h.	0.90	7 h.	0.15	Nord.	Beau.
2	»	0.85	»	0.12	id.	id.
3	»	0.80	»	0.10	id.	id.
4	»	0.80	»	0.10	id.	id.
5	»	0.75	»	0.07	id.	id.
6	»	0.75	»	0.05	id.	id.
7	»	1.00	»	0.18	id.	id.
8	»	1.20	»	0.30	Sud.	Couvert.
9	»	1.25	»	0.40	Nord.	Beau.
10	»	1.17	»	0.50	id.	id.
11	»	1.20	»	0.45	id.	id.
12	»	1.10	»	0.58	id.	id.
13	»	1.00	»	0.50	id.	id.
14	»	0.95	»	0.12	Est.	Couvert.
15	»	0.90	»	0.10	id.	Pluie.
16	»	1.05	»	0.30	Nord.	Beau.
17	»	1.10	»	0.35	id.	id.
18	»	1.08	»	0.35	Sud.	Couvert.
19	»	0.90	»	0.10	Nord.	Pluie.
20	»	0.90	»	0.12	id.	Beau.
21	»	0.85	»	0.14	id.	id.
22	»	0.80	»	0.10	id.	id.
23	»	0.80	»	0.10	id.	id.
24	»	0.75	»	»	id.	id.
25	»	0.70	»	»	id.	id.
26	»	0.60	»	»	id.	id.
27	»	0.60	»	»	Est.	Couvert.
28	»	0.57	»	»	id.	id.
29	»	0.57	»	»	id.	id.
30	»	0.70	»	»	Sud.	Pluie.
31	»	1.40	»	0.80	id.	Beau.

AVRIL

DATES.	Heure	Cote	Heure	Cote	VENTS.	ÉTAT DU CIEL.
1	7 h.	1.60	7 h.	0.75	Nord.	Beau.
2	»	1.70	»	0.90	id.	id.
3	»	1.35	»	0.50	id.	id.
4	»	1.20	»	0.35	Sud.	Pluie.
5	»	1.15	»	0.35	id.	Beau.
6	»	1.15	»	0.32	id.	id.
7	»	1.15	»	0.30	id.	Couvert.
8	»	1.15	»	0.30	Sud-Est.	Beau.
9	»	1.13	»	0.32	id.	Pluie.
10	»	1.18	»	0.35	Nord-Est.	Beau.
11	»	1.28	»	0.43	Nord.	id.
12	»	1.58	»	0.75	Sud.	id.
13	»	1.44	»	0.67	id.	id.
14	»	1.40	»	0.60	Ouest.	id.
15	»	1.54	»	0.70	id.	id.
16	»	2.11	»	1.20	Nord.	id.
17	»	2.17	»	1.40	Sud.	id.
18	»	2.00	»	1.35	id.	Pluie.
19	»	2.00	»	1.35	id.	Couvert.
20	»	1.90	»	1.20	id.	Pluie.
21	»	1.81	»	1.15	id.	id.
22	»	2.07	»	1.30	Nord.	Beau.
23	»	2.30	»	1.50	id.	id.
24	»	2.40	»	1.70	id.	id.
25	»	2.70	»	2.00	id.	Couvert.
26	»	2.48	»	1.70	id.	Beau.
27	»	2.40	»	1.70	id.	id.
28	»	2.61	»	1.90	Sud.	id.
29	»	2.40	»	1.70	Nord.	id.
30	»	2.30	»	1.64	Est.	Couvert.

MAI

DATES.	Echelle de Beaucaire. Hauteurs observées (matin)		Echelle de Fourques. Hauteurs observées (matin)		VENTS.	ÉTAT DU CIEL.
	Heure	Cote	Heure	Cote		
1	7 h.	2.34	7 h.	1.60	Sud.	Pluie.
2	»	2.50	»	1.90	id.	Beau.
3	»	2.45	»	1.78	id.	Pluie.
4	»	2.55	»	1.95	id.	id.
5	»	2.73	»	1.98	id.	Beau.
6	»	2.95	»	2.40	Nord.	id.
7	»	3.35	»	2.70	id.	id.
8	»	3.10	»	2.60	id.	id.
9	»	2.85	»	2.52	id.	id.
10	»	2.90	»	2.55	id.	id.
11	»	2.82	»	2.25	id.	id.
12	»	2.80	»	2.20	Sud.	Pluie.
13	»	2.85	»	2.14	id.	id.
14	»	2.60	»	1.92	Nord.	Beau.
15	»	2.45	»	1.70	id.	id.
16	»	2.37	»	1.62	id.	id.
17	»	2.12	»	1.45	id.	id.
18	»	1.80	»	1.15	id.	id.
19	»	1.66	»	0.90	id.	id.
20	»	1.55	»	0.80	id.	id.
21	»	1.75	»	1.00	Sud.	id.
22	»	1.78	»	1.05	id.	id.
23	»	2.10	»	1.55	id.	id.
24	»	2.28	»	1.60	id.	id.
25	»	2.28	»	1.62	id.	id.
26	»	2.37	»	1.60	id.	id.
27	»	2.52	»	1.85	id.	id.
28	»	2.65	»	1.90	id.	Pluie.
29	»	2.80	»	2.05	Nord.	Beau.
30	»	2.60	»	1.90	Sud.	Pluie.
31	»	2.40	»	1.62	id.	Beau.

JUIN

DATES.	Echelle de Beaucaire. Hauteurs observées (matin)		Echelle de Fourques. Hauteurs observées (matin)		VENTS.	ÉTAT DU CIEL.
	Heure	Cote	Heure	Cote		
1	7 h.	2.19	7 h.	1.65	Nord.	Beau.
2	»	2.05	»	1.52	Sud.	Pluie.
3	»	2.25	»	1.70	id.	id.
4	»	3.22	»	2.70	id.	Beau.
5	»	2.65	»	2.05	Nord.	id.
6	»	2.40	»	1.85	id.	id.
7	»	2.18	»	1.60	id.	id.
8	»	2.00	»	1.35	Sud.	id.
9	»	2.00	»	1.52	id.	id.
10	»	2.03	»	1.50	id.	id.
11	»	2.55	»	1.80	id.	id.
12	»	2.28	»	1.70	id.	Pluie
13	»	2.20	»	1.62	id.	Beau.
14	»	2.20	»	1.65	id.	id.
15	»	2.10	»	1.55	id.	id.
16	»	1.98	»	1.40	Nord.	id.
17	»	1.90	»	1.20	id.	id.
18	»	1.90	»	1.20	id.	id.
19	»	1.80	»	1.20	id.	id.
20	»	1.70	»	1.12	Sud-Est.	Nuageux.
21	»	1.55	»	1.00	id.	id.
22	»	1.55	»	0.80	Nord.	Beau.
23	»	1.45	»	0.75	id.	id.
24	»	1.45	»	0.68	id.	id.
25	»	1.40	»	0.65	Sud.	id.
26	»	1.45	»	0.64	id.	id.
27	»	1.40	»	0.60	id.	id.
28	»	1.45	»	0.70	Nord-Est.	id.
29	»	1.40	»	0.70	Nord.	Nuageux.
30	»	1.55	»	0.65	id.	Beau.

JUILLET

DATES.	Echelle de Beaucaire. Hauteurs observées (matin)		Echelle de Fourques. Hauteurs observées (matin)		VENTS.	ÉTAT DU CIEL.
	Heure	Cote	Heure	Cote		
1	7 h.	2.30	7 h.		Nord.	Beau.
2	»	2.00	»		id.	id.
3	»	1.80	»	1.15	id.	id.
4	»	1.65	»		id.	id.
5	»	1.65	»	1.00	id.	id.
6	»	1.65	»		id.	id.
7	»	1.65	»		id.	id.
8	»	1.60	»		id.	id.
9	»	1.60	»		id.	id.
10	»	1.45	»	0.65	Sud.	id.
11	»	1.40	»		id.	id.
12	»	1.37	»		id.	id.
13	»	1.50	»		id.	id.
14	»	1.26	»		Sud.	id.
15	»	1.20	»		id.	id.
16	»	1.26	»		id.	id.
17	»	1.20	»	0.40	id.	id.
18	»	1.20	»		id.	Nuageux.
19	»	1.20	»		id.	Beau.
20	»	1.18	»		id.	id.
21	»	1.15	»		Nord.	Nuageux.
22	»	1.15	»		id.	Beau.
23	»	1.18	»		id.	id.
24	»	1.20	»		id.	id.
25	»	1.55	»		Nord.	id.
26	»	1.55	»		id.	id.
27	»	1.20	»		id.	id.
28	»	1.10	»		id.	id.
29	»	1.05	»		id.	id.
30	»	1.00	»		Sud.	id.
31	»	0.95	»		Nord.	id.

AOUT

DATES.	Echelle de Beaucaire. Hauteurs observées (matin)		Echelle de Fourques. Hauteurs observées (matin)		VENTS.	ÉTAT DU CIEL.
	Heure	Cote	Heure	Cote		
1	7 h.	1.05	»	»	Nord.	Beau.
2	»	1.05	»	»	Sud.	id.
3	»	1.05	»	»	id.	id.
4	»	1.00	»	»	id.	id
5	»	1.00	»	»	id.	id.
6	»	1.00	»	»	id.	id.
7	»	1.00	»	»	id.	id.
8	»	1.00	»	»	id.	id.
9	»	1.00	»	»	id.	id.
10	»	0.97	»	»	id.	id.
11	»	1.00	»	»	id.	Pluie.
12	»	1.00	»	»	id.	Beau.
13	»	1.00	»	»	id.	id.
14	»	1.00	»	»	id.	id.
15	»	0.95	»	»	Nord.	id.
16	»	0.90	»	»	id.	id.
17	»	0.90	»	»	id.	id.
18	»	0.85	»	»	id.	id.
19	»	0.85	»	»	id.	id.
20	»	0.80	»	»	id.	id.
21	»	0.80	»	»	id.	id.
22	»	0.80	»	»	Sud.	id.
23	»	0.75	»	»	Nord.	id.
24	»	0.75	»	»	Sud.	id.
25	»	0.75	»	»	id.	id.
26	»	0.75	»	»	id.	id.
27	»	0.80	»	»	id.	id.
28	»	1.18	»	»	id.	Couvert.
29	»	0.90	»	»	id.	Beau.
30	»	0.85	»	»	id.	id.
31	»	0.80	»	»	Nord.	id.

14

SEPTEMBRE

DATES.	Echelle de Beaucaire. Hauteurs observées (matin)		Echelle de Fourques. Hauteurs observées (matin)		VENTS.	ÉTAT DU CIEL.
	Heure	Cote	Heure	Cote		
1	7 h.	0.80	7 h.	C B	Sud.	Beau.
2	»	0.75	»	C B	Nord.	id.
3	»	0.75	»	C B	Sud.	id.
4	»	0.70	»	C B	id.	id.
5	»	0.60	»	C B	Nord.	id.
6	»	0.60	»	C B	id.	id.
7	»	0.60	»	C B	id.	id.
8	»	0.60	»	C B	id.	id.
9	»	0.60	»	C B	id.	id
10	»	0.58	»	C B	id.	id.
11	»	0.50	»	C B	id.	id.
12	»	0 45	»	C B	id.	id.
13	»	0.40	»	C B	id.	id.
14	»	0.50	»	C B	id.	Couvert.
15	»	0.50	»	C B	Sud.	Pluie.
16	»	0.47	»	C B	id.	id.
17	»	0.45	»	C B	Nord.	Nuageux.
18	»	0.75	»	C B	id.	id.
19	»	0.75	»	C B	id.	Beau.
20	»	0 65	»	C B	id.	id.
21	»	0.60	»	C B	id.	id.
22	»	0.60	»	C B	Sud.	Nuageux.
23	»	0.57	»	C B	id.	Beau.
24	»	0.73	»	C B	id.	id.
25	»	0.78	»	C B	id.	id.
26	»	0.78	»	C B	id.	id.
27	»	0.60	»	C B	id.	id.
28	»	0.42	»	C B	id.	id.
29	»	0.40	»	C B	Est.	Pluie.
30	»	0.45	»	C B	id.	Nuageux.

OCTOBRE

DATES.	Echelle de Beaucaire. Hauteurs observées (matin)		Echelle de Fourques. Hauteurs observées (matin)		VENTS.	ÉTAT DU CIEL.
	Heure	Cote	Heure	Cote		
1	7 h.	0.55	7 h.	C B	Nord.	Beau.
2	»	0.50	»	C B	id.	id.
3	»	0.50	»	C B	id.	id
4	»	0.45	»	C B	id.	id.
5	»	0.42	»	C B	Sud.	id.
6	»	0.40	»	C B	id.	id.
7	»	0.42	»	C B	id.	Pluie.
8	»	0.60	»	C B	id.	Nuageux.
9	»	0.60	»	C B	id.	Beau.
10	»	0.60	»	C B	id.	Couvert.
11	»	0.60	»	C B	id.	id.
12	»	0.75	»	C B	id.	id.
13	»	0.59	»	C B	id.	id.
14	»	0.55	»	C B	id.	Pluie.
15	»	3.67	»	2.40	id.	Beau.
16	»	4.63	»	4.00	id.	id.
17	»	2.00	»	1.75	id.	id.
18	»	1.30	»	0.70	id.	id.
19	»	0.97	»	0.30	id.	id.
20	»	0.78	»	0.00	Nord.	Pluie.
21	»	0.90	»	0.12	Sud.	id.
22	»	0.95	»	0.20	id.	id.
23	»	1.35	»	0.65	id.	Beau.
24	»	1.65	»	1.00	Nord.	id.
25	»	1.72	»	1.10	id.	id.
26	»	1.35	»	0.70	Sud.	Pluie.
27	»	2.98	»	2.12	Nord.	Beau.
28	»	2.60	»	2.00	id.	id.
29	»	2.30	»	1.55	Sud.	Pluie.
30	»	2.45	»	1.90	Nord.	Beau.
31	»	2.20	»	1.60	Sud.	Couvert.

NOVEMBRE

DATES.	Echelle de Beaucaire. Hauteurs observées (matin)		Echelle de Fourques. Hauteurs observées (matin)		VENTS.	ÉTAT DU CIEL.
	Heure	Cote	Heure	Cote		
1	7 h.	2.30	7 h.	1.55	Su l.	Beau.
2	»	3.96	»	3.25	Nord.	id.
3	»	4.63	»	3.95	Sud.	id.
4	»	4.80	»	4.22	id.	Pluie.
5	»	5.02	»	4.35	id.	Beau.
6	»	4.15	»	4.10	id.	id.
7	»	3.15	»	3.25	id.	id.
8	»	3.25	»	2.90	id.	id.
9	»	2.99	»	2.50	Nord.	id.
10	»	2.60	»	2.00	Nord fort.	id.
11	»	2.85	»	2.10	Nord.	id.
12	»	2.55	»	2.05	id.	id.
13	»	2.30	»	1.55	id.	id.
14	»	2.08	»	1.55	id.	id.
15	»	1.85	»	1.20	id.	id.
16	»	1.65	»	1.00	id.	id.
17	»	1.50	»	0.90	id.	id.
18	»	1.40	»	0.65	Nord fort.	id.
19	»	1.25	»	0.40	Nord.	id.
20	»	1.18	»	0.35	id.	id.
21	»	1.10	»	0.32	Sud.	id.
22	»	1.05	»	0.30	id.	id.
23	»	1.00	»	0.30	id.	id.
24	»	0.98	»	0.30	id.	Pluie.
25	»	1.00	»	0.30	id.	Beau.
26	»	0.92	»	0.30	Nord.	id.
27	»	0.85	»	0.20	Sud.	Pluie.
28	»	0.80	»	0.15	id.	id.
29	»	0.80		0.17	id.	Couvert.
30	»	0.78		0.43	id.	id.

DÉCEMBRE

DATES.	Echelle de Beaucaire. Hauteurs observées (matin)		Echelle de Fourques. Hauteurs observées (matin)		VENTS.	ÉTAT DU CIEL.
	Heure	Cote	Heure	Cote		
1	7 h.	1.70	7 h.	1.12	Sud.	Pluie.
2	»	2.55	»	2.00	Nord.	Beau.
3	»	2.88	»	2.20	id.	id.
4	»	2.60	»	2.05	id.	id.
5	»	2.28	»	1.75	id.	id.
6	»	2.10	»	1.60	Sud.	Pluie.
7	»	2.05	»	1.50	id.	Couvert.
8	»	2.05	»	1.43	id.	Beau.
9	»	1.87	»	1.32	id.	id.
10	»	1.60	»	1.05	Nord.	id.
11	»	1.40	»	0.82	id.	id.
12	»	1.25	»	0.70	id.	id.
13	»	1.10	»	0.58	id.	id.
14	»	1.00	»	0.50	id.	id.
15	»	0.95	»	0.42	id.	id.
16	»	0.85	»	0.35	id.	id.
17	»	0.80	»	0.30	id.	id.
18	»	0.80	»	0.28	Sud.	id.
19	»	0 75	»	0.28	Nord.	Neige.
20	»	0.70	»	0.28	id.	Beau.
21	»	0.75	»	0.32	id.	id.
22	»	2.25	»	0 50	Nord-Est	Couvert.
23	»	2.40	»	0.75	id.	Pluie.
24	»	2.10	»	0.80	Est.	id.
25	»	0.95	»	0.35	id.	id.
26	»	2.0)	»	1.50	Sud.	Beau.
27	»	3.10	»	2.20	id.	id.
28	»	2.60	»	1.90	Nord.	id.
29	»	2.30	»	1.85	id.	id.
30	»	2.30	»	1.70	id.	id.
31	»	2.20	»	1.65	id.	id.

ANNÉE 1860.

JANVIER

DATES.	Echelle de Beaucaire. Hauteurs observées (matin)		Echelle de Fourques. Hauteurs observées (matin)		VENTS.	ETAT DU CIEL.
	Heure	Cote	Heure	Cote		
1	midi.	2.55	»	»	N. faible.	
2	»	2.60	»	»	»	
3	»	2.48	»	»	Sud faible	
4	»	2.38	»	»	»	
5	»	2.85	»	»	»	
6	»	3.10	»	»	O. faible.	
7	»	3.45	»	»	N. faible.	
8	»	3.20	»	»	id.	
9	»	2.85	»	»	id.	
10	»	2.60	»	»	Sud faible	Pluie.
11	»	2.50	»	»	id.	id.
12	»	2.55	»	»	id.	
13	»	2.42	»	»	N. faible.	
14	»	2.28	»	»	id.	id.
15	»	2.16	»	»	Sud faible	id.
16	»	1.98	»	»	Nord id.	id.
17	»	1.75	»	»	Sud faible	id.
18	»	1.75	»	»	id.	id.
19	»	2.50	»	»	id.	id.
20	»	2.50	»	»	id.	id.
21	»	2.60	»	»	id.	id.
22	»	2.85	»	»	id.	id.
23	»	2.80	»	»	N. mod.	id.
24	»	3.00	»	»	Sud id.	
25	»	2.77	»	»	Sud faible	
26	»	2.56	»	»	Nord id.	
27	»	2.48	»	»	id.	
28	»	2.40	»	»	O. calme.	
29	»	2.40	»	»	O. faible.	
30	»	2.76	»	»	Nord id.	
31	»	2.65	»	»	id.	

FÉVRIER

DATES.	Echelle de Beaucaire. Hauteurs observées (matin)		Echelle de Fourques. Hauteurs observées (matin)		VENTS.	ÉTAT DU CIEL
	Heure	Cote	Heure	Cote		
1	7 h.	2.70	7 h.	2.50	Nord.	Beau.
2	»	3.27	»	2.70	id.	id.
3	»	3.05	»	2.45	id.	id.
4	»	2.75	»	2.20	id.	id.
5	»	2.55	»	2.00	id.	id.
6	»	2.50	»	1.90	id.	id.
7	»	2.40	»	1.84	id.	id.
8	»	2.35	»	1.75	id.	id.
9	»	2.20	»	1.65	id.	id.
10	»	2.15	»	1.60	id.	id.
11	»	1.85	»	1.32	id	id.
12	»	1.70	»	1.20	id.	id.
13	»	1.55	»	0.95	id.	id.
14	»	1.45	»	0.90	id.	Neige.
15	»	1.30	»	0.75	id.	Beau.
16	»	1.08	»	0.55	id.	id.
17	»	1.00	»	0.30	id.	Neige.
18	»	1.05	»	0.32	id.	Beau.
19	»	0.95	»	0.25	id.	id.
20	»	0.85	»	0.15	id.	id.
21	»	0.85	»	0.10	id.	id.
22	»	0.80	»	0.10	id.	id.
23	»	0.75	»	0.00	id.	id.
24	»	0.70	»	0.00	id.	id.
25	»	0.70	»	0.00	Sud.	id.
26	»	0.65	»	0.00	id.	Couvert.
27	»	0.60	»	0.00	id.	id.
28	»	0.55	»	0.00	id.	Beau.
29	»	1.30	»	0.60	id.	id.

MARS

DATES	Echelle de Beaucaire.		Echelle de Fourques.		Nord.	Beau.
	7 h.	Cote	7 h.	Cote		
1	7 h.	2.38	7 h.	1.80	Nord.	Beau.
2	»	2.82	»	2.15	id.	id.
3	»	2.58	»	1.95	id.	id.
4	»	2.38	»	1.78	id.	id.
5	»	2.28	»	1.60	id.	id.
6	»	2.25	»	1.60	id.	id.
7	»	2.28	»	1.60	id.	id.
8	»	2.50	»	1.63	id.	id.
9	»	2.20	»	1.65	id.	id.
10	»	2.10	»	1.55	id.	id.
11	»	2.00	»	1.45	id.	id.
12	»	1.85	»	1.20	id.	Neige.
13	»	1.80	»	1.18	id.	Beau.
14	»	1.65	»	1.00	id.	id
15	»	1.38	»	0.70	id.	id.
16	»	1.35	»	0.70	id.	id.
17	»	1.45	»	0.80	id.	id.
18	»	1.40	»	0.82	id.	id.
19	»	1.40	»	0.80	id.	id.
20	»	1.34	»	0.70	Sud.	id.
21	»	1.35	»	0.70	id.	id.
22	»	1.48	»	0.80	id.	id.
23	»	1.48	»	0.80	Nord.	id.
24	»	1.68	»	1.05	id.	id.
25	»	1.70	»	1.10	Sud.	id.
26	»	1.67	»	1.00	id.	id.
27	»	2.15	»	1.50	id.	id.
28	»	2.07	»	1.47	Nord.	id.
29	»	2.10	»	1.50	id.	id.
30	»	2.15	»	1.50	id.	id.
31	»	2.10	»	1.40	id.	id.

AVRIL

DATES	Echelle de Beaucaire.		Echelle de Fourques.		VENTS	ÉTAT
	7 h.	Cote	7 h.	Cote		
1	7 h.	2.47	7 h.	1.80	Nord.	Beau.
2	»	2.56	»	1.90	id.	id.
3	»	2.55	»	1.92	id.	id.
4	»	2.53	»	1.85	Sud.	Pluie.
5	»	2.40	»	1.75	id.	id.
6	»	3.10	»	2.40	id.	id.
7	»	3.10	»	2.42	Nord.	id.
8	»	3.15	»	2.48	id.	id.
9	»	3.20	»	2.60	id.	Beau.
10	»	3.30	»	2.70	id.	id.
11	»	3.40	»	2.80	id.	id.
12	»	3.20	»	2.70	id.	id.
13	»	2.80	»	2.25	id.	Pluie.
14	»	2.51	»	1.80	id.	id.
15	»	2.40	»	1.72	id.	Beau.
16	»	2.27	»	1.65	id.	id.
17	»	2.15	»	1.60	id.	id.
18	»	1.98	»	1.40	Sud.	Pluie.
19	»	1.80	»	1.30	Nord.	Beau.
20	»	1.85	»	1.50	id.	id.
21	»	1.75	»	1.10	id.	id.
22	»	1.62	»	1.00	id.	id.
23	»	1.48	»	0.75	id.	id.
24	»	1.29	»	0.70	Sud.	Pluie.
25	»	1.40	»	0.75	Nord.	Beau.
26	»	1.67	»	0.90	id.	id.
27	»	1.65	»	0.90	id	id.
28	»	1.67	»	0.95	id.	id.
29	»	1.70	»	1.00	Sud.	Pluie.
30	»	1.80	»	1.20	id.	Couvert.

MAI

DATES.	Echelle de Beaucaire. Hauteurs observées (matin) Heure	Cote	Echelle de Fourques. Hauteurs observées (matin) Heure	Cote	VENTS.	ETAT DU CIEL.
1	7 h.	1.86	7.h.	1.30	Est.	Pluie.
2	»	2.10	»	1.50	id.	id.
3	»	2.60	»	2.00	Nord.	id.
4	»	2.83	»	1.95	id.	Beau.
5	»	2.55	»	1.90	id.	id.
6	»	2.57	»	1.95	id.	id.
7	»	2.55	»	1.95	Sud.	id.
8	»	2.60	»	2.00	Nord.	id.
9	»	2.70	»	2.10	id.	id.
10	»	2.70	»	2.13	id.	id.
11	»	2.66	»	2.09	id.	id.
12	»	2.66	»	2.10	id.	id.
13	»	2.80	»	2.18	id.	id.
14	»	2.97	»	2.23	id.	id.
15	»	3.02	»	2.30	id.	id.
16	»	2.63	»	1.95	id.	id.
17	»	2.55	»	1.90	id.	id.
18	»	2.55	»	1.92	id.	id.
19	»	2.55	»	1.90	Sud.	Pluie.
20	»	2.90	»	2.20	Nord	id.
21	»	3.10	»	2.40	id.	Beau.
22	»	2.75	»	2.17	id.	id.
23	»	2.58	»	2.00	id.	id.
24	»	2.68	»	2.10	id.	id.
25	»	2.67	»	2.07	id.	id.
26	»	2.60	»	2.05	Sud.	Pluie.
27	»	2.50	»	2.00	Nord.	Beau.
28	»	2.75	»	1.90	id.	id.
29	»	2.24	»	1.65	id.	id.
30	»	2.08	»	1.60	id.	id.
31	»	2.00	»	1.50	id.	id.

JUIN

DATES.	Echelle de Beaucaire. Hauteurs observées (matin) Heure	Cote	Echelle de Fourques. Hauteurs observées (matin) Heure	Cote	VENTS.	ETAT DU CIEL.
1	7 h.	1.80	7 h.	1.30	Sud.	Beau.
2	»	1.78	»	1.30	id.	id.
3	»	1.88	»	1.40	Nord.	id.
4	»	2.13	»	1.55	id.	id.
5	»	2.26	»	1.70	id.	id.
6	»	2.40	»	1.85	id.	id.
7	»	2.25	»	1.75	id.	id.
8	»	2.12	»	1.50	Sud.	Pluie
9	»	2.08	»	1.50	id.	id.
10	»	2.02	»	1.45	id.	Beau.
11	»	2.15	»	1.60	id.	Pluie.
12	»	2.28	»	1.75	id.	id.
13	»	2.28	»	1.77	Nord.	Beau.
14	»	2.60	»	1.80	id.	id.
15	»	2.60	»	2.03	id.	id.
16	»	2.55	»	2.00	id.	id.
17	»	2.34	»	1.75	Sud.	Pluie.
18	»	2.15	»	1.55	id.	Beau.
19	»	2.00	»	1.50	Nord.	id.
20	»	1.90	»	1.40	id.	Pluie.
21	»	2.10	»	1.35	id.	Beau.
22	»	2.20	»	1.50	id.	id.
23	»	2.22	»	1.65	id.	id.
24	»	2.25	»	1.67	id.	id.
25	»	2.10	»	1.50	id.	id.
26	»	2.08	»	1.50	id.	id.
27	»	2.10	»	1.50	id.	id.
28	»	2.35	»	1.75	id.	id.
29	»	2.30	»	1.72	id.	id.
30						

JUILLET

DATES.	Heure	Cote	Heure	Cote	VENTS.	ETAT DU CIEL.
1	7 h.	2.40	7 h.	1.84	Nord.	Beau.
2	»	2.08	»	1.50	id.	id.
3	»	1.80	»	1.30	id.	id.
4	»	1.70	»	1.15	id.	id.
5	»	1.65	»	1.10	id.	id.
6	»	1.58	»	1.00	id.	id.
7	»	1.60	»	1.00	id.	id.
8	»	1.60	»	0.98	id.	id.
9	»	1.55	»	0.95	id.	id.
10	»	1.55	»	0.94	id.	id.
11	»	1.55	»	0.92	id.	id.
12	»	1.62	»	1.05	id.	id.
13	»	1.60	»	1.04	id.	id.
14	»	1.58	»	1.00	id.	id.
15	»	1.40	»	0.80	id.	id.
16	»	1.35	»	0.77	id.	id.
17	»	1.30	»	0.70	id.	id.
18	»	1.34	»	0.72	id.	id.
19	»	1.39	»	0.80	id.	id.
20	»	1.42	»	0.82	id.	id.
21	»	1.44	»	0.85	id.	id.
22	»	1.34	»	0.75	id.	id.
23	»	1.26	»	0.60	id.	id.
24	»	1.22	»	0.55	id.	id.
25	»	1.20	»	0.52	id.	id.
26	»	1.15	»	0.43	id.	id.
27	»	1.15	»	0.44	id.	id.
28	»	1.10	»	0.37	Sud.	id.
29	»	1.05	»	0.30	id.	id.
30	»	1.00	»	0.25	id.	id.
31	»	0.95	»	0.18	N.-Ouest.	id.

AOUT

DATES.	Heure	Cote	Heure	Cote	VENTS.	ETAT DU CIEL.
1	7 h.	1.16	7 h.	0.46	Nord.	Beau.
2	»	1.16	»	0.45	id.	id.
3	»	1.03	»	0.35	id.	id.
4	»	0.97	»	0.32	id.	id.
5	»	0.97	»	0.30	id.	id.
6	»	1.40	»	0.78	Est.	Pluie.
7	»	1.60	»	0.99	Nord.	Nuageux.
8	»	1.50	»	0.92	id.	Beau
9	»	2.02	»	1.48	Nord-Est	id.
10	»	1.90	»	1.30	Est.	Pluie.
11	»	1.60	»	1.00	id.	Beau.
12	»	1.80	»	1.28	Sud.	Couvert.
13	»	1.90	»	1.35	Nord-Est.	Beau.
14	»	2.00	»	1.40	Est.	Pluie.
15	»	1.94	»	1.38	id.	Beau.
16	»	2.00	»	1.40	id.	Couvert.
17	»	1.87	»	1.35	id.	id.
18	»	2.15	»	1.53	Nord-Est.	Beau.
19	»	2.70	»	1.97	id.	id.
20	»	2.68	»	1.95	Nord.	id.
21	»	2.20	»	1.55	id.	id.
22	»	1.70	»	1.18	id.	id.
23	»	2.00	»	1.45	id.	id.
24	»	2.00	»	1.42	id.	id.
25	»	1.95	»	1.40	id.	id.
26	»	1.80	»	1.25	id.	id.
27	»	1.60	»	1.00	Sud.	Nuageux.
28	»	1.47	»	0.85	Est.	Pluie.
29	»	1.38	»	0.75	Sud.	Beau.
30	»	1.34	»	0.70	id.	id.
31	»	1.30	»	0.65	id.	id.

SEPTEMBRE

DATES.	Echelle de Beaucaire.		Echelle de Fourques.		VENTS.	ETAT DU CIEL.
	Hauteurs observées (matin)		Hauteurs observées (matin)			
	Heure	Cote	Heure	Cote		
1	7 h.	1.40	7 h.	0.80	Sud.	Couvert.
2	»	2.10	»	1.55	id.	Beau.
3	»	2.80	»	2.00	id.	Couvert.
4	»	3.40	»	2 80	Nord.	Beau.
5	»	3.34	»	2.90	id.	id.
6	»	2.90	»	2.25	id.	id.
7	»	2.70	»	2.05	id.	id.
8	»	2.55	»	1.98	id.	id.
9	»	2.45	»	1.85	id.	id.
10	»	2.35	»	2.05	Sud.	Couvert.
11	»	2.20	»	2.00	id.	Nuageux.
12	»	2.55	»	2.45	Nord.	Beau.
13	»	2.57	»	1.97	id.	id.
14	»	2.80	»	2.10	Est.	Pluie.
15	»	2.72	»	1.98	id.	id.
16	»	3.10	»	2.45	Nord.	Beau.
17	»	3.35	»	2.83	Sud.	Couvert.
18	»	3.45	»	3.00	id.	Nuageux.
19	»	3.23	»	2.67	Nord-Est.	id.
20	»	3.10	»	2.52	Nord.	Beau.
21	»	3.30	»	2.80	id.	id.
22	»	3.25	»	2.70	Sud.	id.
23	»	3.10	»	2.60	id.	Couvert.
24	»	2.68	»	2.25	id.	Nuageux.
25	»	2.40	»	1.90	id.	Pluie.
26	»	2.80	»	2.20	id.	Beau.
27	»	4.75	»	4.00	id.	Couvert.
28	»	4.42	»	3.98	id.	id.
29	»	4.65	»	4.20	id.	Beau.
30	»	4.25	»	3.75	id.	id.

OCTOBRE

DATES.	Echelle de Beaucaire.		Echelle de Fourques.		VENTS.	ETAT DU CIEL.
	Hauteurs observées (matin)		Hauteurs observées (matin)			
	Heure	Cote	Heure	Cote		
1	7 h.	4.10	7 h.	3.80	Nord.	Couvert.
2	»	4.20	»	3.90	id.	Beau.
3	»	4.26	»	3.88	id.	id.
4	»	4.18	»	3.78	Nord-Est.	id.
5	»	3.98	»	3.75	Nord.	id.
6	»	3.52	»	3.23	id.	id.
7	»	3.28	»	2.90	id.	id.
8	»	3.11	»	2.75	id.	id.
9	»	3.00	»	2.60	id.	id.
10	»	2.90	»	2.50	id.	id.
11	»	2.80	»	2.40	id.	id.
12	»	2.75	»	2.20	Sud.	Nuageux.
13	»	2.95	»	2.40	Nord.	Beau.
14	»	3.00	»	2.50	Sud.	Pluie.
15	»	2.95	»	2.50	Nord.	Beau.
16	»	2.92	»	2.48	id.	id.
17	»	3.10	»	2.68	Sud.	Couvert.
18	»	2.80	»	2.50	id.	Nébuleux
19	»	2.70	»	2.10	id.	id.
20	»	2.60	»	1.95	Nord.	Beau.
21	»	2.45	»	1.87	Sud.	Couvert.
22	»	2.38	»	1.70	Nord.	id.
23	»	2.40	»	1.65	Est.	id.
24	»	2.08	»	1.40	Nord.	Beau.
25	»	1.92	»	1.30	id.	id.
26	»	1.80	»	1.18	Est.	Couvert.
27	»	1.67	»	1.08	id.	id.
28	»	1.60	»	1.00	id.	Pluie.
29	»	1.50	»	0.92	Nord.	Beau.
30	»	1.50	»	0.90	id.	Nébuleux
31	»	1.45	»	0.80	Sud.	Couvert.

NOVEMBRE

DATES.	Echelle de Beaucaire.		Echelle de Fourques.		VENTS.	ETAT DU CIEL.
	Heure	Cote	Heure	Cote		
1	7 h.	1.35	7 h.	0.75	Sud.	Couvert.
2	»	1.25	»	0.67	id.	id.
3	»	1.32	»	0.75	Nord.	Beau.
4	»	1.78	»	1.25	Nord-Est.	id.
5	»	1.62	»	1.10	id.	Couvert.
6	»	1.46	»	0.93	id.	Pluie.
7	»	1.40	»	0.90	Nord.	Beau.
8	»	1.50	»	0.92	id.	id.
9	»	1.57	»	1.00	id.	id.
10	»	1.43	»	0.90	Nord-Est.	Pluie.
11	»	1.34	»	0.80	Est.	id.
12	»	1.36	»	0.80	id.	id.
13	»	1.80	»	1.50	id.	id.
14	»	2.55	»	2.00	id.	id.
15	»	3.25	»	2.85	Sud.	Nébuleux
16	»	2.37	»	1.98	id.	id.
17	»	2.15	»	1.67	Est.	Pluie.
18	»	2.75	»	1.70	Nord.	Beau.
19	»	2.73	»	2.20	id.	id.
20	»	3.30	»	2.80	Nord-Est	id.
21	»	2.90	»	2.75	id.	id.
22	»	2.67	»	2.20	Est.	Couvert.
23	»	2.37	»	1.95	id.	id.
24	»	2.35	»	1.90	Nord-Est.	Beau.
25	»	3.35	»	2.85	Est.	Pluie.
26	»	3.10	»	2.70	id.	Couvert.
27	»	3.00	»	2.55	Sud.	Pluie.
28	»	3.50	»	3.12	Est.	Couvert.
29	»	3.70	»	3.45	id.	Beau.
30	»	3.45	»	3.20	Sud.	id.

DÉCEMBRE

DATES.	Echelle de Beaucaire.		Echelle de Fourques.		VENTS.	ETAT DU CIEL.
	Heure	Cote	Heure	Cote		
1	7 h.	3.66	7 h.	3.28	Est.	Brouillard.
2	»	3.25	»	2.85	id.	Couvert.
3	»	3.25	»	2.80	id.	id.
4	»	3.15	»	2.70	id.	Beau.
5	»	4.40	»	4.00	Sud.	id.
6	»	5.70	»	3.47	Nord-Est.	id.
7	»	3.40	»	2.80	Est.	Pluie.
8	»	4.37	»	3.92	id.	id.
9	»	4.65	»	4.29	Sud.	Beau.
10	»	4.76	»	4.39	Nord.	id.
11	»	4.10	»	3.78	Est.	Pluie.
12	»	3.93	»	3.60	Nord.	Beau.
13	»	3.75	»	3.55	id.	id.
14	»	3.48	»	3.10	id.	id.
15	»	3.15	»	2.80	id.	id.
16	»	3.00	»	2.55	id.	id.
17	»	2.75	»	2.30	Sud.	Couvert.
18	»	2.55	»	2.10	Nord.	Beau.
19	»	2.48	»	1.97	Est.	Pluie.
20	»	2.30	»	1.80	Sud.	Beau.
21	»	2.10	»	1.60	id.	Neigeux.
22	»	1.90	»	1.40	Nord-Est	Beau.
23	»	1.70	»	1.25	Nord.	id.
24	»	1.63	»	1.10	Est.	Neige.
25	»	1.58	»	1.00	Sud.	Couvert.
26	»	1.90	»	1.40	Nord.	Beau.
27	»	2.60	»	2.00	Sud.	Couvert.
28	»	2.75	»	2.10	Est.	Pluie.
29	»	2.90	»	2.30	Nord.	Beau.
30	»	2.95	»	2.34	Est.	Pluie.
31	»	2.80	»	2.20	Nord-Est.	Couvert.

ANNÉE 1861.

JANVIER

DATES.	Echelle de Beaucaire. Hauteurs observées (matin)		Echelle de Fourques. Hauteurs observées (matin)		VENTS.	ÉTAT DU CIEL.
	Heure	Cote	Heure	Cote		
1	7 h.	3.00	7 h.	2.70	Sud.	Beau.
2	»	3.70	»	3.30	id.	Couvert.
3	»	4.20	»	3.82	Nord.	Beau.
4	»	4.18	»	3.84	Nord-Est.	Pluie.
5	»	3.63	»	3.35	Nord.	Beau.
6	»	3.45	»	3.10	id.	id.
7	»	3.30	»	2.90	id.	id.
8	»	3.20	»	2.80	id.	Verglas.
9	»	3.12	»	2.63	id.	id.
10	»	3.00	»	2.50	Nord-Est.	Pluie.
11	»	3.00	»	2.43	id.	Beau.
12	»	2.85	»	2.38	id.	id.
13	»	2.60	»	2.20	id.	Pluie.
14	»	2.40	»	2.00	id.	Beau.
15	»	2.15	»	1.63	id.	Pluie.
16	»	1.65	»	1.30	id.	id.
17	»	1.50	»	1.30	Nord.	Beau.
18	»	1.30	»	1.15	id.	id.
19	»	1.23	»	1.05	Nord-Est.	id.
20	»	1.10	»	0.90	Nord.	id.
21	»	1.02	»	0.70	id.	id.
22	»	0.98	»	0.65	id.	id.
23	»	0.98	»	0.63	id.	id.
24	»	0.97	»	0.55	Nord-Est.	Brumeux.
25	»	0.96	»	0.50	id.	Beau.
26	»	0.93	»	0.45	Nord.	id.
27	»	0.93	»	0.42	id.	id.
28	»	0.88	»	0.30	id.	id.
29	»	0.90	»	0.32	Nord-Est.	Brouillard.
30	»	0.92	»	0.33	id.	Beau.
31	»	0.90	»	0.30	id.	id.

FÉVRIER

DATES.	Echelle de Beaucaire. Hauteurs observées (matin)		Echelle de Fourques. Hauteurs observées (matin)		VENTS.	ÉTAT DU CIEL.
	Heure	Cote	Heure	Cote		
1	7 h.	0.87	7 h.	0.29	Nord-Est.	Couvert
2	»	0.84	»	0.25	id.	Beau.
3	»	0.82	»	0.24	id.	id.
4	»	0.80	»	0.23	id.	Couvert
5	»	0.76	»	0.22	id.	id.
6	»	0.72	»	0.19	Est.	id.
7	»	0.90	»	0.30	id.	id.
8	»	1.80	»	1.27	id.	Pluie.
9	»	2.92	»	1.80	id.	id.
10	»	3.38	»	2.93	Nord.	Beau.
11	»	2.25	»	1.70	id.	id.
12	»	1.75	»	1.28	id.	id.
13	»	1.50	»	1.00	Sud.	Pluie.
14	»	1.35	»	0.80	Nord-Est	Beau.
15	»	1.22	»	0.75	Est.	Couvert
16	»	1.18	»	0.70	id.	Pluie.
17	»	1.35	»	0.72	id.	Couvert
18	»	1.25	»	0.75	id.	Pluie.
19	»	1.61	»	1.07	id.	Beau.
20	»	1.40	»	0.90	id.	Pluie.
21	»	1.55	»	1.00	id.	Beau.
22	»	1.52	»	1.00	id.	Couvert
23	»	1.40	»	0.98	id.	3 Pluie.
24	»	2.80	»	2.40	Sud.	Beau.
25	»	2.60	»	2.25	id.	Pluie.
26	»	2.44	»	1.85	id.	id.
27	»	2.60	»	2.00	id.	Beau.
28	»	2.50	»	1.85	id.	id.

MARS

DATES.	Echelle de Beaucaire. Hauteurs observées (matin)		Echelle de Fourques. Hauteurs observées (matin)		VENTS.	ÉTAT DU CIEL.
	Heure	Cote	Heure	Cote		
1	7 h.	1.73	7 h.	1.05	Nord.	Beau.
2	»	1.50	»	0.98	id.	id.
3	»	1.35	»	0.80	id.	id.
4	»	1.25	»	0.72	Ouest.	id.
5	»	1.20	»	0.70	Nord.	id.
6	»	1.50	»	1.00	id.	id.
7	»	1.87	»	1.43	id.	id.
8	»	1.75	»	1.30	id.	id.
9	»	1.67	»	1.15	id.	id.
10	»	1.60	»	1.10	id.	id.
11	»	1.48	»	0.98	N.-Ouest.	id.
12	»	1.48	»	0.95	id.	id.
13	»	1.37	»	0.80	Sud.	Nuageux.
14	»	1.52	»	0.96	Nord.	Beau.
15	»	1.88	»	1.20	id.	id.
16	»	1.88	»	1.25	id.	id.
17	»	1.80	»	1.15	id.	id.
18	»	1.76	»	1.10	N.-Ouest.	id.
19	»	1.68	»	1.05	id.	id.
20	»	1.65	»	1.00	Nord-Est	id.
21	»	2.10	»	1.50	id.	id.
22	»	2.70	»	2.12	id.	id.
23	»	2.85	»	2.00	Sud.	id.
24	»	3.00	»	2.50	Nord-Est.	Couvert.
25	»	2.85	»	2.20	Sud.	Pluie.
26	»	2.65	»	2.10	Nord-Est.	id.
27	»	2.90	»	2.30	id.	Beau.
28	»	2.90	»	3.55	Sud-Est.	Pluie.
29	»	2.88	»	2.35	Est.	id.
30	»	3.02	»	2.50	Sud.	id.
31	»	3.00	»	2.48	id.	id.

AVRIL

DATES.	Echelle de Beaucaire. Hauteurs observées (matin)		Echelle de Fourques. Hauteurs observées (matin)		VENTS.	ÉTAT DU CIEL.
	Heure	Cote	Heure	Cote		
1	7 h.	3.10	7 h.	2.55	Sud.	Beau.
2	»	3.44	»	3.09	id.	Nuageux
3	»	3.18	»	2.72	id.	Beau.
4	»	2.90	»	2.40	id.	id.
5	»	2.00	»	2.10	id.	id.
6	»	2.56	»	2.03	Nord.	id.
7	»	2.56	»	2.00	id.	id.
8	»	2.67	»	2.08	id.	id.
9	»	2.64	»	2.03	id.	id.
10	»	2.80	»	2.00	Nord-Est.	Nuageux
11	»	2.40	»	1.82	Nord.	Beau.
12	»	2.22	»	1.65	N.-Ouest.	id.
13	»	2.00	»	1.40	Nord-Est	id.
14	»	1.80	»	1.20	Nord.	id.
15	»	1.70	»	1.13	Id	id.
16	»	1.62	»	1.10	Sud.	id.
17	»	1.60	»	1.08	Nord.	id.
18	»	1.57	»	1.05	Sud.	id.
19	»	1.53	»	1.03	Nord-Est.	Brumeux
20	»	1.51	»	1.00	Nord.	Beau.
21	»	1.51	»	1.00	id.	id.
22	»	1.50	»	0.98	id.	id.
23	»	1.45	»	0.93	id.	id.
24	»	1.37	»	0.85	Sud.	id.
25	»	1.29	»	0.75	Nord.	id.
26	»	1.15	»	0.60	Sud.	id.
27	»	1.08	»	0.50	Nord.	id.
28	»	1.01	»	0.40	id.	id.
29	»	1.10	»	0.50	id.	id.
30	»	1.17	»	0.55	id.	id.

MAI

DATES.	Echelle de Beaucaire. Heure	Cote	Echelle de Fourques. Heure	Cote	VENTS.	ÉTAT DU CIEL.
1	7 h.	1.07	7 h.	0.50	Nord.	Beau.
2	»	1.08	»	0.42	id.	id.
3	»	0.94	»	0.35	id.	id.
4	»	0.93	»	0.30	id.	id.
5	»	0.91	»	0.28	id.	id.
6	»	0.90	»	0 26	id.	id.
7	»	0.89	»	0.23	id.	id.
8	»	0.81	»	0.20	id.	id.
9	»	0.77	»	0.15	Nord-Est.	id.
10	»	0.75	»	0.12	Sud.	id.
11	»	0.75	»	0.10	id.	Pluie.
12	»	0.88	»	0.25	id.	id.
13	»	2.73	»	1.90	id.	id.
14	»	2.05	»	1.62	Nord.	Beau.
15	»	1.80	»	1.28	id.	id.
16	»	1.55	»	0.95	id.	id.
17	»	1.55	»	0.93	id.	id.
18	»	1.58	»	0.95	id.	id.
19	»	1.51	»	0.87	id.	id.
20	»	1.55	»	0.90	id.	id.
21	»	1.45	»	0.84	id.	id.
22	»	1.31	»	0.80	Nord-Est.	id.
23	»	1.27	»	0.77	Est.	id.
24	»	1.32	»	0.76	id.	id.
25	»	1.32	»	0.75	Nord.	id.
26	»	1.52	»	0.88	Sud.	id.
27	»	1.55	»	0.90	id.	id.
28	»	1.52	»	0.87	id.	id.
29	»	1.58	»	0.95	id.	id.
30	»	1.55	»	0.89	Est.	Nuageux.
31	»	1.50	»	0.85	id.	id.

JUIN

DATES.	Echelle de Beaucaire. Heure	Cote	Echelle de Fourques. Heure	Cote	VENTS.	ÉTAT DU CIEL.
1	7 h.	1.57	7 h.	1.00	Sud.	Pluie.
2	»	1.93	»	1.40	Nord.	Brumeux.
3	»	2.10	»	1.55	id.	Beau.
4	»	2.00	»	1.50	id.	Nuageux.
5	»	1.80	»	1.32	id.	½ Beau.
6	»	1.60	»	1.00	N.-Ouest.	id.
7	»	1.50	»	0.90	Sud.	id.
8	»	1.40	»	0.80	id.	Couvert.
9	»	1.33	»	0.73	id.	Beau.
10	»	1.42	»	0.80	id.	id.
11	»	1.46	»	0.85	id.	id.
12	»	1.40	»	0.82	id.	id.
13	»	1.30	»	0.78.	id.	id.
14	»	1.30	»	0.75	id.	id.
15	»	1.28	»	0.70	id.	id.
16	»	1.32	»	0.65	id.	id.
17	»	1.32	»	0.64	id.	id.
18	»	1.38	»	0.70	id.	id.
19	»	1.45	»	0.80	id.	id.
20	»	1.50	»	0.92	id.	id.
21	»	1.50	»	0.90	id.	id.
22	»	1.48	»	0.80	id.	id.
23	»	1.50	»	0.93	id.	Pluie.
24	»	1.61	»	1.00	id.	Beau.
25	»	1.60	»	1.00	id.	id.
26	»	1.57	»	0.98	id.	Pluie.
27	»	1.48	»	0.90	Nord.	Beau.
28	»	1.46	»	0.85	id.	Orageux.
29	»	1.55	»	0.90	id.	Beau.
30	»	1.60	»	1.00	id	id.

JUILLET

DATES.	Echelle de Beaucaire. Heure	Cote	Echelle de Fourques. Heure	Cote	VENTS.	ÉTAT DU CIEL.
1	7 h.	1.35	7 h.	0.75	Nord.	Beau.
2	»	1.80	»	1.20	id.	id.
3	»	1.80	»	1.18	Nord-Est.	id.
4	»	1.40	»	0.80	Sud.	id.
5	»	1.30	»	0.72	id.	id.
6	»	1.30	»	0.70	id.	id.
7	»	1.45	»	0.90	id.	id.
8	»	2.32	»	1.80	id.	id.
9	»	2.47	»	1.95	id.	id.
10	»	2.09	»	1.68	Nord.	id.
11	»	2.22	»	1.75	id.	id.
12	»	2.42	»	1.90	Sud.	id.
13	»	2.05	»	1.60	id.	Pluie.
14	»	1.87	»	1.25	id.	Beau.
15	»	2.01	»	1.50	Est.	Pluie
16	»	3.92	»	3.25	Sud.	Beau.
17	»	3.15	»	2.70	Nord.	id.
18	»	2.75	»	2.30	id.	id.
19	»	2.40	»	1.95	Sud.	id.
20	»	2.08	»	1.50	id.	id.
21	»	1.80	»	1.25	Nord.	id.
22	»	1.70	»	1.22	id.	id.
23	»	1.70	»	1.20	Sud.	id.
24	»	1.62	»	1.10	Nord.	id.
25	»	1.62	»	1.08	id.	id.
26	»	1.69	»	1.15	Sud.	Pluie.
27	»	1.52	»	1.02	Nord.	Beau.
28	»	1.50	»	0.95	id.	id.
29	»	1.44	»	0.90	id.	id.
30	»	1.50	»	0.95	id.	id.
31	»	1.45	»	0 92	Est.	id.

AOUT

DATES.	Echelle de Beaucaire. Heure	Cote	Echelle de Fourques. Heure	Cote	VENTS.	ÉTAT DU CIEL.
1	7 h.	1.30	7 h.	0.75	Nord.	Beau.
2	»	1.25	»	0.70	Sud.	id.
3	»	1.24	»	0.70	Nord.	id.
4	»	1.22	»	0.68	id.	id.
5	»	1.25	»	0.65	Sud.	id.
6	»	1.18	»	0.63	Nord.	id.
7	»	1.12	»	0.60	id.	id.
8	»	1.11	»	0.58	id.	id.
9	»	1.08	»	0.57	id.	id.
10	»	1.08	»	0.55	id.	id.
11	»	1.08	»	0.54	id.	id.
12	»	1 08	»	0.55	id.	id.
13	»	1.08	»	0.54	id.	id.
14	»	1.07	»	0 53	Sud.	id.
15	»	1.07	»	0.51	Nord.	id.
16	»	1.07	»	0.50	id.	id.
17	»	1.08	»	0.49	id.	id.
18	»	1.05	»	0.45	id.	id.
19	»	1.02	»	0.43	id.	id.
20	»	1.00	»	0.40	id.	id.
21	»	0.98	»	0.32	id.	id.
22	»	0.98	»	0.30	id.	id.
23	»	0.95	»	0.25	id.	id.
24	»	0.88	»	0.20	id.	id.
25	»	0.83	»	0.17	id.	id.
26	»	0.81	»	0 15	id.	id.
27	»	0.80	»	0.14	id.	id.
28	»	0.75	»	0.13	Sud.	id.
29	»	0.70	»	0.11	id.	id.
30	»	0.67	»	0.10	id.	id.
31	»	0.65	»	0.08	id.	id.

SEPTEMBRE

DATES.	Echelle de Beaucaire. Hauteurs observées (matin)		Echelle de Fourques. Hauteurs observées (matin)		VENTS.	ÉTAT DU CIEL.
	Heure	Cote	Heure	Cote		
1	7 h.	0.70	7 h.	0.10	Nord.	Beau.
2	»	0.70	»	0.09	Sud.	id.
3	»	0.70	»	0.07	id.	id.
4	»	0.70	»	0.06	Nord.	id.
5	»	0.68	»	0.04	id.	id.
6	»	0.65	»	0.00	id.	id.
7	»	0.62	»	0.00	id.	id.
8	»	0.60	»	0.00	id.	id.
9	»	0.60	»	0.00	id.	id.
10	»	0.83	»	0.20	Sud.	Pluie.
11	»	0.98	»	0.35	Nord.	Beau.
12	»	1.20	»	0.55	id.	id.
13	»	1.00	»	0.40	id	id.
14	»	0.88	»	0.30	id.	id.
15	»	0.80	»	0.20	id.	id.
16	»	0.67	»	0.10	id.	id.
17	»	0.65	»	0.05	id.	id.
18	»	0.62	»	0.00	id.	id.
19	»	0.58	»	0.00	id.	id.
20	»	0.55	»	0.00	id.	id.
21	»	0.51	»	0.00	id.	id.
22	»	0.50	»	0.00	id.	Brouillard
23	»	0.48	»	0.00	Sud.	Beau.
24	»	0.45	»	0.00	id.	id.
25	»	0.49	»	0.00	id.	Pluie.
26	»	0.51	»	0.00	Nord.	Beau.
27	»	0.90	»	0.20	id.	id.
28	»	1.55	»	0.98	id.	id.
29	»	1.20	»	0.68	id.	id.
30	»	1.00	»	0.50	id.	id.

OCTOBRE

DATES.	Echelle de Beaucaire. Hauteurs observées (matin)		Echelle de Fourques. Hauteurs observées (matin)		VENTS.	ÉTAT DU CIEL.
	Heure	Cote	Heure	Cote		
1	7 h.	1.00	7 h.	0.45	Nord.	Beau.
2	»	0.90	»	0.40	id.	id.
3	»	0.80	»	0.20	id.	id.
4	»	0.70	»	0.10	id.	id.
5	»	0.65	»	0.08	id.	id.
6	»	0.57	»	0.00	id.	id.
7	»	0.50	»	0.00	Sud.	id.
8	»	0.49	»	0.00	id.	id.
9	»	0.45	»	0.00	Est.	Couvert.
10	»	0.43	»	0.00	id.	Nuageux.
11	»	0.40	»	0.00	id.	Pluie.
12	»	3.00	»	1.60	Nord.	Beau.
13	»	0.90	»	0.45	id.	id.
14	»	0.64	»	0.16	id.	id.
15	»	0.55	»	0.00	id.	id.
16	»	0.45	»	0.00	id.	id.
17	»	0.41	»	0.00	Sud.	id.
18	»	0.37	»	0.00	Nord-Est.	id.
19	»	0.32	»	0.00	Sud.	id.
20	»	0.50	»	0.00	id.	id.
21	»	0.27	»	0.00	id.	Couvert.
22	»	0.27	»	0.00	Est.	Pluie.
23	»	0.27	»	0.00	Nord.	id.
24	»	0.27	»	0.00	Sud.	id.
25	»	0.38	»	0.00	Nord.	Beau.
26	»	0.37	»	0.00	id.	id.
27	»	0.31	»	0.00	id.	id.
28	»	0.25	»	0.00	Est.	Pluie.
29	»	0.20	»	0.00	id.	id.
30	»	0.30	»	0.09	Nord.	id.
31	»	0.60	»	0.05	Nord-Est.	id.

NOVEMBRE

DATES.	Echelle de Beaucaire. Hauteurs observées (matin)		Echelle de Fourques. Hauteurs observées (matin)		VENTS.	ÉTAT DU CIEL.
	Heure	Cote	Heure	Cote		
1	7 h.	0.97	7 h.	0.45	Nord.	Beau.
2	»	0.77	»	0.20	Nord-Est.	id.
3	»	0.67	»	0.12	Nord.	id.
4	»	0.52	»	0.00	id.	id.
5	»	0.45	»	0.00	id.	id.
6	»	0.40	»	0.00	Est.	Pluie.
7	»	0.30	»	0.00	Sud-Est.	Beau.
8	»	0.25	»	0.00	Est.	id.
9	»	0.22	»	0.00	Sud.	Pluie.
10	»	0.38	»	0.00	Sud-Est.	Beau.
11	»	0.90	»	0.30	Sud.	Pluie.
12	»	1.50	»	0.95	Est.	id.
13	»	1.40	»	0.88	Sud.	id.
14	»	1.50	»	0.92	Nord.	Beau.
15	»	1.60	»	0.98	id.	id.
16	»	1.78	»	1.20	id.	Pluie.
17	»	1.70	»	1.15	id.	Beau.
18	»	1.45	»	1.10	id.	id.
19	»	1.27	»	0.80	id.	id.
20	»	1.14	»	0.65	id.	id.
21	»	1.05	»	0.55	id.	Brumeux.
22	»	0.96	»	0.40	id.	id.
23	»	0.84	»	0.29	Sud.	id.
24	»	0.75	»	0.25	Nord.	Beau.
25	»	1.00	»	0.45	Id.¶	id.
26	»	1.80	»	1.25	id.	id.
27	»	1.65	»	1.10	id.	id.
28	»	1.45	»	0.92	id.	Brumeux.
29	»	1.40	»	0.90	id.	Beau.
30	»	1.28	»	0.80	id.	id.

DÉCEMBRE

DATES.	Echelle de Beaucaire. Hauteurs observées (matin)		Echelle de Fourques. Hauteurs observées (matin)		VENTS.	ÉTAT DU CIEL.
	Heure	Cote	Heure	Cote		
1	7 h.	1.50	7 h.	0.88	Nord.	Beau.
2	»	1.50	»	0.70	id.	id.
3	»	1.25	»	0.67	id.	id.
4	»	1.20	»	0.60	id.	id.
5	»	1.08	»	0.50	id.	Brumeux.
6	»	0.96	»	0.42	Est.	id.
7	»	0.86	»	0.36	id.	Pluie.
8	»	0.75	»	0.28	id.	Beau.
9	»	0.85	»	0.33	Nord.	id.
10	»	2.15	»	1.45	Sud.	id.
11	»	1.50	»	0.75	Nord.	id.
12	»	1.70	»	1.08	Sud.	Pluie.
13	»	1.62	»	1.00	id.	id.
14	»	1.50	»	0.80	id.	Beau.
15	»	1.38	»	0.70	Nord.	id.
16	»	1.21	»	0.60	id.	id.
17	»	0.98	»	0.41	id.	id.
18	»	0.88	»	0.33	id.	id.
19	»	0.74	»	0.10	id.	id.
20	»	0.68	»	0.00	id.	id.
21	»	0.60	»	0.00	Nord-Est	Pluie.
22	»	0.58	»	0.00	id.	Couvert.
23	»	0.51	»	0.00	id.	Brumeux.
24	»	0.45	»	0.00	Nord.	id.
25	»	0.45	»	0.00	id.	id.
26	»	0.40	»	0.00	id.	Beau.
27	»	0.38	»	0.00	id.	id.
28	»	0.30	»	0.00	id.	id.
29	»	0.24	»	0.00	id.	id.
30	»	0.21	»	0.00	Nord-Est.	id.
31	»	0.18	»	0.00	Nord	id.

ANNÉE 1862.

JANVIER — FÉVRIER

DATES.	Echelle de Beaucaire. Hauteurs observées (matin)		Echelle de Fourques. Hauteurs observées (matin)		VENTS.	ETAT DU CIEL.	DATES.	Echelle de Beaucaire. Hauteurs observées (matin)		Echelle de Fourques. Hauteurs observées (matin)		VENTS.	ETAT DU CIEL.
	Heure	Cote	Heure	Cote				Heure	Cote	Heure	Cote		
1	7 h.	0.10	7 h.	0.00	Nord.	Brumeux.	1	7 h.	1.27	7 h.	0.70	N.-Ouest.	Beau.
2	»	0.10	»	0.00	id.	Beau.	2	»	2.90	»	2.20	Nord.	id.
3	»	0.07	»	0.00	Nord Est.	Brumeux.	3	»	3.22	»	2.73	Nord-Est.	id.
4	»	0.06	»	0.00	Nord.	Beau.	4	»	2.95	»	1.95	Nord.	id.
5	»	0.05	»	0.00	id.	id.	5	»	2.10	»	1.67	id.	id.
6	»	0.04	»	0.00	id.	id.	6	»	2.00	»	1.55	id.	id.
7	»	0.00	»	0.00	id.	id.	7	»	1.98	»	1.50	id.	id.
8	»	0.00	»	0.00	id.	id.	8	»	1.98	»	1.48	id.	id.
9	»	0 00	»	0.09	id.	id.	9	»	1.90	»	1.40	id.	id.
10	»	0.00	»	0.00	id.	id.	10	»	1.90	»	1.35	id.	id.
11	»	0.00	»	0.00	id.	id.	11	»	1.62	»	1.10	id.	id.
12	»	0.12	»	0.00	id.	id.	12	»	1.45	»	0.90	id.	id.
13	»	1.35	»	0.70	id.	id.	13	»	1.20	»	0.62	id.	id.
14	»	1.51	»	0 90	id.	id.	14	»	1.00	»	0.45	id.	id.
15	»	1.48	»	0.85	id.	id.	15	»	0.82	»	0.33	Nord-Est.	Nuageux.
16	»	1.40	»	0.80	id.	id.	16	»	0.72	»	0.25	Est.	Couvert.
17	»	1.38	»	0 75	id.	id.	17	»	0.62	»	0.10	id.	id.
18	»	1.30	»	0.70	id.	id.	18	»	0.63	»	0.10	id.	Pluie.
19	»	1.10	»	0.50	id.	id.	19	»	1.55	»	1.00	id.	Beau.
20	»	0.94	»	0.35	Nord-Est.	Couvert.	20	»	1.40	»	0.85	id.	Pluie.
21	»	0.72	»	0.20	id.	Beau.	21	»	1.42	»	0.88	Nord-Est.	Beau.
22	»	0.56	»	0 00	Est.	Pluie.	22	»	1.20	»	0.62	Est.	Pluie.
23	»	0.72	»	0.15	id.	Couvert.	23	»	1.62	»	1.00	Nord.	Beau.
24	»	0.59	»	0 00	id.	id.	24	»	1.39	»	0.82	id.	id.
25	»	0.55	»	0.00	id.	Pluie.	25	»	1.17	»	0.65	Nord-Est.	Pluie.
26	»	0.80	»	0.20	Nord.	Beau.	26	»	1.08	»	0.60	id.	Beau.
27	»	1.35	»	0.75	id.	id.	27	»	1.00	»	0.48	id.	Couvert.
28	»	1.78	»	1.24	Nord-Est.	Couvert.	28	»	0.90	»	0.35	Est.	Pluie.
29	»	1.49	»	0.98	id.	Brumeux.							
30	»	1.35	»	0.84	Sud.	Couvert.							
31	»	1.30	»	0.78	id.	id.							

MARS — AVRIL

DATES.	Echelle de Beaucaire.		Echelle de Fourques.		VENTS.	ETAT DU CIEL.	DATES.	Echelle de Beaucaire.		Echelle de Fourques.		VENTS.	ETAT DU CIEL.
1	7 h.	0.94	7 h.	0.45	Nord-Est.	Couvert.	1	7 h.	3.35	7 h.	2.70	Nord.	Beau.
2	»	1.05	»	0.55	id.	id.	2	»	3.47	»	3.12	id.	id.
3	»	0.99	»	0.58	Est.	Pluie.	3	»	3.22	»	2.70	Nord-Est.	id.
4	»	1.36	»	0.80	Nord.	Beau.	4	»	2.75	»	2.30	id.	Pluie.
5	»	1.33	»	0.98	id.	Beau.	5	»	2.50	»	1.90	Nord.	Beau.
6	»	1.30	»	0.75	id.	id.	6	»	2.20	»	1.70	Sud.	id.
7	»	1.18	»	0.65	Nord-Est.	Couvert.	7	»	2.00	»	1.48	Nord.	id.
8	»	1.01	»	0.56	Sud.	Beau	8	»	1.80	»	1.22	id.	id.
9	»	1.00	»	0.57	id.	id.	9	»	1.75	»	1.10	id.	id.
10	»	1.03	»	0.57	Ouest.	id.	10	»	1.60	»	1.05	id.	id.
11	»	1.15	»	0.60	id.	id.	11	»	1.55	»	1.00	id.	Brumeux.
12	»	1.20	»	0.60	Est.	Pluie.	12	»	1.48	»	0.93	id.	id.
13	»	1.16	»	0.60	id.	id.	13	»	1.32	»	0.85	id.	Beau.
14	»	1.09	»	0.45	id.	id.	14	»	1.31	»	0.80	id.	id.
15	»	1.08	»	0.50	id.	id.	15	»	1.27	»	0.75	id.	id.
16	»	1.10	»	0.52	id.	id.	16	»	1.20	»	0.70	id.	id.
17	»	1.80	»	1.23	Sud.	id.	17	»	1.10	»	0.58	Sud.	id.
18	»	1.67	»	1.10	id.	Nuageux.	18	»	1.00	»	0.46	id.	Brumeux.
19	»	1.30	»	0.80	id.	Pluie.	19	»	0.90	»	0.34	id.	id.
20	»	2.05	»	1.45	Est.	id.	20	»	0.88	»	0.34	id.	id.
21	»	2.65	»	2.00	Sud.	Beau.	21	»	0.85	»	0.33	id.	id.
22	»	3.20	»	2.60	Nord.	id.	22	»	0.84	»	0.32	id.	id.
23	»	2.98	»	2.35	id.	id.	23	»	0.85	»	0.32	id.	id.
24	»	2.68	»	2.00	Sud-Est.	id	24	»	0.87	»	0.34	Nord.	Beau.
25	»	2.30	»	1.60	Sud.	id.	25	»	0.87	»	0.33	Sud.	id.
26	»	2.05	»	1.45	id.	id.	26	»	0.84	»	0.30	id.	id.
27.	»	1.84	»	1.35	Sud-Est.	Couvert.	27	»	0.88	»	0.28	id.	Brumeux.
28	»	1.70	»	1.18	Est.	Pluie.	28	»	0.83	»	0.25	id.	id.
29	»	1.95	»	1.40	id.	id.	29	»	0.78	»	0.25	Est.	id.
30	»	2.50	»	2.00	Nord-Est.	Beau.	30	»	0.77	»	0.26	id.	id.
31	»	2.80	»	2.25	Nord.	id							

MAI

DATES.	Echelle de Beaucaire. Hauteurs observées (matin)		Echelle de Fourques. Hauteurs observées (matin)		VENTS.	ÉTAT DU CIEL.
	Heure	Cote	Heure	Cote		
1	7 h.	0.80	7 h.	0.27	Sud.	Beau.
2	»	0.80	»	0.25	id.	id.
3	»	0.77	»	0.25	id.	id.
4	»	0.74	»	0.20	id.	id.
5	»	0.70	»	0.15	id.	id.
6	»	0.70	»	0.16	id.	id.
7	»	0.63	»	0.10	Nord.	id.
8	»	0.64	»	0.10	id.	id.
9	»	0.64	»	0.10	Nord-Est.	Pluie.
10	»	0.75	»	0.18	Sud.	Beau.
11	»	0.89	»	0.35	id.	Pluie.
12	»	0.85	»	0.35	id.	Beau.
13	»	0.85	»	0.34	id.	Pluie.
14	»	0.80	»	0.32	id.	Brumeux.
15	»	0.98	»	0.59	id.	Pluie.
16	»	1.08	»	0.59	id.	Beau.
17	»	0.85	»	0.40	Nord.	id.
18	»	0.80	»	0.30	id.	Brumeux.
19	»	0.78	»	0.25	id.	Beau.
20	»	0.80	»	0.26	id.	id.
21	»	0.76	»	0.24	id.	id.
22	»	0.80	»	0.25	id.	id.
23	»	0.92	»	0.35	Sud.	id.
24	»	0.90	»	0.33	id.	id.
25	»	0.96	»	0.37	id	id.
26	»	1.03	»	0.50	Nord.	id.
27	»	1.16	»	0.65	id.	id.
28	»	1.12	»	0.65	id.	id.
29	»	1.10	»	0.60	id.	id.
30	»	1.00	»	0.45	Est.	Pluie.
31	»	0.98	»	0.40	id.	Nuageux.

JUIN

DATES.	Echelle de Beaucaire. Hauteurs observées (matin)		Echelle de Fourques. Hauteurs observées (matin)		VENTS.	ÉTAT DU CIEL.
	Heure	Cote	Heure	Cote		
1	7 h.	1.03	7 h.	0.57	Est.	Pluie.
2	»	1.30	»	0.65	Nord-Est.	id.
3	»	1.36	»	0.80	id.	Beau.
4	»	1.40	»	0.85	Nord.	id.
5	»	1.38	»	0.82	id.	id.
6	»	1.30	»	0.72	id.	id.
7	»	1.80	»	1 25	Sud.	id.
8	»	1.20	»	0.62	id.	id.
9	»	1 20	»	0.60	id.	Couvert.
10	»	1.27	»	0.65	Nord.	Beau.
11	»	1.31	»	0.70	Sud.	Pluie.
12	»	1.20	»	0.60	Nord.	Beau.
13	»	1.12	»	0.55	id.	id.
14	»	1.04	»	0.50	id.	id.
15	»	1.00	»	0.45	id.	id.
16	»	0.94	»	0.40	Sud.	Pluie.
17	»	0.98	»	0.45	Nord.	Beau.
18	»	1.05	»	0.50	id.	Pluie.
19	»	1.08	»	0.50	id.	Beau.
20	»	1.14	»	0.55	id.	id.
21	»	1.05	»	0.48	id.	Nuageux.
22	»	0.92	»	0.40	id.	Beau.
23	»	0.82	»	0.28	id.	id.
24	»	0.78	»	0.20	id.	id.
25	»	0.77	»	0.18	id.	id.
26	»	0.77	»	0.20	id.	id.
27	»	0.78	»	0.18	Nord-Est.	Couvert.
28	»	0.75	»	0.15	Nord.	Beau.
29	»	0.70	»	0.12	id.	id.
30	»	0.65	»	0.10	id.	id.

JUILLET

DATES.	Beaucaire Heure	Cote	Fourques Heure	Cote	VENTS.	ÉTAT DU CIEL.
1	7 h.	0.68	7 h.	C B	Nord.	Beau.
2	»	0.60	»	0.00	id.	id.
3	»	0.58	»	0.00	id.	id.
4	»	0.52	»	0.00	Sud.	id.
5	»	0.52	»	0.00	id.	id.
6	»	0.48	»	0.00	id.	Couvert.
7	»	0.50	»	0.00	Nord.	Beau.
8	»	0.55	»	0.00	id.	id.
9	»	0 60	»	0.00	id.	id.
10	»	0.60	»	0.00	id.	id.
11	»	0.55	»	0.00	id.	id.
12	»	0.56	»	0.00	Sud.	id.
13	»	0.54	»	0.00	id.	id.
14	»	0 50	»	0.00	id.	id.
15	»	0.50	»	0.00	id.	id.
16	»	0.50	»	0.00	Nord.	id.
17	»	0.57	»	0.00	id.	id.
18	»	0.65	»	0.00	id.	id.
19	»	0.72	»	0.00	id.	id.
20	»	0.68	»	0.00	id.	id.
21	»	0.65	»	0.00	id.	id.
22	»	0.65	»	0 00	id.	id.
23	»	0.67	»	0.00	id.	id.
24	»	0.64	»	0.00	id.	id.
25	»	0.62	»	0.00	id.	id.
26	»	0.58	»	0.00	id.	id.
27	»	0.54	»	0.00	id.	id.
28	»	0.58	»	0.00	Sud.	id.
29	»	0.58	»	0.00	id.	id.
30	»	0.58	»	0.00	id.	id.
31	»	0.60	»	0.00	id.	id.

AOUT

DATES.	Beaucaire Heure	Cote	Fourques Heure	Cote	VENTS.	ÉTAT DU CIEL.
1	7 h.	0.65	7 h.	C B	Nord.	Beau.
2	»	0.61	»	0.00	id.	id.
3	»	0.64	»	0.00	id.	id.
4	»	0.60	»	0.00	id.	id.
5	»	0.60	»	0.00	id.	id.
6	»	0.60	»	0.00	id.	id.
7	»	0.64	»	0.00	id.	id.
8	»	0.63	»	0.00	Sud.	id.
9	»	0.66	»	0.00	id.	Nuageux.
10	»	0.64	»	0.00	Nord.	Beau.
11	»	0 61	»	0.00	id.	id.
12	»	0.54	»	0.00	id.	id.
13	»	0.51	»	0.00	id.	id.
14	»	0.42	»	0.00	id.	id.
15	»	0.42	»	0.00	id.	id.
16	»	0.42	»	0.00	id.	id.
17	»	0.45	»	0.00	id.	id.
18	»	0.49	»	0.00	Sud.	id.
19	»	0.45	»	0.00	Nord.	id.
20	»	0.42	»	0.00	id.	id.
21	»	0.44	»	0.00	id.	id.
22	»	0.41	»	0.00	id.	id.
23	»	0.40	»	0.00	id.	id.
24	»	0.38	»	0.00	Sud.	id.
25	»	0.37	»	0.00	Nord.	id.
26	»	0.37	»	0 00	id.	id.
27	»	0.39	»	0.00	id.	id.
28	»	0 44	»	0.00	Sud.	Pluie.
29	»	0.46	»	0.00	Nord	Beau.
30	»	0.43	»	0.00	id.	id.
31	»	0.42	»	0.00	id.	id.

SEPTEMBRE

DATES.	Echelle de Beaucaire. Heure	Cote	Echelle de Fourques. Heure	Cote	VENTS.	ÉTAT DU CIEL.
1	7 h.	0.53	7 h.	0.00	Sud.	Pluie.
2	»	0.61	»	0.00	id.	id.
3	»	1.70	»	1.15	Nord.	Beau.
4	»	1.70	»	1.17	Sud.	Pluie.
5	»	1.36	»	0.85	Nord.	Beau.
6	»	1.52	»	0.80	Est.	Pluie.
7	»	1.30	»	0.75	Nord.	Beau.
8	»	1.21	»	0.68	Sud.	id.
9	»	1.08	»	0.60	id.	Couvert.
10	»	1.07	»	0.60	id.	id.
11	»	1.03	»	0.60	id.	Pluie.
12	»	1.37	»	0.80	id.	id.
13	»	1.31	»	0.78	Nord.	Beau.
14	»	1.30	»	0.77	id.	Brumeux.
15	»	1.30	»	0.75	Sud.	Pluie.
16	»	1.24	»	0.65	id.	id.
17	»	1.80	»	1.25	id.	id.
18	»	1.70	»	1.20	id.	id.
19	»	1.50	»	0.95	Nord	id.
20	»	1.35	»	0.76	id.	Beau.
21	»	1.27	»	0.70	id.	id.
22	»	1.08	»	0.54	id.	id.
23	»	0.95	»	0.38	Sud.	Nuageux.
24	»	0.87	»	0.30	id.	Couvert.
25	»	0.79	»	0 20	Nord.	Beau.
26	»	0.74	»	0.18	id.	id.
27	»	0.72	»	0.13	Sud.	id.
28	»	0.70	»	0.08	id.	id.
29	»	0.65	»	0.05	id.	Pluie.
30	»	0.70	»	0.10	Est.	Beau.

OCTOBRE

DATES.	Echelle de Beaucaire. Heure	Cote	Echelle de Fourques. Heure	Cote	VENTS.	ÉTAT DU CIEL.
1	7 h.	1.60	7 h.	1.02	Nord.	Beau.
2	»	0.90	»	0.30	id.	id.
3	»	0.76	»	0.12	id.	id.
4	»	0.68	»	0.10	id.	id.
5	»	0.63	»	0.05	Sud.	Pluie.
6	»	0.57	»	0.00	id.	id.
7	»	0.78	»	0.15	id.	id.
8	»	0.80	»	0.20	Nord.	Beau.
9	»	0.69	»	0.10	Sud.	id.
10	»	0.59	»	0.00	Nord.	id.
11	»	0.57	»	0.00	Sud.	Pluie.
12	»	1.00	»	0.45	id.	Beau.
13	»	0.70	»	0.12	id.	id.
14	»	0.62	»	0.05	Nord.	id.
15	»	0.80	»	0.25	Sud.	id.
16	»	0.68	»	0.10	id.	Pluie.
17	»	0.62	»	0.04	Nord.	Beau.
18	»	0.54	»	0.00	Sud.	id.
19	»	0.50	»	0.00	Nord.	id.
20	»	0.50	»	0.00	id.	id.
21	»	0.68	»	0.10	id.	id.
22	»	0.90	»	0.35	id.	id.
23	»	0.80	»	0.27	id.	id.
24	»	1.02	»	0.45	Est.	id.
25	»	1.38	»	0.80	Nord.	id.
26	»	2.17	»	1.55	id.	id.
27	»	2.18	»	1.60	id.	id.
28	»	2.00	»	1.45	id.	Couvert.
29	»	2.20	»	1.68	Est.	Pluie.
30	»	2.23	»	1.76	Sud.	id.
31	»	2.32	»	1.80	Est.	Couvert.

NOVEMBRE

DATES.	Echelle de Beaucaire. Heure	Cote	Echelle de Fourques. Heure	Cote	VENTS.	ÉTAT DU CIEL.
1	7 h.	2.36	7 h.	2.00	Sud.	Pluie.
2	»	2.26	»	1.80	id.	id.
3	»	2.53	»	2.27	Nord.	Beau.
4	»	1.87	»	1.44	id.	id.
5	»	1.50	»	1.00	id.	id.
6	»	1.29	»	0.80	id.	id.
7	»	1.14	»	0.55	id.	id.
8	»	1.00	»	0.45	id.	id.
9	»	0.90	»	0.30	id.	id.
10	»	0.80	»	0.22	id.	id.
11	»	0.77	»	0.18	Sud.	id.
12	»	0.76	»	0.15	Nord-Est.	Couvert.
13	»	0.80	»	0.15	Nord.	Pluie.
14	»	0.85	»	0.23	id.	Beau.
15	»	0.94	»	0.35	id.	id.
16	»	1.03	»	0.50	id.	id.
17	»	1.15	»	0.60	id.	id.
18	»	1.18	»	0.65	id.	id.
19	»	1.15	»	0.60	id.	id.
20	»	1.18	»	0.55	id.	id.
21	»	1.08	»	0.50	id.	id.
22	»	1.00	»	0.45	id.	id.
23	»	0.81	»	0.25	Sud.	id.
24	»	0.78	»	0.20	id.	Pluie.
25	»	0.88	»	0.25	id.	id.
26	»	4.15	»	3.70	Nord.	Beau.
27	»	2.50	»	2.00	id.	id.
28	»	1.60	»	1.25	id.	id.
29	»	1.95	»	1.40	Sud.	Pluie.
30	»	4.10	»	3.70	id.	id.

DÉCEMBRE

DATES.	Echelle de Beaucaire. Heure	Cote	Echelle de Fourques. Heure	Cote	VENTS.	ÉTAT DU CIEL.
1	7 h.	3.07	7 h.	2.50	Sud.	Pluie.
2	»	3.45	»	2.70	id.	id.
3	»	4.78	»	3.00	id.	Couvert.
4	»	3.20	»	3.20	id.	Pluie.
5	»	2.90	»	2.40	Nord-Est.	Brumeux.
6	»	2.47	»	2.00	id.	Couvert.
7	»	2.00	»	1.55	Nord.	Beau.
8	»	1.70	»	1.20	Nord-Est.	Brumeux.
9	»	1.43	»	0.92	Nord.	Beau.
10	»	1.28	»	0.80	id.	id.
11	»	1.10	»	0.60	id.	id.
12	»	1.00	»	0.48	id.	id.
13	»	1.05	»	0.50	id.	id.
14	»	1.15	»	0.60	id.	id.
15	»	1.35	»	0.75	id.	id.
16	»	1.35	»	0.80	id.	id.
17	»	1.40	»	0.90	id.	Brumeux.
18	»	1.52	»	0.80	id.	Beau.
19	»	1.14	»	0.60	id.	id.
20	»	1.00	»	0.45	id.	id.
21	»	0.95	»	0.37	id.	id.
22	»	1.03	»	0.45	id.	id.
23	»	1.23	»	0.65	id.	id.
24	»	1.22	»	0.68	id.	id.
25	»	1.20	»	0.65	id.	id.
26	»	1.18	»	0.60	id.	id.
27	»	1.00	»	0.47	id.	id.
28	»	0.93	»	0.35	Sud.	id.
29	»	0.83	»	0.25	id.	Couvert.
30	»	0.80	»	0.20	id.	Pluie.
31	»	0.75	»	0.18	Nord.	Beau.

ANNÉE 1863.

JANVIER

DATES.	Echelle de Beaucaire. Hauteurs observées (matin)		Echelle de Fourques. Hauteurs observées (matin)		VENTS.	ÉTAT DU CIEL.
	Heure	Cote	Heure	Cote		
1	7 h.	1.00	7 h.	0.50	Nord.	Couvert.
2	»	1.28	»	0.80	id.	Beau.
3	»	1.25	»	0.75	Sud.	Pluie.
4	»	1.20	»	0.75	id.	id.
5	»	1.40	»	0.90	id.	Couvert.
6	»	2.40	»	1.30	id.	Pluie.
7	»	3.10	»	2.50	id.	Couvert.
8	»	5.70	»	4.52	Nord-Est.	Brumeux.
9	»	3.80	»	3.40	id.	id.
10	»	3.25	»	2.80	Sud.	Pluie.
11	»	4.96	»	4.22	Nord-Est.	Beau.
12	»	5.37	»	4.61	Nord.	id.
13	»	4.10	»	3.70	id.	id.
14	»	3.88	»	3.30	Nord-Est.	Pluie.
15	»	3.97	»	2.82	id.	Couvert.
16	»	3.37	»	2.90	Sud.	Pluie.
17	»	3.74	»	3.30	id.	id.
18	»	3.55	»	3.18	Nord.	Beau.
19	»	3.92	»	2.78	id.	id.
20	»	3.00	»	2.60	id.	id.
21	»	2.98	»	2.50	id.	id.
22	»	3.10	»	2.60	id.	id.
23	»	3.44	»	2.89	Nord-Est.	Brumeux.
24	»	3.00	»	2.60	id.	Beau.
25	»	2.80	»	2.45	Nord.	id.
26	»	2.67	»	2.18	id.	id.
27	»	2.77	»	2.30	id.	id.
28	»	2.70	»	2.25	id.	id.
29	»	2.50	»	2.00	id.	id.
30	»	2.40	»	1.88	Sud.	Couvert.
31	»	2.50	»	1.80	id.	Pluie.

FÉVRIER

DATES.	Echelle de Beaucaire. Hauteurs observées (matin)		Echelle de Fourques. Hauteurs observées (matin)		VENTS.	ÉTAT DU CIEL.
	Heure	Cote	Heure	Cote		
1	7 h.	2.09	7 h.	1.60	Nord.	Beau.
2	»	2.00	»	1.50	id.	id.
3	»	1.90	»	1.38	Sud.	Nuageux.
4	»	1.80	»	1.36	id.	id.
5	»	1.65	»	1.15	Nord.	Beau.
6	»	1.55	»	1.10	id.	id.
7	»	1.45	»	1.02	id.	Brumeux.
8	»	1.40	»	0.95	Sud.	Couvert.
9	»	1.35	»	0.94	Nord.	Beau.
10	»	1.30	»	0.88	id.	id.
11	»	1.24	»	0.85	id.	id.
12	»	1.24	»	0.83	id.	id.
13	»	1.24	»	0.80	id.	id.
14	»	1.03	»	0.60	id.	id.
15	»	0.98	»	0.55	id.	id.
16	»	0.90	»	0.40	id.	id.
17	»	0.80	»	0.30	id.	id.
18	»	0.76	»	0.20	id.	id.
19	»	0.71	»	0.15	id.	id.
20	»	0.68	»	0.10	id.	id.
21	»	0.58	»	0.05	id.	id.
22	»	0.58	»	0.03	id.	id.
23	»	0.55	»	0.00	id.	id.
24	»	0.48	»	C B au dessous	id.	id.
25	»	0.45	»	0.06	id.	id.
26	»	0.43	»	0 10	id.	id.
27	»	0.40	»	0.12	Nord-Est	Couvert.
28	»	0.35	»	0.15	Nord.	Beau.

MARS

DATES.	Echelle de Beaucaire. Hauteurs observées (matin)		Echelle de Fourques. Hauteurs observées (matin)		VENTS.	ÉTAT DU CIEL.
	Heure	Cote	Heure	Cote		
1	7 h.	0.35	7 h.	C B	Nord.	Beau.
2	»	0.33	»	0.00	id.	id.
3	»	0.31	»	0.00	Nord-Est.	id.
4	»	0.32	»	0.00	Sud.	Couvert.
5	»	0.33	»	0.00	id.	Pluie.
6	»	0.34	»	0.00	id.	Couvert.
7	»	0.50	»	0.00	id.	id.
8	»	0.71	»	0.15	id.	id.
9	»	1.00	»	0.40	id.	id.
10	»	1.50	»	0.95	N.-Ouest.	Beau.
11	»	1.36	»	0.80	Est.	Pluie.
12	»	1.24	»	0 70	Nord.	Beau.
13	»	1.08	»	0.52	Sud-Est.	id.
14	»	1.10	»	0.55	Sud.	Beau.
15	»	1.05	»	0.50	id.	Pluie.
16	»	1.20	»	0.62	Nord fort.	Beau.
17	»	1.25	»	0.70	id.	id.
18	»	1.40	»	0.90	id.	id.
19	»	1.45	»	0.92	id.	id.
20	»	1.44	»	0.95	id.	id.
21	»	1.34	»	0 87	Nord.	id
22	»	1.25	»	0.80	id.	id.
23	»	1.18	»	0.70	id.	id.
24	»	1.25	»	0.75	id.	id.
25	»	1.30	»	0.78	id.	id.
26	»	1.34	»	0.85	id.	id.
27	»	1.34	»	0.87	id.	id.
28	»	1.39	»	0.90	id.	id.
29	»	1.40	»	0.89	id.	id.
30	»	1.38	»	0.87	id.	id.
31	»	1.36	»	0.87	id.	id.

AVRIL

DATES.	Echelle de Beaucaire. Hauteurs observées (matin)		Echelle de Fourques. Hauteurs observées (matin)		VENTS.	ÉTAT DU CIEL.
	Heure	Cote	Heure	Cote		
1	7 h.	1.39	7 h.	0.80	Nord.	Beau.
2	»	1.30	»	0.81	Nord-Est	Nuageux.
3	»	1.30	»	0.80	id.	Couvert.
4	»	1.32	»	0.82	id.	Beau.
5	»	1.30	»	0.80	id.	id.
6	»	1.26	»	0.76	Nord.	id.
7	»	1.20	»	0.73	id.	id.
8	»	1.17	»	0.70	id.	Nuageux.
9	»	1.18	»	0.71	id.	Beau.
10	»	1.15	»	0.71	Sud.	id.
11	»	1.21	»	0.70	id.	Pluie.
12	»	1.21	»	0.78	Sud-Est.	id.
13	»	1.62	»	0.98	id.	id.
14	»	1.54	»	1.00	Est.	id.
15	»	1.61	»	1.10	Sud.	Beau.
16	»	1.61	»	1.00	Nord.	id.
17	»	1.64	»	1.13	id.	id.
18	»	1.75	»	1.20	id.	id.
19	»	1.66	»	1.14	Sud.	id.
20	»	1.76	»	1.20	id.	id.
21	»	1.75	»	1.23	id.	id.
22	»	1.62	»	1.13	id.	id.
23	»	1.52	»	1.00	Nord.	id.
24	»	1.43	»	0.90	id.	id.
25	»	1.33	»	0.80	id.	id.
26	»	1.25	»	0.70	id.	id.
27	»	1.11	»	0.60	id.	id.
28	»	1.05	»	0.50	Sud.	Brumeux.
29	»	1.03	»	0.50	id.	Couvert.
30	»	1.00	»	0.45	id.	id.

MAI

DATES.	Echelle de Beaucaire. Hauteurs observées (matin)		Echelle de Fourques. Hauteurs observées (matin)		VENTS.	ÉTAT DU CIEL.
	Heure	Cote	Heure	Cote		
1	7 h.	1.07	7 h.	0.60	Sud-Est.	Couvert.
2	»	0.97	»	0.50	Sud.	Pluie.
3	»	1.18	»	0.70	id.	id.
4	»	1.37	»	0.85	id	Couvert.
5	»	1.29	»	0.87	id.	id.
6	»	1.24	»	0.90	Nord.	Beau.
7	»	1.30	»	1.00	Id.	id.
8	»	1.26	»	0.80	Id.	id.
9	»	1.26	»	0.76	Nord-Est.	Pluie.
10	»	1.27	»	0.80	id.	Nuageux.
11	»	1.31	»	0.85	Nord.	Beau.
12	»	1.50	»	0.85	id.	id.
13	»	1.27	»	0.80	id.	id.
14	»	1.27	»	0.75	id.	id.
15	»	1.20	»	0.70	id.	id.
16	»	1.21	»	0.70	id.	id.
17	»	1.21	»	0.72	Sud.	id.
18	»	1.27	»	0.75	id.	id.
19	»	1.27	»	0.78	Est.	Nuageux.
20	»	1.31	»	0.81	Nord.	Beau.
21	»	1.33	»	0.85	id.	id.
22	»	1.10	»	0.62	id.	id.
23	»	0.98	»	0.45	Est.	Pluie.
24	»	1.17	»	0.70	Nord-Est.	Couvert.
25	»	1.98	»	1.40	Nord.	id.
26	»	1.60	»	1.00	id.	Beau.
27	»	1.50	»	0.92	id.	id.
28	»	1.20	»	0.75	id.	Couvert.
29	»	1.10	»	0.62	Nord-Est.	Beau.
30	»	1.00	»	0.60	id.	Pluie.
31	»	0.95	»	0.50	id.	Beau.

JUIN

DATES.	Echelle de Beaucaire. Hauteurs observées (matin)		Echelle de Fourques. Hauteurs observées (matin)		VENTS.	ÉTAT DU CIEL.
	Heure	Cote	Heure	Cote		
1	7 h.	0.98	7 h.	0.50	Nord.	Beau.
2	»	1.10	»	0.60	Sud.	id
3	»	1.07	»	0.55	id.	id.
4	»	1.03	»	0.54	id.	id.
5	»	1.00	»	0.50	Nord.	id.
6	»	0.98	»	0.45	Sud.	id.
7	»	1.01	»	0.50	Sud-Est.	Couvert.
8	»	0.99	»	0.50	Sud.	id.
9	»	1.11	»	0.60	Nord.	Beau.
10	»	1.52	»	0.95	Sud.	Couvert.
11	»	1.90	»	1.35	Nord-Est.	Pluie.
12	»	2.51	»	1.94	Sud.	Beau.
13	»	2.86	»	2.30	id.	id.
14	»	2.60	»	2.08	Nord.	id.
15	»	2.10	»	1.51	id.	id.
16	»	1.78	»	1.20	id.	id.
17	»	1.60	»	1.02	id.	id.
18	»	1.48	»	0.95	Sud.	id.
19	»	1.41	»	0.92	Nord-Est.	Pluie.
20	»	1.60	»	0.98	Sud.	Beau.
21	»	2.00	»	1.37	Nord.	id.
22	»	2.22	»	1.65	id.	id.
23	»	2.42	»	1.80	id.	id.
24	»	2.15	»	1.60	Sud.	id.
25	»	1.87	»	1.30	Id.	id.
26	»	1.76	»	1.21	id.	id.
27	»	1.67	»	1.10	Nord.	id.
28	»	1.60	»	1.10	Sud.	id.
29	»	1.55	»	1.05	id.	id.
30	»	1.50	»	0.97	id.	id.

JUILLET

DATES.	Echelle de Beaucaire. Hauteurs observées (matin)		Echelle de Fourques. Hauteurs observées (matin)		VENTS.	ÉTAT DU CIEL.
	Heure	Cote	Heure	Cote		
1	7 h.	1.38	7 h.	1.00	Nord.	Beau.
2	»	1.38	»	0.98	Id.	id.
3	»	1.42	»	0.90	Id.	id.
4	»	1.37	»	0.80	id.	id.
5	»	1.32	»	0.78	id.	id.
6	»	1.26	»	0.70	id.	id.
7	»	1.18	»	0.60	id.	id.
8	»	1.04	»	0.50	id.	id.
9	»	1.00	»	0.45	id.	id.
10	»	1.00	»	0.43	id.	id.
11	»	1.00	»	0.40	id.	id.
12	»	0.95	»	0.45	Nord-Est.	id.
13	»	0.90	»	0.35	Sud-Est.	id.
14	»	0.85	»	0.30	Sud.	id.
15	»	0.80	»	0.20	id.	id.
16	»	0.80	»	0.22	id.	id.
17	»	0.77	»	0.15	Nord.	id.
18	»	0.76	»	0.10	N.-Ouest.	id.
19	»	0.72	»	0.08	Nord.	id.
20	»	0.70	»	0.10	id.	id.
21	»	0.65	»	0.10	id.	id.
22	»	0.60	»	0.05	id.	id.
23	»	0.67	»	0.10	id.	id.
24	»	0.67	»	0.12	id.	id.
25	»	0.72	»	0.15	id.	id.
26	»	0.72	»	0.10	id.	id.
27	»	0.67	»	0.10	id.	id.
28	»	0.60	»	0.05	Sud.	id.
29	»	0.52	»	0.00	Sud-Est.	Pluie.
30	»	0.53	»	0.00	Nord.	Beau.
31	»	0.55	»	0.00	id.	id.

AOUT

DATES.	Echelle de Beaucaire. Hauteurs observées (matin)		Echelle de Fourques. Hauteurs observées (matin)		VENTS.	ÉTAT DU CIEL.
	Heure	Cote	Heure	Cote		
1	7 h.	0.50	7 h.	0.00	Nord.	Clair.
2	»	0.48	»	0.00	Ouest.	Nuageux.
3	»	0.47	»	0.00	id.	Clair.
4	»	0.50	»	0.00	id.	id.
5	»	0.42	»	0.00	Est.	Nuageux.
6	»	0.45	»	0.00	id.	id.
7	»	0.47	»	0.00	Nord-Est.	Clair.
8	»	0.48	»	0.00	id.	id.
9	»	0.47	»	0.00	Nord.	id.
10	»	0.47	»	0.00	Ouest.	Nuageux.
11	»	0.52	»	0.00	id.	Clair.
12	»	0.46	»	0.00	Nord-Est.	id.
13	»	0.47	»	0.00	id.	id.
14	»	0.42	»	0.00	Sud-Est.	id.
15	»	0.47	»	0.00	id.	id.
16	»	0.48	»	0.00	id.	id.
17	»	0.48	»	0.00	id.	Nuageux.
18	»	0.50	»	0.00	Nord.	Pluvieux.
19	»	0.55	»	0.00	Nord fort	Nuageux.
20	»	0.53	»	0.00	id.	id.
21	»	0.55	»	0.00	id.	Clair.
22	»	0.55	»	0.00	id.	Id.
23	»	0.46	»	0.00	Nord-Est	id.
24	»	0.47	»	0.00	N.-Ouest.	id.
25	»	0.38	»	0.00	Sud.	Nuageux.
26	»	0.58	»	0.00	id.	id.
27	»	0.50	»	0.00	id.	id.
28	»	0.74	»	0.10	id.	id.
29	»	1.20	»	0.50	N.-Ouest.	Pluie.
30	»	2.00	»	1.35	Nord-Est	Clair.
31	»	2.60	»	2.00	Est.	id.

SEPTEMBRE — OCTOBRE

DATES.	Echelle de Beaucaire. Hauteurs observées (matin) Heure	Cote	Echelle de Fourques. Hauteurs observées (matin) Heure	Cote	VENTS.	ETAT DU CIEL.	DATES.	Echelle de Beaucaire. Hauteurs observées (matin) Heure	Cote	Echelle de Fourques. Hauteurs observées (matin) Heure	Cote	VENTS.	ETAT DU CIEL.
1	7 h.	2.47	7 h.	1.95	Sud.	Pluvieux.	1	7 h.	3.00	7 h.	2.60	Sud-Est.	Nuageux.
2	»	1.80	»	1.28	Nord.	Nuageux.	2	»	3.07	»	2.70	Nord.	Clair.
3	»	1.58	»	1.05	Sud.	Pluvieux.	3	»	3.28	»	2.80	id.	id.
4	»	3.85	»	3.05	id.	Nuageux.	4	»	3.18	»	2.60	id.	id.
5	»	3.20	»	2.60	Nord.	Clair.	5	»	2.95	»	2.41	id.	id.
6	»	2.98	»	2.40	id.	Nuageux.	6	»	2.48	»	2.00	id.	id.
7	»	2.43	»	1.90	id.	Clair.	7	»	2.10	»	1.60	Est.	Pluvieux.
8	»	2.10	»	1.58	id.	id.	8	»	3.45	»	2.35	id.	id.
9	»	1.80	»	1.30	id.	Nuageux.	9	»	4.10	»	3.61	Sud-Est.	id.
10	»	1.53	»	1.00	Sud.	Pluvieux.	10	»	4.00	»	3.63	id.	Clair.
11	»	1.35	»	0.80	Nord.	Clair.	11	»	3.20	»	2.80	id.	Pluvieux.
12	»	1.24	»	0.70	id.	id.	12	»	3.33	»	2.92	Sud.	id.
13	»	1.30	»	0.75	id.	id.	13	»	4.72	»	4.12	Sud-Est.	id.
14	»	1.00	»	0.48	Sud.	id.	14	»	4.37	»	3.90	id.	id.
15	»	0.90	»	0.40	id.	id.	15	»	4.26	»	3.90	id.	Nuageux.
16	»	0.90	»	0.35	id.	id.	16	»	3.80	»	3.30	Nord.	Clair.
17	»	0.85	»	0.50	id.	Nuageux.	17	»	3.10	»	4.45	id.	id.
18	»	0.80	»	0.28	id.	Clair.	18	»	4.70	»	4.20	id.	id.
19	»	0.75	»	0.20	Nord	id.	19	»	4.03	»	3.60	id.	id.
20	»	0.63	»	0.12	id.	id.	20	»	3.42	»	3.00	id.	id.
21	»	0.60	»	0.08	Sud.	Pluvieux.	21	»	3.00	»	2.35	id.	id.
22	»	0.58	»	0.04	id.	Nuageux.	22	»	2.66	»	2.15	id.	id.
23	»	0.90	»	0.20	id.	id.	23	»	2.38	»	1.90	id.	id.
24	»	1.80	»	1.14	id.	Pluvieux.	24	»	1.90	»	1.60	id.	id.
25	»	2.18	»	1.50	id.	Nuageux.	25	»	1.86	»	1.30	Sud.	Nuageux.
26	»	4.22	»	3.35	Nord.	Clair.	26	»	1.70	»	1.27	Sud-Est.	Pluvieux.
27	»	4.67	»	4.12	id.	id.	27	»	1.57	»	1.02	Est.	Nuageux.
28	»	4.56	»	4.06	id.	id.	28	»	1.40	»	0.85	Nord-Est.	Pluvieux.
29	»	4.40	»	3.94	id.	id.	29	»	2.60	»	2.00	Sud-Est.	id.
30	»	3.47	»	3.08	Est.	id.	30	»	2.40	»	1.88	id.	id.
							31	»	2.20	»	1.78	id.	Nuageux.

NOVEMBRE — DÉCEMBRE

DATES.	Echelle de Beaucaire. Hauteurs observées (matin) Heure	Cote	Echelle de Fourques. Hauteurs observées (matin) Heure	Cote	VENTS.	ETAT DU CIEL.	DATES.	Echelle de Beaucaire. Hauteurs observées (matin) Heure	Cote	Echelle de Fourques. Hauteurs observées (matin) Heure	Cote	VENTS.	ETAT DU CIEL.
1	7 h.	2.00	7 h.	1.48	Nord-Est.	Pluvieux.	1	7 h.	0.68	7 h.	0.10	Nord-Est.	Pluvieux.
2	»	2.03	»	1.50	Est.	Nuageux.	2	»	0.62	»	0.15	id.	id.
3	»	2.30	»	1.73	N.-Ouest.	id.	3	»	0.68	»	0.20	id.	Nuageux.
4	»	2.40	»	1.89	Nord.	id.	4	»	0.68	»	0.40	Nord.	Clair.
5	»	2.40	»	1.90	id.	Clair.	5	»	-0.95	»	0.50	id.	id.
6	»	2.43	»	1.90	id.	id.	6	»	1.20	»	0.70	id.	id.
7	»	2.50	»	1.90	id.	id.	7	»	1.20	»	0.75	id.	id.
8	»	2.30	»	1.75	id.	id.	8	»	1.18	»	0.70	id.	id.
9	»	2.17	»	1.61	id.	Nuageux.	9	»	1.12	»	0.60	id.	id.
10	»	1.80	»	1.25	id.	Clair.	10	»	1.10	»	0.55	N.-Ouest.	id.
11	»	2.10	»	1.60	id.	id.	11	»	0.95	»	0.45	Nord.	id.
12	»	2.13	»	1.66	Sud-Est.	Pluvieux.	12	»	0.82	»	0.40	N.-Ouest.	Nuageux.
13	»	2.00	»	1.50	Nord.	Clair.	13	»	0.78	»	0.30	Nord.	Clair.
14	»	1.95	»	1.40	Sud-Est.	Nuageux.	14	»	0.70	»	0.20	id.	id.
15	»	1.85	»	1.32	id.	id.	15	»	0.70	»	0.18	id.	id.
16	»	1.77	»	1.20	Nord.	Clair.	16	»	0.65	»	0.10	Nord-Est.	Nuageux.
17	»	1.55	»	1.00	id.	id.	17	»	0.65	»	0.10	id.	Pluvieux.
18	»	1.35	»	0.70	id.	id.	18	»	0.70	»	0.20	Nord.	Nuageux.
19	»	1.28	»	0.65	id.	id.	19	»	0.70	»	0.18	id.	Nuageux.
20	»	1.18	»	0.60	id.	id.	20	»	0.70	»	0.15	id.	Clair.
21	»	1.08	»	0.50	id.	id.	21	»	0.70	»	0.12	id.	id.
22	»	1.00	»	0.45	N.-Ouest.	Nuageux.	22	»	0.65	»	0.10	N.-Ouest.	Nuageux.
23	»	0.95	»	0.35	Nord-Est.	id.	23	»	0.63	»	0.08	Nord.	Clair.
24	»	0.85	»	0.25	id.	id.	24	»	0.59	»	0.05	Nord-Est.	Nuageux.
25	»	0.78	»	0.15	id.	id.	25	»	0.50	»	0.00	Nord.	Clair.
26	»	0.80	»	0.20	Nord.	Clair.	26	»	0.66	»	0.10	id.	id.
27	»	0.75	»	0.15	Nord-Est	Nuageux.	27	»	0.70	»	0.15	id.	id.
28	»	0.70	»	0.12	Est.	Pluvieux.	28	»	0.70	»	0.14	id.	id.
29	»	0.65	»	0.10	id.	Nuageux.	29	»	0.70	»	0.12	id.	id.
30	»	0.60	»	0.02	Nord.	Clair.	30	»	0.70	»	0.10	id.	id.
							31	»	0.68	»	0.10	id.	id.

ANNÉE 1864.

JANVIER

DATES.	Echelle de Beaucaire. Hauteurs observées (matin)		Echelle de Fourques. Hauteurs observées (matin)		VENTS.	ÉTAT DU CIEL.
	Heure	Cote	Heure	Cote		
1	7 h.	0.70	7 h.	0.12	Nord-Est.	Nuageux.
2	»	0.70	»	0.10	Nord.	id.
3	»	0.70	»	0.13	id.	id.
4	»	0.67	»	0.10	id.	id.
5	»	0.65	»	0.08	id.	id.
6	»	0.62	»	0.08	Nord-Est.	Verglas.
7	»	0.56	»	0.00	Nord.	Clair.
8	»	0.53	»	0.00	id.	id.
9	»	0.47	»	0.00	N.-Ouest.	Nuageux.
10	»	0.45	»	0.00	id.	Clair.
11	»	0.43	»	0.00	id.	id.
12	»	0.41	»	0.00	id.	id.
13	»	0.50	»	0.00	id.	id.
14	»	0.28	»	0.00	Nord-Est.	Nuageux.
15	»	0.25	»	0.00	Nord.	id.
16	»	0.22	»	0.00	id.	id.
17	»	0.20	»	0.00	Est.	Neigeux.
18	»	0.18	»	0.00	Nord-Est.	id.
19	»	0.12	»	0.00	id.	id.
20	»	0.10	»	0.00	N.-Ouest.	Clair.
21	»	0.08	»	0.00	id.	id.
22	»	0.10	»	0.00	id.	id.
23	»	0.08	»	0.00	id.	id.
24	»	0.04	»	0.00	id.	id.
25	»	0.02	»	0.00	id.	id.
26	»	0.00	»	0.00	Nord-Est.	id.
27	»	0.12	»	0.00	Est.	Pluvieux.
28	»	0.20	»	0.00	Nord-Est.	Nuageux.
29	»	0.25	»	0.00	Nord.	Clair.
30	»	0.45	»	0.00	id.	id.
31	»	0.52	»	0.00	id.	id.

FÉVRIER

DATES.	Echelle de Beaucaire. Hauteurs observées (matin)		Echelle de Fourques. Hauteurs observées (matin)		VENTS.	ÉTAT DU CIEL
	Heure	Cote	Heure	Cote		
1	7 h.	0.64	7 h.	0.15	Nord.	Clair.
2	»	0.75	»	0.20	id.	id.
3	»	0.74	»	0.26	id.	id.
4	»	0.65	»	0.18	id.	Nuageux.
5	»	0.40	»	0.00	id.	Clair.
6	»	0.38	»	0.00	Ouest.	Neige.
7	»	0.30	»	0.00	id.	id.
8	»	0.28	»	0.00	Nord.	Clair.
9	»	0.22	»	0.00	id.	id.
10	»	0.18	»	0.00	N.-Ouest.	Neigeux.
11	»	0.17	»	0.00	Nord.	Clair.
12	»	0.13	»	0.00	Nord-Est	Nuageux.
13	»	0.13	»	0.00	Nord.	Clair.
14	»	0.05	»	0.00	N.-Ouest.	id.
15	»	0.05	»	0.00	Sud.	Nuageux.
16	»	0.20	»	0.00	Nord-Est.	id.
17	»	0.41	»	0.00	Ouest.	Clair.
18	»	0.70	»	0.16	N.-Ouest.	id.
19	»	1.17	»	0.58	Nord.	id.
20	»	1.27	»	0.72	Est.	Neige.
21	»	1.18	»	0.70	id.	Pluie.
22	»	1.10	»	0.60	Nord-Est.	Pluvieux.
23	»	1.00	»	0.48	Sud.	Pluie.
24	»	0.90	»	0.40	Sud-Est.	id.
25	»	1.43	»	0.80	Est.	id.
26	»	2.80	»	1.90	id.	Pluvieux.
27	»	3.20	»	2.30	id.	Pluie.
28	»	3.80	»	3.40	id.	id.
29	»	4.10	»	3.58	Sud.	Nuageux.

MARS

DATES.	Echelle de Beaucaire.		Echelle de Fourques.		VENTS.	ÉTAT DU CIEL.
1	7 h.	2.90	7 h.	2.40	Nord.	Clair.
2	»	2.27	»	1.65	Est.	Nuageux.
3	»	1.98	»	1.45	id.	Clair.
4	»	1.74	»	1.30	id.	id.
5	»	1.70	»	1.20	id.	Pluie.
6	»	1.90	»	1.25	Ouest.	Clair.
7	»	3.05	»	2.30	Est.	Nuageux.
8	»	2.55	»	2.00	Sud-Est.	Couvert.
9	»	2.55	»	2.15	Est.	id.
10	»	2.65	»	2.00	Nord.	Nuageux.
11	»	2.66	»	2.01	id.	Clair.
12	»	2.70	»	2.10	id.	id.
13	»	2.35	»	1.80	id.	id.
14	»	2.10	»	1.55	Nord-Est.	Nuageux.
15	»	1.90	»	1.40	id.	id.
16	»	1.75	»	1.30	Nord.	Clair.
17	»	1.60	»	1.10	id.	id.
18	»	1.45	»	0.90	Est.	Nuageux.
19	»	1.28	»	0.80	id.	id.
20	»	1.10	»	0.70	Sud-Est.	id.
21	»	1.00	»	0.60	id.	id.
22	»	1.68	»	1.00	id.	Pluie.
23	»	1.80	»	1.08	id.	Nuageux.
24	»	1.60	»	1.30	Nord.	Clair.
25	»	1.30	»	0.85	Sud.	Nuageux.
26	»	1.37	»	0.80	N.-Ouest.	id.
27	»	1.40	»	0.82	Est.	Pluie.
28	»	1.35	»	0.80	Nord.	Nuageux.
29	»	1.32	»	0.76	N.-Ouest.	Pluvieux.
30	»	1.25	»	0.70	Ouest.	Nuageux.
31	»	1.18	»	0.60	Nord.	Clair.

AVRIL

DATES.	Echelle de Beaucaire.		Echelle de Fourques.		VENTS.	ÉTAT DU CIEL
1	7 h.	1.00	7 h.	0.48	Nord.	Beau.
2	»	0.90	»	0.40	Id.	Nuageux.
3	»	0.90	»	0.38	id.	Beau.
4	»	1.08	»	0.46	id.	id.
5	»	1.10	»	0.50	id.	id.
6	»	1.10	»	0.52	id.	id.
7	»	1.40	»	0.80	id.	id.
8	»	1.60	»	1.00	Id.	Nuageux.
9	»	1.42	»	0.83	id.	Beau.
10	»	1.45	»	0.87	id.	Nuageux.
11	»	1.32	»	0.78	id.	Beau.
12	»	1.10	»	0.60	id.	id.
13	»	1.00	»	0.50	Sud-Est.	id.
14	»	0.88	»	0.42	id.	id.
15	»	0.80	»	0.35	id.	id.
16	»	0.85	»	0.32	Nord.	id.
17	»	0.80	»	0.32	id.	id.
18	»	0.82	»	0.33	id.	id.
19	»	0.83	»	0.37	id.	id.
20	»	0.90	»	0.40	Sud-Est.	id.
21	»	0.80	»	0.35	id.	id.
22	»	0.70	»	0.25	id.	id.
23	»	0.73	»	0.25	id.	id.
24	»	0.70	»	0.20	id.	id.
25	»	0.65	»	0.15	id.	id.
26	»	0.59	»	0.10	id.	id.
27	»	0.55	»	0.05	id.	id.
28	»	0.60	»	0.10	id.	id.
29	»	0.55	»	0.08	Nord-Est.	Nuageux.
30	»	0.50	»	0.05	Nord.	Beau.

MAI — JUIN

DATES.	Echelle de Beaucaire. Hauteurs observées (matin)		Echelle de Fourques. Hauteurs observées (matin)		VENTS.	ÉTAT DU CIEL.	DATES.	Echelle de Beaucaire. Hauteurs observées (matin)		Echelle de Fourques. Hauteurs observées (matin)		VENTS.	ÉTAT DU CIEL.
	Heure	Cote	Heure	Cote				Heure	Cote	Heure	Cote		
1	7 h.	0.50	7 h.	0.00	Nord.	Beau.	1	7 h.	0.60	7 h.	0.12	Sud.	Nuageux.
2	»	0.50	»	0.00	id.	id.	2	»	0.60	»	0.12	id.	Pluie.
3	»	0.42	»	0.00	id.	id.	3	»	0.87	»	0.25	Nord.	Beau.
4	»	0.48	»	0.00	id.	id.	4	»	1.00	»	0.30	id.	id.
5	»	1.68	»	1.05	id.	id.	5	»	1.07	»	0.32	id.	Nuageux.
6	»	2.03	»	1.50	id.	id.	6	»	1.09	»	0.35	id.	Beau.
7	»	1.65	»	1.10	id.	id.	7	»	1.05	»	0.42	N.-Ouest.	Nuageux.
8	»	1.70	»	1.10	id.	id.	8	»	1.10	»	0.50	id.	id.
9	»	1.60	»	1.05	id.	id.	9	»	1.15	»	0.60	id.	id.
10	»	1.60	»	1.07	id.	id.	10	»	1.25	»	0.67	id.	id.
11	»	1.60	»	1.04	id.	id.	11	»	2.00	»	1.10	Nord.	Beau.
12	»	1.44	»	0.93	id.	id.	12	»	2.80	»	2.00	Sud.	Pluvieux.
13	»	1.40	»	0.90	id.	id.	13	»	3.50	»	2.78	id.	id.
14	»	1.60	»	1.08	id.	id.	14	»	2.90	»	2.42	Nord.	Beau.
15	»	1.80	»	1.30	id.	id.	15	»	2.70	»	2.20	id.	id.
16	»	2.05	»	1.50	id.	id.	16	»	3.00	»	2.40	id.	id.
17	»	1.95	»	1.38	id.	id.	17	»	3.26	»	2.75	id.	id.
18	»	1.78	»	1.20	id.	id.	18	»	3.10	»	2.60	id.	id.
19	»	1.60	»	1.10	id.	id.	19	»	2.63	»	2.10	id.	id.
20	»	1.50	»	1.00	id.	id.	20	»	2.35	»	1.82	id.	id.
21	»	1.48	»	0.93	id.	id.	21	»	2.00	»	1.50	id.	id.
22	»	1.40	»	0.90	id.	id.	22	»	1.80	»	1.38	id.	id.
23	»	1.30	»	0.84	id.	id.	23	»	1.64	»	1.15	id.	id.
24	»	1.25	»	0.70	id.	id.	24	»	1.50	»	0.98	id.	id.
25	»	1.05	»	0.50	id.	id.	25	»	1.40	»	0.90	id.	id.
26	»	1.00	»	0.48	id.	id.	26	»	1.28	»	0.76	id.	id.
27	»	0.91	»	0.40	id.	id.	27	»	1.20	»	0.70	id.	id.
28	»	0.83	»	0.30	id.	id.	28	»	1.12	»	0.58	id.	Nuageux.
29	»	0.75	»	0.20	id.	id.	29	»	1.08	»	0.50	id.	Beau.
30	»	0.68	»	0.15	Sud.	Nuageux.	30	»	1.05	»	0.45	id.	id.
31	»	0.60	»	0.10	Sud-Est.	Couvert.							

JUILLET — AOUT

DATES.	Echelle de Beaucaire.		Echelle de Fourques.		VENTS.	ÉTAT DU CIEL.	DATES.	Echelle de Beaucaire.		Echelle de Fourques.		VENTS.	ÉTAT DU CIEL.
1	7 h.	1.03	7 h.	0.50	Nord.	Beau.	1	7 h.	0.55	7 h.	0.00	Nord.	Beau.
2	»	1.00	»	0.48	id.	id.	2	»	0.55	»	0.00	id.	id.
3	»	0.95	»	0.40	id.	id.	3	»	0.54	»	0.00	id.	id.
4	»	0.90	»	0.37	id.	id.	4	»	0.54	»	0.00	Sud.	id.
5	»	0.88	»	0.40	id.	id.	5	»	0.52	»	0.00	id.	id.
6	»	0.85	»	0.35	id.	id.	6	»	0.50	»	0.00	id.	id.
7	»	0.83	»	0.36	id.	id.	7	»	0.51	»	0.00	id.	id.
8	»	0.76	»	0.28	id.	id.	8	»	0.51	»	0.00	Nord.	id.
9	»	0.72	»	0.25	Sud.	id.	9	»	0.47	»	0.00	Sud.	id.
10	»	0.68	»	0.20	id.	id.	10	»	0.47	»	0.00	id.	Nuageux.
11	»	0.65	»	0.15	id.	id.	11	»	0.49	»	0.00	Nord	Beau.
12	»	0.60	»	0.12	id.	id.	12	»	0.45	»	0.00	id.	id.
13	»	0.70	»	0.15	id.	id.	13	»	0.45	»	0.00	id.	id.
14	»	0.70	»	0.14	Nord.	id.	14	»	0.40	»	0.00	Sud.	id.
15	»	0.70	»	0.13	Nord-Est.	id.	15	»	0.37	»	0.00	id.	id.
16	»	0.68	»	0.12	Nord.	id.	16	»	0.34	»	0.00	id.	id.
17	»	0.65	»	0.12	id.	id.	17	»	0.34	»	0.00	id.	id.
18	»	0.65	»	0.10	id.	id.	18	»	0.28	»	0.00	id.	id.
19	»	0.65	»	0.11	id.	id.	19	»	0.26	»	0.00	Nord.	Nuageux.
20	»	0.65	»	0.11	id.	id.	20	»	0.43	»	0.00	id.	Beau.
21	»	0.65	»	0.10	id.	id.	21	»	0.45	»	0.00	id.	id.
22	»	0.61	»	0.07	id.	id.	22	»	0.56	»	0.00	Sud.	id.
23	»	0.56	»	0.00	id.	id.	23	»	0.50	»	0.00	id.	Nuageux.
24	»	0.57	»	0.00	Sud.	id.	24	»	0.45	»	0.00	Nord.	Beau.
25	»	0.57	»	0.00	id.	id.	25	»	0.38	»	0.00	id.	id.
26	»	0.56	»	0.00	id.	id.	26	»	0.42	»	0.00	id.	id.
27	»	0.57	»	0.00	id.	id.	27	»	0.40	»	0.00	id.	id.
28	»	0.57	»	0.00	id.	id.	28	»	0.32	»	0.00	id.	id.
29	»	0.57	»	0.00	Nord.	id.	29	»	0.30	»	0.00	Sud.	Nuageux.
30	»	0.55	»	0.00	id.	id.	30	»	0.28	»	0.00	id.	Beau.
31	»	0.50	»	0.00	id.	id.	31	»	0.28	»	0.00	id.	id.

SEPTEMBRE

DATES.	Echelle de Beaucaire.		Echelle de Fourques		VENTS.	ETAT DU CIEL.
	Heure	Cote	Heure	Cote		
1	7 h.	0.26	7 h.	0.00	Nord.	Beau.
2	»	0.24	«	0.00	Sud.	Pluie.
3	»	0.40	»	0.00	Nord-Est	Nuageux.
4	»	0.45	»	0.00	id.	Beau.
5	»	0.50	»	0.00	id.	id.
6	»	0.55	»	0.00	id.	id.
7	»	0.55	»	0.00	id.	id.
8	»	0.53	»	0.00	id.	id.
9	»	0.45	»	0.00	id.	id.
10	»	0.40	»	0.00	id.	id.
11	»	0.39	»	0.00	Sud-Est.	Nuageux.
12	»	0.43	»	0.00	Nord-Est.	id.
13	»	0.55	»	0.00	Nord.	Beau.
14	»	0.90	»	0.30	Est.	Couvert.
15	»	0.82	»	0.25	Sud-Est.	Nuageux.
16	»	0.60	»	0.12	Sud.	id.
17	»	0.55	»	0.07	id.	id.
18	»	0.60	»	0.10	Est.	id.
19	»	0.68	»	0.15	id.	Pluie.
20	»	0.56	»	0.07	id.	Nuageux.
21	»	0.55	»	0.04	Nord.	Beau.
22	»	0.49	»	0.00	id.	id.
23	»	0.41	»	0.00	id.	id.
24	»	0.55	»	0.00	id.	id.
25	»	0.30	»	0.00	id.	id.
26	»	0.27	»	0.00	id.	id.
27	»	0.26	»	0.00	id.	id.
28	»	0.25	»	0.00	Est.	id.
29	»	0.22	»	0.00	Nord.	id.
30	»	0.20	»	0.00	id.	id.

OCTOBRE

DATES.	Echelle de Beaucaire.		Echelle de Fourques.		VENTS.	ETAT DU CIEL.
	Heure	Cote	Heure	Cote		
1	7 h.	0.10	7 h.	C B	Nord	Beau.
2	»	0.10	»	C B	Sud.	Nuageux.
3	»	0.10	»	C B	Nord-Est.	Pluie.
4	»	0.10	»	C B	id.	id.
5	»	0.13	»	C B	Sud-Est.	id.
6	»	0.11	»	C B	Nord-Est.	id.
7	»	0.07	»	C B	id.	id.
8	»	0.02	»	C B	Nord.	Beau.
9	C B au dessous		»	C B	id.	id.
10	»	0.00	»	C B	id.	id.
11	»	0.02	»	C B	id.	id.
12	»	0.03	»	C B	Ouest.	Pluie.
13	»	0.06	»	C B	Nord.	Beau.
14	»	0.10	»	C B	id.	id.
15	»	0.06	»	C B	id.	id.
16	»	0.08	»	C B	id.	id.
17	»	0.11	»	C B	Nord-Est.	Nuageux.
18	»	0.13	»	C B	Sud.	id.
19	»	0.18	»	C B	Sud-Est.	id.
20	»	0.18	»	C B	id.	Pluie.
21	»	1.93 au dessus	»	1.36	Sud.	Beau.
22	»	1.80	»	1.33	Est.	Pluie.
23	»	1.50	»	1.27	Sud.	Beau.
24	»	2.90	»	2.30	id.	id.
25	»	2.05	»	2.63	Sud-Est.	Pluie.
26	»	3.50	»	1.95	id.	id.
27	»	5.70	»	4.64	id.	id.
28	»	6.12	»	5.52	id.	id.
29	»	5.13	»	4.80	Nord-Est	Beau.
30	»	5.70	»	5.02	Nord.	id.
31	»	4.00	»	3.29	id.	id.

NOVEMBRE

DATES.	Echelle de Beaucaire.		Echelle de Fourques		VENTS.	ETAT DU CIEL.
	Heure	Cote	Heure	Cote		
1	7 h.	2.70	7 h.	2.45	Est.	Nuageux.
2	»	2.90	»	2.00	id.	Pluie.
3	»	2.28	»	1.55	id.	id.
4	»	3.30	»	2.70	id.	Nuageux.
5	»	2.70	»	2.30	Nord-Est.	Pluie.
6	»	2.10	»	1.68	Nord.	Beau.
7	»	1.90	»	1.45	id.	Nuageux.
8	»	1.67	»	1.10	id.	id.
9	»	1.40	»	0.97	id.	id.
10	»	1.23	»	0.80	id.	id.
11	»	1.20	»	0.70	id.	Pluie.
12	»	1.50	»	0.75	Sud.	Nuageux.
13	»	1.22	»	0.70	id.	id.
14	»	1.10	»	0.60	Est.	id.
15	»	1.25	»	0.80	Sud.	id.
16	»	1.80	»	1.30	Sud-Est.	id.
17	»	1.60	»	1.15	id.	id.
18	»	1.45	»	0.96	Est.	id.
19	»	1.50	»	1.02	Ouest.	Beau.
20	»	1.40	»	0.95	Nord.	Nuageux.
21	»	1.54	»	1.00	id.	Beau.
22	»	1.48	»	1.00	id.	id.
23	»	1.40	»	0.93	id.	id.
24	»	1.30	»	0.80	Sud-Est.	Pluie.
25	»	1.44	»	0.90	Nord-Est.	Nuageux.
26	»	2.10	»	1.65	Sud.	Pluie.
27	»	2.65	»	2.10	Nord.	Beau.
28	»	2.75	»	2.17	id.	id.
29	»	2.85	»	2.27	id.	Nuageux.
30	»	2.50	»	1.90	id.	Beau.

DÉCEMBRE

DATES.	Echelle de Beaucaire.		Echelle de Fourques.		VENTS.	ETAT DU CIEL.
	Heure	Cote	Heure	Cote		
1	7 h.	2.27	7 h.	1.80	Nord.	Nuageux.
2	»	2.26	»	1.75	id.	Beau.
3	»	1.90	»	1.40	id.	id.
4	»	1.70	»	1.18	id.	id.
5	»	1.50	»	1.00	Nord-Est.	id.
6	»	1.30	»	0.87	id.	id.
7	»	1.12	»	0.60	id.	id.
8	»	1.00	»	0.45	id.	id.
9	»	0.92	»	0.33	id.	Nuageux.
10	»	0.82	»	0.20	Est.	Pluie.
11	»	2.30	»	1.55	id.	id.
12	»	2.34	»	1.60	id.	id.
13	»	2.40	»	1.70	id.	Nuageux.
14	»	3.05	»	2.60	id.	Pluie.
15	»	2.80	»	2.20	Nord-Est.	id.
16	»	2.55	»	2.30	id.	Couvert.
17	»	1.80	»	1.30	Id.	Beau.
18	»	1.40	»	1.00	id.	Pluir.
19	»	1.50	»	1.03	Nord.	Beau.
20	»	1.40	»	0.96	Nord-Est	Couvert.
21	»	1.20	»	0.75	Nord.	Beau.
22	»	1.10	»	0.67	N.-Ouest.	Couvert.
23	»	0.96	»	0.53	Nord.	Beau.
24	»	0.90	»	0.47	Nord-Est.	Neige.
25	»	0.85	»	0.40	Nord.	Beau.
26	»	0.83	»	0.35	Nord-Est.	Couvert.
27	»	0.80	»	0.30	id.	Verglas.
28	»	0.78	»	0.26	Nord.	Beau.
29	»	0.70	»	0.20	id.	id.
30	»	0.65	»	0.18	id.	id.
31	»	0.60	»	0.12	Nord-Est.	Pluie.

ANNÉE 1865.

JANVIER

DATES.	Échelle de Beaucaire. Hauteurs observées (matin)		Échelle de Fourques. Hauteurs observées (matin)		VENTS.	ÉTAT DU CIEL.
	Heure	Cote	Heure	Cote		
1	7 h.	0.50	7 h.	0.00	Nord-Est.	Couvert.
2	»	0.45	»	0.00	id.	Beau.
3	»	0.42	»	0.00	Sud-Est.	Pluie.
4	»	0.45	»	0.00	N.-Ouest.	Beau.
5	»	0.40	»	0.00	id.	id.
6	»	0.40	»	0.00	id.	id.
7	»	0.40	»	0.00	Nord.	Nuageux.
8	»	0.32	»	0.00	id.	Beau.
9	»	0 30	»	0.00	Sud.	Nuageux.
10	»	0.35	»	0.00	Nord.	Beau.
11	»	0.35	»	0.00	S.-Est.	Couvert.
12	»	0.25	»	0.00	id.	id.
13	»	0.45	»	0.00	Sud.	Pluie.
14	»	1.40	»	0.80	Ouest.	id.
15	»	1.10	»	0.45	id.	Nuageux.
16	»	1.10	»	0.40	S.-Ouest.	id.
17	»	1.38	»	0.88	Nord.	Beau.
18	»	1.20	»	0.80	Ouest.	id.
19	»	1.20	»	0.78	id.	Nuageux.
20	»	1.10	»	0.75	id.	id.
21	»	1.10	»	0.72	id.	id.
22	»	1.00	»	0.60	id.	Couvert.
23	»	1.34	»	0.90	Nord.	Nuageux.
24	»	2.00	»	1.30	Ouest.	id.
25	»	2.42	»	1.88	id.	id.
26	»	2.25	»	1.75	id.	Beau.
27	»	2.45	»	1.91	id.	id.
28	»	3.02	»	2.38	N.-Ouest.	Pluie.
29	»	3.20	»	2.57	Nord.	Beau.
30	»	2.90	»	2.45	Sud-Est.	Pluie.
31	»	2.65	»	2.17	Nord-Est.	Beau.

FÉVRIER

DATES.	Échelle de Beaucaire. Hauteurs observées (matin)		Échelle de Fourques. Hauteurs observées (matin)		VENTS.	ÉTAT DU CIEL.
	Heure	Cote	Heure	Cote		
1	7 h.	2.45	7 h.	1.98	Est.	Pluie.
2	»	2.41	»	1.90	N.-Ouest.	Nuageux.
3	»	2.65	»	2 00	S.-Ouest.	id.
4	»	3.12	»	2.52	Ouest.	Beau.
5	»	3.14	»	2.58	Nord-Est.	Couvert.
6	»	3.14	»	2.62	Nord.	Beau.
7	»	2.90	»	2.38	id.	id.
8	»	2.70	»	2.18	id.	id.
9	»	2.55	»	2.00	id.	id.
10	»	2.38	»	1.90	id.	id.
11	»	2.30	»	1.60	id.	id.
12	»	2.20	»	1.60	id.	id.
13	»	2.00	»	1.85	Nord-Est.	id.
14	»	1.95	»	1.75	Nord.	id.
15	»	1.55	»	1.60	Nord-Est.	Nuageux.
16	»	1.65	»	1.40	Est.	Pluie.
17	»	1.45	»	1.05	Sud-Est.	Nuageux.
18	»	1.50	»	1.00	Nord.	Beau.
19	»	1.25	»	0.70	id.	Nuageux.
20	»	1.20	»	0.66	id.	id.
21	»	1.10	»	0.65	id.	Beau.
22	»	1.20	»	0.65	id.	id.
23	»	1.20	»	0.65	id.	id.
24	»	1.20	»	0.65	Nord-Est.	Nuageux.
25	»	1.20	»	0.65	id.	Beau.
26	»	1.20	»	0.60	Nord.	id.
27	»	1.18	»	0.55	id.	id.
28	»	1.16	»	0.55	Nord Est.	Nuageux.

MARS

DATES.	Échelle de Beaucaire.		Échelle de Fourques.		VENTS.	ÉTAT DU CIEL.
1	7 h.	1.08	7 h.	0.56	Ouest.	Couvert.
2	»	1.10	»	0.56	id.	id.
3	»	1.20	»	0.68	Nord.	Beau
4	»	1.50	»	0.90	id.	id.
5	»	1.90	»	1.24	Nord-Est.	id.
6	»	1.85	»	1.50	Sud.	id.
7	»	1.75	»	1.28	Est.	Couvert.
8	»	1.70	»	1.25	id.	id.
9	»	1.68	»	1.20	Nord.	id.
10	»	1.68	»	1.10	id.	Beau.
11	»	1.60	»	1.04	Sud.	id
12	»	1.55	»	0.90	Nord.	Couvert.
13	»	1.35	»	0.76	id.	Beau.
14	»	1.18	»	0.67	Sud.	id.
15	»	1.06	»	0.57	Nord-Est.	Couvert.
16	»	0.95	»	0.59	id.	Pluie.
17	»	0.86	»	0.50	Nord.	Couvert.
18	»	0.80	»	0.50	id.	Beau.
19	»	0.76	»	0.26	Sud.	Couvert.
20	»	0.78	»	0.50	id.	id.
21	»	0.98	»	0.44	id.	id.
22	»	1.00	»	0.50	Sud.	Pluie.
23	»	1.40	»	0.80	Nord.	Beau.
24	»	1.55	»	0 60	id.	Couvert.
25	»	1.00	»	0.55	id.	Beau.
26	»	0.90	»	0.38	id.	id.
27	»	0.82	»	0 52	id.	Couvert.
28	»	0.76	»	0.26	id.	Beau.
29	»	0.60	»	0.25	id.	id.
30	»	0.57	»	0.24	id.	id.
31	»	0.58	»	0.24	id.	Couvert.

AVRIL

DATES.	Échelle de Beaucaire.		Échelle de Fourques.		VENTS.	ÉTAT DU CIEL.
1	7 h.	0.63	7 h.	0.02	Nord fort.	Beau.
2	»	0.58	»	0.07	id.	Couvert.
3	»	0.55	»	0.15	N. faible.	Pluie.
4	»	0.60	»	0.20	Est moy.	Beau.
5	»	0.93	»	0.25	id.	id.
6	»	1.00	»	0.47	N. faible.	id.
7	»	1.25	»	0.52	id.	id.
8	»	1.50	»	0.80	Est faible.	id.
9	»	1.80	»	1.05	id.	id.
10	»	2.00	»	1.25	id.	id.
11	»	2.10	»	1.50	id.	id.
12	»	2.20	»	1.60	id.	id.
13	»	2.25	»	1.70	N. faible.	Couvert.
14	»	2.29	»	1.74	Sud id.	id.
15	»	2.36	»	1.82	id.	Pluie.
16	»	2.50	»	2.00	id.	id.
17	»	2.70	»	2.18	id.	Couvert.
18	»	2 71	»	2.28	id.	id.
19	»	2.69	»	2.18	id.	id.
20	»	2.60	»	2.00	Nord.	Beau.
21	»	2.61	»	2.08	Sud.	id.
22	»	2.61	»	2.00	id.	id.
23	»	2.55	»	1.88	id.	id.
24	»	2.40	»	1.70	id.	id.
25	»	2.26	»	1.60	id.	id.
26	»	2.10	»	1.44	id.	id.
27	»	2.00	»	1.37	id.	id.
28	»	1.91	»	1.33	id.	id.
29	»	1.91	»	1.33	id.	id.
30	»	1.80	»	1.30	id.	id.

MAI

DATES.	Echelle de Beaucaire. Hauteurs observées (matin)		Echelle de Fourques. Hauteurs observées (matin)		VENTS.	ÉTAT DU CIEL.
	Heure	Cote	Heure	Cote		
1	7 h.	1.90	7 h.	1.25	N. faible.	Beau.
2	»	2.00	»	1.35	id.	id.
3	»	1.82	»	1.29	Id	id.
4	»	1.55	»	1.20	Sud faible	Nuageux.
5	»	1.55	»	1.00	N. faible.	id.
6	»	1.50	»	0.92	id.	id.
7	»	1.40	»	1.12	id.	id.
8	»	1.60	»	1.26	id.	id.
9	»	2.00	»	1.44	Sud faible	Beau.
10	»	2.10	»	1.35	id.	id.
11	»	2.05	»	1.30	S.-O. fe.	id.
12	»	1.80	»	1.30	id.	Nuageux.
13	»	1 58	»	1.09	id.	id.
14	»	1.40	»	0.84	Sud faible	id.
15	»	1.30	»	0.78	id.	id.
16	»	1.27	»	0.76	N. faible.	id.
17	»	1.76	»	1 09	id.	id.
18	»	1.65	»	1.20	Nord fort.	id.
19	»	1.76	»	1.12	N. faible.	id.
20	»	1.78	»	1.19	N.-E. fe	Pl. cont.
21	»	1.80	»	1.19	E. faible.	id.
22	»	1.87	»	1.30	S.-E, fe.	id.
23	»	1.70	»	1.18	id.	id
24	»	1.80	»	1.10	N. faible.	Pluie.
25	»	1.90	»	1.40	id.	Beau.
26	»	1.86	»	1 30	id.	id.
27	»	1.78	»	1.29	Sud faible	id.
28	»	1.67	»	1.10	id.	id.
29	»	1.50	»	1 00	E. faible.	id.
30	»	1.45	»	0.94	N.-E. fe	id.
31	»	1.40	»	0.90	id.	id.

JUIN

DATES.	Echelle de Beaucaire. Hauteurs observées (matin)		Echelle de Fourques. Hauteurs observées (matin)		VENTS.	ÉTAT DU CIEL.
	Heure	Cote	Heure	Cote		
1	7 h.	1.55	7 h.	0.90	N. faible.	Beau.
2	»	1.55	»	0.95	id.	id.
3	»	1.58	»	0.90	id.	id.
4	»	1.68	»	9.95	Nord fort.	id.
5	»	1.45	»	0.88	id.	id.
6	»	1.37	»	0.80	id.	id.
7	»	1.22	»	0.65	id.	id.
8	»	1.10	»	0.63	N. faible.	id.
9	»	1.10	»	0.60	id.	id.
10	»	1.00	»	0.58	id.	id.
11	»	1.00	»	0.55	id.	id.
12	»	1.10	»	0.50	Nord fort.	id.
13	»	1.10	»	0.45	N. faible.	id.
14	»	1.00	»	0.40	id.	id.
15	»	0.90	»	0.35	id.	id.
16	»	0.85	»	0.30	id.	id.
17	»	0.90	»	0.29	id.	id.
18	»	0.90	»	0.28	id.	id.
19	»	0.90	»	0.25	id.	id.
20	»	0.80	»	0.22	id.	id.
21	»	0.80	»	0.19	Sud faible	id.
22	»	0.70	»	0.17	id.	id.
23	»	0.70	»	0.17	id	id.
24	»	0.70	»	0 12	N. faible.	id.
25	»	0.68	»	0.07	id.	id.
26	»	0.62	»	0.06	id.	id.
27	»	0.60	»	0.05	Nord fort.	id.
28	»	0.58	»	0.05	id.	id.
29	»	0.53	»	0 05	S. faible.	id.
30	»	»	»	»	»	

JUILLET

DATES.	Echelle de Beaucaire. Hauteurs observées (matin)		Echelle de Fourques. Hauteurs observées (matin)		VENTS.	ÉTAT DU CIEL.
	Heure	Cote	Heure	Cote		
1	7 h.	1 20	7 h.	0.75	O. moyen	Nuageux.
2	»	1.20	»	0.65	Nord id.	Beau.
3	»	1.10	»	0.50	id.	id.
4	»	1.00	»	0.45	N. faible.	id.
5	»	1.00	»	0.40	id.	id.
6	»	0.80	»	0.50	id.	id.
7	»	0.70	»	0.24	id.	id.
8	»	0.70	»	0.20	S. faible.	id.
9	»	0.70	»	0 14	id.	id.
10	»	0.72	»	0.20	id.	id.
11	»	0.80	»	0.30	Nord id.	id.
12	»	0.85	»	0.30	id.	id.
13	»	0.85	»	0.30	id.	id.
14	»	0.75	»	0.26	Ouest id.	id.
15	»	0.70	»	0.24	Nord id.	id.
16	»	0.67	»	0.23	Sud id.	id.
17	»	0.66	»	0.23	id.	id.
18	»	0.65	»	0.20	Nord id.	id.
19	»	0.60	»	0.22	id.	id.
20	»	0.70	»	0.17	id.	id.
21	»	0.80	»	0.18	N. moyen	id.
22	»	0.90	»	0.25	S. faible.	id.
23	»	0.85	»	0.32	id.	id.
24	»	0.76	»	0.30	Nord id.	id.
25	»	0.67	»	0.20	Nord fort.	Nuageux.
26	»	0.67	»	0.10	id.	id.
27	»	0.60	»	0.15	id.	Beau.
28	»	0.85	»	0.30	id.	id.
29	»	0.90	»	0.32	id.	id.
30	»	1.00	»	0.38	id.	id.
31	»	1.18	»	0.58	Sud faible	id.

AOUT

DATES.	Echelle de Beaucaire. Hauteurs observées (matin)		Echelle de Fourques. Hauteurs observées (matin)		VENTS.	ÉTAT DU CIEL.
	Heure	Cote	Heure	Cote		
1	7 h.	0.80	7 h.	0.28	N. faible.	Beau.
2	»	0.85	»	0.35	id.	id.
3	»	1.00	»	0.50	id.	id.
4	»	1.00	»	0 50	N. moyen	id.
5	»	0.78	»	0.44	id.	id.
6	»	0 75	»	0.52	id.	id.
7	»	0.76	»	0.20	id.	id.
8	»	0.60	»	0.15	id.	id.
9	»	0.60	»	0.12	id. faible	id.
10	»	0.60	»	0.08	Sud id.	id.
11	»	0.60	»	0.18	id.	id.
12	»	0.70	»	0.08	N. faible.	id.
13	»	0.70	»	0.10	Sud id.	id.
14	»	0.75	»	0.20	id.	id.
15	»	1 05	»	0.30	N. faible.	id.
16	»	0.95	»	0.50	S.-O. fe.	Pluie.
17	»	0.87	»	0 41	id.	Beau.
18	»	0.80	»	0.30	id.	id.
19	»	1.00	»	0.52	id.	id.
20	»	1.00	»	0.56	id.	Nuageux.
21	»	1.40	»	0.60	id.	id.
22	»	1.40	»	1.00	id.	id.
23	»	1.10	»	0.67	id.	id.
24	»	1.00	»	0.50	id.	Beau.
25	»	1.00	»	0.45	id.	id.
26	»	1.18	»	0.65	id.	id.
27	»	1.10	»	0.65	id.	id.
28	»	1.10	»	0.63	E. faible.	id.
29	»	1.10	»	0.60	id.	Pluie.
30	»	1.05	»	0.58	S.-E. fe.	Beau.
31	»	1.00	»	0.52	Nord fort.	id.

SEPTEMBRE

DATES.	Echelle de Beaucaire. Hauteurs observées (matin)		Echelle de Fourques. Hauteurs observées (matin)		VENTS.	ÉTAT DU CIEL.
	Heure	Cote	Heure	Cote		
1	7 h.	1.10	7 h.	0.52	Nord.	Beau.
2	»	1.10	»	0.55	Nord fort.	id.
3	»	0.95	»	0.40	id.	id.
4	»	0.80	»	0.29	N. faible.	Couvert.
5	»	0.70	»	0.22	Calme.	id.
6	»	0.70	»	0 18	S. faible.	Orageux.
7	»	0.70	»	0.15	id.	id.
8	»	0.70	»	0.15	S.-O. fe.	id.
9	»	0.70	»	0.18	id.	id.
10	»	0.70	»	0.13	id.	Beau.
11	»	0.70	»	0.07	N. faible.	id.
12	»	0.60	»	0.02	id.	id.
13	»	0.55	»	0.00	N. moyen	id.
14	»	-0.55	»	0.00	N. faible.	id.
15	»	0.54	»	0.00	Calme.	id.
16	»	0.50	»	0.01	id.	id.
17	»	0.46	»	0.03	id.	id.
18	»	0.44	»	0.05	id.	id.
19	»	0.40	»	0.03	N. faible.	Couvert.
20	»	0 40	»	0.06	Calme.	id.
21	»	0.40	»	0.06	id.	Beau.
22	»	0.40	»	0.07	id.	id.
23	»	0.40	»	0.08	id.	id.
24	»	0.40	»	0.10	id.	id.
25	»	0.40	»	0.12	Est faible.	id.
26	»	0.48	»	0.20	O. faible.	id.
27	»	0.34	»	0.28	id.	Couvert.
28	»	0.30	»	0.30	id.	Nuageux.
29	»	0.30	»	0.33	id.	Beau.
30	»	0.28	»	0.36	Calme.	Id.

OCTOBRE

DATES.	Echelle de Beaucaire Hauteurs observées (matin)		Echelle de Fourques. Hauteurs observées (matin)		VENTS.	ÉTAT DU CIEL.
	Heure	Cote	Heure	Cote		
1	7 h.	0.20	7 h.	0.40	Sud.	Beau.
2	»	0.20	»	0.40	S.-Ouest.	id.
3	»	0.25	»	0.40	id.	id.
4	»	0.20	»	0.40	id.	id.
5	»	0.17	»	0.40	id.	Couvert.
6	»	0.07	»	0.40	id.	id.
7	»	0.15	»	0.30	Est.	Beau.
8	»	0.15	»	0.28	id.	Pluie.
9	»	0.23	»	0 00	Sud-Est.	id.
10	»	1.08	»	0.15	Sud.	Beau.
11	»	0.80	»	0.35	id.	id.
12	»	0.43	»	0.04	id.	id.
13	»	0.58	»	0.12	id.	Orageux.
14	»	0.15	»	0.06	id.	Beau.
15	»	0.40	»	0.02	id.	id.
16	»	0.37	»	0.25	id.	id.
17	»	0.33	»	0.30	id.	Couvert.
18	»	0.28	»	0.40	id.	Nuageux.
19	»	0.40	»	0.60	id.	Beau.
20	»	1.23	»	0.20	id.	Nuageux.
21	»	-0.78	»	0.10	id.	Orageux.
22	»	0.70	»	0.03	id.	id.
23	»	1.50	»	0.85	Nord.	Beau.
24	»	3.20	»	2.80	id.	id.
25	»	3.20	»	2.28	id.	id.
26	»	2.70	»	2.35	id.	id.
27	»	2.10	»	1.75	id.	Nuageux.
28	»	1.90	»	1.38	id.	id.
29	»	2.16	»	1.50	id.	Beau.
30	»	2.65	»	2.00	Sud.	Nuageux.
31	»	2.70	»	2.10	id.	Couvert.

NOVEMBRE

DATES.	Beaucaire		Fourques		VENTS.	ÉTAT DU CIEL.
1	7 h.	2.60	7 h.	1.80	Sud faib.	Nuageux.
2	»	3.12	»	2.60	N. faible.	id.
3	»	2.60	»	2.20	Nord fort.	id.
4	»	2.00	»	1.50	Id.	Beau.
5	»	1.80	»	1.10	id.	id.
6	»	1.60	»	0.95	Sud faib.	id.
7	»	1.40	»	0.95	id.	Nuageux.
8	»	1.57	»	2.35	Sud moy.	id.
9	»	3.00	»	1.98	S.-O. fe.	Beau.
10	»	2.40	»	1.55	N. moyen	id.
11	»	1.80	»	1.30	id.	id.
12	»	1.55	»	1.10	id.	id.
13	»	1.55	»	0.95	N. faible.	id.
14	»	1.20	»	0.75	E. faible.	id.
15	»	1.00	»	0.55	id.	Nuageux.
16	»	0.90	»	0.50	id.	id.
17	»	0.80	»	0.40	id.	Beau.
18	»	0.74	»	0.35	id.	id.
19	»	0 70	»	0.20	id.	Nuageux.
20	»	0.60	»	0.15	id.	id.
21	»	0.60	»	0.00	id.	id.
22	»	0.60	»	0.00	Sud moy.	id.
23	»	0.60	»	0.00	id	id.
24	»	0.65	»	0.28	id.	id.
25	»	0.88	»	0.47	S.-E. fe.	id.
26	»	1.00	»	0.58	Sud fort.	Pluie.
27	»	1.10	»	0.68	Sud moy.	Nuageux.
28	»	1 20	»	0 78	id.	id.
29	»	1.25	»	0.83	Sud faib.	id.
30	»	1.50	»	0.98	id.	Pluie.

DÉCEMBRE

DATES.	Beaucaire		Fourques		VENTS.	ÉTAT DU CIEL.
1	7 h.	1.70	7 h.	1.00	E. faible.	Pluie.
2	»	2.43	»	1.80	id.	id.
3	»	2.80	»	2.05	S.-E. m.	id.
4	»	5.00	»	4.13	id.	id.
5	»	5.08	»	4.55	N.-O. fe.	Nuageux.
6	»	4.25	»	3.85	S.-O. fe.	Beau.
7	»	3.30	»	2.95	N. faible.	id.
8	»	2.90	»	2.50	N.-E. fe.	id.
9	»	2.40	»	2.00	id.	id.
10	»	2.08	»	1.63	id.	Brumeux.
11	»	1.75	»	1.38	Nord fort.	Beau.
12	»	1.50	»	1.09	N. faible.	id.
13	»	1.58	»	0.92	id.	id.
14	»	1.20	»	0.68	id.	id.
15	»	1.00	»	0.50	S.-E. fort	id.
16	»	0.90	»	0 44	Nord fort.	id.
17	»	0 76	»	0.35	id.	id.
18	»	0.70	»	0.28	N. moyen	id.
19	»	0.64	»	0.16	N. faible.	id.
20	»	0.60	»	0.09	id.	id.
21	»	0.50	»	0.00	id.	id.
22	»	0.42	»	0.03	E. faible.	id.
23	»	0.40	»	0.05	id.	Nuageux.
24	»	0.38	»	0.08	id.	id.
25	»	0.35	»	0.10	id.	id.
26	»	0.34	»	0.10	id.	id.
27	»	0.30	»	0.10	id.	id.
28	»	0.28	»	0.12	S.-O. fe.	Id.
29	»	0.28	»	0.12	id.	Beau.
30	»	0.28	»	0.12	N.-E. m.	Nuageux.
31	»	0.33	»	0.08	Sud moy.	Pluie.

ANNÉE 1866.

JANVIER

DATES.	Echelle de Beaucaire. Hauteurs observées (matin) Heure	Cote	Echelle de Fourques. Hauteurs observées (matin) Heure	Cote	VENTS.	ÉTAT DU CIEL.
1	7 h.	0.80	7 h.	0.20	S.-O. fe.	Pluie.
2	»	1.30	»	0.43	id.	Beau.
3	»	1.17	»	0.77	id.	id.
4	»	1.10	»	0.60	S.-E. fe.	id.
5	»	0.98	»	0.55	Est faible	Nuageux.
6	»	0.94	»	0.45	id.	id.
7	»	0.95	»	0.60	id.	Pluie.
8	»	0.90	»	0.48	id.	Nuageux.
9	»	0.85	»	0.39	E. très-f.	id.
10	»	0.95	»	0.50	Est fort.	id.
11	»	1.60	»	1.05	id.	id.
12	»	1.70	»	1.28	N. faible.	Beau.
13	»	2.00	»	1.55	id.	id.
14	»	2.00	»	1.50	id.	id.
15	»	1.75	»	1.30	id.	id.
16	»	1.72	»	1.20	id.	id.
17	»	1.80	»	1.32	id.	id.
18	»	1.62	»	1.26	id.	id.
19	»	1.70	»	1.10	S. faible	Nuageux.
20	»	1.70	»	1.20	id.	id.
21	»	1.60	»	1.12	N. faible.	id.
22	»	1.50	»	1.05	id.	Beau.
23	»	1.38	»	0.93	id.	Nuageux.
24	»	1.20	»	0.75	Nord fort	Beau.
25	»	0.98	»	0.70	N. moyen	id.
26	»	1.10	»	0.60	N. faible.	id.
27	»	1.00	»	0.50	id.	id.
28	»	0.95	»	0.45	E. faible.	id.
29	»	0.90	»	0.42	id.	Nuageux.
30	»	0.80	»	0.33	Calme.	Beau.
31	»	0.76	»	0.28	S. faible.	Nuageux.

FÉVRIER

DATES.	Echelle de Beaucaire. Hauteurs observées (matin) Heure	Cote	Echelle de Fourques. Hauteurs observées (matin) Heure	Cote	VENTS.	ÉTAT DU CIEL.
1	7 h.	0.70	7 h.	0.20	Sud-Est.	Nuageux.
2	»	0.70	»	0.25	id.	id.
3	•	1.00	»	0.55	Nord.	Beau.
4	»	2.93	»	1.88	id.	id.
5	»	2.43	»	2.37	id.	Nuageux.
6	»	2.25	»	1.97	id.	Beau.
7	»	2.30	»	1.75	id.	id.
8	»	2.40	»	1.78	id.	Nuageux.
9	»	2.50	»	1.88	id.	Beau.
10	»	2.50	»	1.98	Sud.	Nuageux.
11	»	2.42	»	1.93	id.	Beau.
12	»	2.50	»	1.88	Nord.	Beau.
13	»	2.40	»	1.88	id.	id.
14	»	2.65	»	2.02	id.	id.
15	»	3.15	»	2.05	id.	Nuageux.
16	»	3.00	»	2.50	Nord-Est.	Beau.
17	»	2.55	»	2.08	id.	id.
18	»	2.40	»	1.90	Sud.	Nuageux.
19	»	2.30	»	1.85	Est.	Beau.
20	»	2.47	»	1.85	id.	Pluie.
21	»	2.23	»	1.88	id.	id.
22	»	3.35	»	3.00	Nord.	id.
23	»	3.30	»	2.95	id.	Beau.
24	»	3.05	»	2.63	id.	Nuageux.
25	»	2.70	»	2.55	id.	Beau.
26	»	2.55	»	2.04	id.	id.
27	»	2.41	»	1.90	Sud.	Pluie.
28	»	2.45	»	1.94	id.	Nuageux.

MARS

DATES.	Echelle de Beaucaire. Hauteurs observées (matin) Heure	Cote	Echelle de Fourques. Hauteurs observées (matin) Heure	Cote	VENTS.	ÉTAT DU CIEL.
1	7 h.	2.85	7 h.	2.50	E. faible.	Nuageux.
2	»	2.75	»	2.20	id.	id.
3	»	3.10	»	2.50	id.	id.
4	»	3.70	»	3.25	id.	id.
5	»	3.42	»	3.10	id.	id.
6	»	4.49	»	4.07	id.	id.
7	»	4.48	»	4.05	id.	id.
8	»	4.11	»	3.75	S.-E. fe.	id.
9	»	3.60	»	3.25	N. faible.	Beau.
10	»	3.25	»	2.85	id.	id.
11	»	3.00	»	2.55	id.	id.
12	»	2.70	»	2.30	E. moyen	id.
13	»	2.55	»	2.10	S. faible.	id.
14	»	2.45	»	1.83	N. faible.	id.
15	»	2.25	»	1.72	id.	id.
16	»	2.09	»	1.66	Sud fort.	Pluie.
17	»	2.20	»	1.67	Sud moy.	Nuageux.
18	»	3.75	»	3.36	S. faible.	Beau.
19	»	3.45	»	3.18	S.-E. fort	Pluie.
20	»	4.80	»	4.20	S.-E. m.	id.
21	»	4.27	»	3.90	N. faible.	Nuageux.
22	»	4.04	»	3.75	S.-O. m.	Beau.
23	»	3.50	»	3.20	N. moyen	Nuageux.
24	»	3.20	»	2.82	Sud fort.	Beau.
25	»	3.12	»	2.70	N. faible.	id.
26	»	3.10	»	2.60	N. moyen	id.
27	»	3.12	»	2.62	N. faible.	id.
28	»	3.30	»	2.90	id.	id.
29	»	3.05	»	2.59	id.	id.
30	»	2.90	»	2.42	id.	id.
31	»	»	»	»	»	»

AVRIL

DATES.	Echelle de Beaucaire. Hauteurs observées (matin) Heure	Cote	Echelle de Fourques. Hauteurs observées (matin) Heure	Cote	VENTS.	ÉTAT DU CIEL.
1	7 h.	2.77	7 h.	2.35	S.-Ouest.	Moyen.
2	»	2.80	»	2.30	id.	id.
3	»	3.07	»	2.50	id.	id.
4	»	3.30	»	2.87	Sud.	Faible.
5	»	3.15	»	2.72	Nord.	id.
6	»	2.80	»	2.52	Est.	id.
7	»	2.60	»	2.15	Sud-Est.	Moyen.
8	»	2.50	»	2.10	id.	Faible.
9	»	4.15	»	3.40	Sud.	id.
10	»	3.88	»	3.65	Nord.	id.
11	»	3.25	»	2.85	id.	id.
12	»	2.83	»	2.38	Ouest.	id.
13	»	2.50	»	2.05	id.	id.
14	»	2.55	»	2.00	Est.	id.
15	»	2.65	»	2.15	Nord.	Moyen.
16	»	2.90	»	2.30	id.	id.
17	»	3.19	»	2.70	id.	Faible.
18	»	2.76	»	2.48	Sud.	id.
19	»	2.67	»	2.18	Nord.	id.
20	»	2.55	»	2.10	id.	id.
21	»	2.56	»	2.00	Sud.	id.
22	»	2.70	»	2.10	Nord.	id.
23	»	2.90	»	2.45	id.	Fort.
24	»	2.65	»	2.20	Est.	Moyen.
25	»	2.95	»	1.80	id.	id.
26	»	2.10	»	1.58	Nord.	id.
27	»	2.00	»	1.43	Sud.	id.
28	»	1.92	»	1.38	Nord.	id.
29	»	2.00	»	1.30	Sud.	Moyen.
30	»	2.15	»	1.45	id.	id.

MAI

DATES.	Echelle de Beaucaire. Hauteurs observées (matin)		Echelle de Fourques. Hauteurs observées (matin)		VENTS.	ÉTAT DU CIEL.
	Heure	Cote	Heure	Cote		
1	7 h.	2.60	7 h.	2.10	Sud.	Nuageux.
2	»	2.85	»	2.28	Nord.	id.
3	»	3.09	»	2.60	id.	Beau.
4	»	2.67	»	2.20	Sud.	Nuageux.
5	»	2.55	»	2.05	id.	Pluie.
6	»	2.40	»	2.00	id	Nuageux.
7	»	2.41	»	1.90	Est.	id.
8	»	2.40	»	1.90	id.	Beau.
9	»	2.45	»	1.90	id.	id.
10	»	2.42	»	1.86	Nord.	id.
11	»	2.32	»	1.80	id.	id.
12	»	2.10	»	1.60	Ouest.	Nuageux.
13	»	2.00	»	1.50	id.	id.
14	»	1.90	»	1.38	Nord	id.
15	»	1.83	»	1.27	id.	id
16	»	1.84	»	1.20	id.	Beau.
17	»	1.68	»	1.12	Est.	id.
18	»	1.58	»	1.00	id.	id.
19	»	1.45	»	0.90	id.	id.
20	»	1.44	»	0.88	id.	id.
21	»	1.40	»	0.85	id.	id.
22	»	1.40	»	0.75	id.	id.
23	»	1.40	»	0.75	Sud.	id.
24	»	1.30	»	0.74	id.	Pluie.
25	»	1.30	»	0.75	id.	id.
26	»	1.58	»	0.80	id.	id.
27	»	2.15	»	1.39	id.	Nuageux.
28	»	2.55	»	1.90	id.	id.
29	»	2.70	»	2.08	id.	Pluie.
30	»	4.10	»	3.50	id.	Nuageux.
31	»	4.18	»	3.58	id.	id.

JUIN

DATES.	Echelle de Beaucaire. Hauteurs observées (matin)		Echelle de Fourques. Hauteurs observées (matin)		VENTS.	ÉTAT DU CIEL.
	Heure	Cote	Heure	Cote		
1	7 h.	3.77	7 h.	3.40	Sud.	Nuageux
2	»	4.50	»	4.30	id.	id.
3	»	4.50	»	3.10	id.	id.
4	»	3.10	»	2.60	id.	id.
5	»	3.06	»	2.55	Nord.	Beau.
6	»	2.90	»	2.49	id.	id.
7	»	2.70	»	2.20	id.	id.
8	»	2.40	»	1.95	id.	id.
9	»	2.30	»	1.80	id.	id.
10	»	2.22	»	1.65	id.	id.
11	»	2.25	»	1.70	id.	id.
12	»	2.20	»	1.65	id.	id.
13	»	2.70	»	1.65	Sud.	Nuageux
14	»	2.70	»	2.00	id.	id.
15	»	2.95	»	2.28	Nord.	Beau.
16	»	2.85	»	2.30	id.	id.
17	»	2.50	»	1.90	id	id.
18	»	2.20	»	1.70	id.	id.
19	»	2.00	»	1.45	Sud-Est.	id.
20	»	2.00	»	1.40	Nord.	id.
21	»	1.85	»	1.28	id.	Nuageux
22	»	1.82	»	1.20	id.	Beau.
23	»	1.87	»	1.24	id.	id.
24	»	1.80	»	1.22	id.	id.
25	»	1.80	»	1.19	id.	Nuageux
26	»	1.90	»	1.36	id.	Beau.
27	»	2.05	»	1.44	id.	Nuageux
28	»	1.90	»	1.39	id.	Beau.
29	»	1.80	»	1.33	Sud.	Nuageux
30	»	1.80	»	1.25	id.	Beau.

JUILLET

DATES.	Echelle de Beaucaire. Hauteurs observées (matin)		Echelle de Fourques. Hauteurs observées (matin)		VENTS.	ÉTAT DU CIEL.
	Heure	Cote	Heure	Cote		
1	7 h.	2.31	7 h.	1.85	Sud-Est.	Beau.
2	»	2.32	»	1.82	Nord.	Nuageux.
3	»	2.33	»	1.72	id.	Beau.
4	»	2.23	»	1.68	id.	id.
5	»	2.30	»	1.65	id.	id.
6	»	2.00	»	1.55	id.	id.
7	»	1.85	»	1.44	id.	id.
8	»	1.82	»	1.30	S.-Ouest.	id.
9	»	1.72	»	1.20	Nord.	id.
10	»	1.62	»	1.05	id.	id.
11	»	1.51	»	0.97	id.	id.
12	»	1.42	»	0.82	id.	id.
13	»	1.45	»	0.90	id.	id.
14	»	1.40	»	0.86	Sud.	»
15	»	1.40	»	0.82	id.	id.
16	»	1.35	»	0.80	id.	id.
17	»	1.35	»	0.80	id.	id.
18	»	1.35	»	0.78	id.	id.
19	»	1.35	»	0.85	S.-Ouest.	»
20	»	1.40	»	1.00	Nord.	id.
21	»	1.54	»	0.89	id.	id.
22	»	1.45	»	0.75	id.	id.
23	»	1.27	»	0.65	id.	id.
24	»	1.18	»	0.60	id.	id.
25	»	1.05	»	0.59	id.	id.
26	»	1.18	»	0.52	id.	id.
27	»	1.15	»	0.50	id.	id.
28	»	1.10	»	0.50	id.	id.
29	»	1.105	»	0.50	id.	id.
30	»	1.05	»	0.50	id.	id.
31	»	1.05	»	0.50	id.	id.

AOUT

DATES.	Echelle de Beaucaire. Hauteurs observées (matin)		Echelle de Fourques. Hauteurs observées (matin)		VENTS.	ÉTAT DU CIEL.
	Heure	Cote	Heure	Cote		
1	7 h.	1.00	7 h.	0.40	Nord.	Beau.
2	»	1.00	»	0.45	Sud.	id.
3	»	0.94	»	0.52	Nord.	id.
4	»	0.87	»	0.50	id.	id.
5	»	1.10	»	0.65	id.	Nuageux
6	»	1.20	»	0.82	id.	id.
7	»	1.50	»	0.65	S.-Est.	id.
8	»	1.50	»	1.00	Nord.	id.
9	»	1.35	»	0.88	S.-Ouest.	Brumeu
10	»	1.45	»	0.92	id.	Beau.
11	»	1.40	»	1.00	Nord.	id.
12	»	1.80	»	1.10	id.	id.
13	»	1.90	»	1.30	id.	id.
14	»	1.70	»	1.20	id.	id.
15	»	1.55	»	1.90	id.	id.
16	»	2.00	»	2.10	id.	id.
17	»	2.40	»	1.88	id.	id.
18	»	2.34	»	1.58	id.	id.
19	»	2.05	»	1.45	Sud.	id.
20	»	2.05	»	1.33	id.	Nuageux
21	»	2.06	»	1.20	Nord.	Pluie
22	»	1.85	»	1.18	N.-Ouest.	Beau.
23	»	1.75	»	1.18	Nord.	id.
24	»	1.60	»	1.25	Sud.	Nuageux
25	»	1.85	»	1.28	Nord.	id.
26	»	1.80	»	1.32	id.	Beau.
27	»	1.90	»	1.28	Sud.	Pluie.
28	»	1.87	»	1.28	id.	id.
29	»	3.00	»	2.38	id.	Nuageux
30	»	2.55	»	2.00	id.	Beau.
31	»	2.65	»	2.22	id.	id.

SEPTEMBRE

DATES.	Echelle de Beaucaire. Hauteurs observées (matin)		Echelle de Fourques. Hauteurs observées (matin)		VENTS.	ÉTAT DU CIEL.
	Heure	Cote	Heure	Cote		
1	7 h.	2.55	7 h.	2.80	S.-Ouest.	Faible.
2	»	2.79	»	2.18	id.	id.
3	»	2.66	»	2.21	Nord.	Fort.
4	»	2.40	»	1.90	id.	Moyen.
5	»	2.55	»	1.95	Sud.	Faible.
6	»	2.55	»	1.97	id.	id.
7	»	1.85	»	1.18	id.	id.
8	»	1.65	»	1.18	id.	id.
9	»	3.26	»	2.48	Nord.	id.
10	»	2.00	»	1.45	Sud.	id.
11	»	2.25	»	1.75	Nord.	Moyen.
12	»	2.00	»	1.69	id.	id.
13	»	1.90	»	1.48	id.	Faible.
14	»	1.80	»	1 38	id.	id.
15	»	2.25	»	1.22	id.	id.
16	»	2 23	»	1.90	id.	Moyen.
17	»	2.25	»	1.57	S.-Ouest.	id.
18	»	2.30	»	1.69	id.	id.
19	»	2.40	»	1.80	Nord.	Faible.
20	»	2.55	»	1.94	id.	id.
21	»	2.40	»	1.95	id.	id.
22	»	2.10	»	1.65	Sud.	Moyen.
23	»	2.00	»	1.46	id.	Fort.
24	»	2.10	»	1.50	id.	id.
25	»	3.00	»	2.18	id.	Faible.
26	»	3.00	»	2 43	Est.	id.
27	»	2.90	»	2.30	id.	id.
28	»	2.55	»	1.96	id.	id.
29	»	2.50	»	1.75	Nord.	id.
30	»	2.25	»	1.71	id.	id.

OCTOBRE

DATES.	Echelle de Beaucaire Hauteurs observées (matin)		Echelle de Fourques. Hauteurs observées (matin)		VENTS.	ÉTAT DU CIEL.
	Heure	Cote	Heure	Cote		
1	7 h.	1.90	7 h.	1.30	Sud.	Pluie.
2	»	1.85	»	1.28	id.	Nuageux.
3	»	1.85	»	1.26	id.	Pluie.
4	»	2.10	»	1.48	Nord.	Nuageux.
5	»	2.30	»	1.68	id.	Beau.
6	»	1.85	»	1.31	id.	id.
7	»	1.60	»	1.10	id.	id.
8	»	1.55	»	0.90	id.	id.
9	»	1.50	»	0.58	Est.	Brumeux
10	»	1.40	»	0.63	id.	Beau.
11	»	1.30	»	0.60	id.	id.
12	»	1.15	»	0.50	id.	id.
13	»	1.12	»	0.50	id.	Nuageux.
14	»	1.08	»	0 43	Nord.	Nord.
15	»	1.00	»	0.36	id.	id.
16	»	1.00	»	0.34	Est.	Est.
17	»	0.97	»	0.25	id.	id.
18	»	1.00	»	0.29	id.	id.
19	»	0.90	»	0.28	Sud-Est.	Sud-Est.
20	»	0.85	»	0 20	Nord.	Nord.
21	»	0.78	»	0.24	Est.	Est.
22	»	0.76	»	0.20	id.	id.
23	»	0.80	»	0.21	id.	id.
24	»	0.80	»	0.21	S.-Ouest.	Sud-Est.
25	»	0.80	»	0.25	Est.	Est.
26	»	0.77	»	0.25	id.	id.
27	»	0.76	»	0.21	Nord.	Nord.
28	»	0.75	»	0.20	id.	id.
29	»	0.70	»	0.20	id.	id.
30	»	0.68	»	0.21	id.	id.
31	»		»	0.21	id.	id.

NOVEMBRE

DATES.	Heure	Cote	Heure	Cote	VENTS.	ÉTAT DU CIEL.
1	7 h.	0.65	7 h.	0.52	Nord.	Beau.
2	»	0.65	»	0.50	Est.	Nuageux.
3	»	0.60	»	0.30	id.	Beau.
4	»	0.55	»	0.20	id.	id.
5	»	0.55	»	C B	id.	id.
6	»	0.50	»	C B	id.	id.
7	»	0.50	»	C B	id.	id.
8	»	0.50	»	C B	id.	Nuageux.
9	»	0.50	»	C B	id.	id.
10	»	0.50	»	C B	Sud.	id.
11	»	0.75	»	C B	Nord.	id.
12	»	0.60	»	C B	Ouest.	B au.
13	»	0.76	»	0.25	id.	id.
14	»	0.85	»	0.28	N.-Ouest.	Nuageux.
15	»	1.00	»	0.40	Nord.	Beau.
16	»	1.20	»	0.62	Est.	Nuageux.
17	»	1.26	»	0.72	Sud.	id.
18	»	1.00	»	0.52	Nord.	Beau.
19	»	1.25	»	0.61	id.	id.
20	»	1.50	»	0.94	id.	id.
21	»	1.16	»	0.95	id.	id.
22	»	1.19	»	1.30	id.	id.
23	»	1.61	»	1.00	id.	id.
24	»	1 60	»	0.90	id.	id.
25	»	1.40	»	0.86	id.	id.
26	»	1.30	»	0.78	id.	Nuageux.
27	»	1.35	»	0.80	id.	id.
28	»	1.70	»	1 00	id.	Beau.
29	»	1.95	»	1.35	id.	id.
30	»	»	»	1.40	id.	id.

DÉCEMBRE

DATES.	Heure	Cote	Heure	Cote	VENTS.	ÉTAT DU CIEL.
1	7 h.	1.85	7 h.	1.37	Est.	Beau.
2	»	1 80	»	1.30	id.	Pluie.
3	»	1.75	»	1.29	id.	id.
4	»	2.72	»	1.36	id.	id.
5	»	2.72	»	2.00	id.	Nuageux.
6	»	2.70	»	2 19	id.	id.
7	»	2.30	»	1.78	Sud-Est.	id.
8	»	2.00	»	1.58	Est.	Beau.
9	»	2.00	»	1.39	Nord.	id.
10	»	2.27	»	1.68	Est.	Nuageux.
11	»	2.00	»	1.52	Nord.	id.
12	»	1.70	»	1.16	id.	id.
13	»	1.65	»	1.11	Est.	id.
14	»	1.60	»	1.11	id.	Beau.
15	»	1.85	»	1.29	id.	Brumeux.
16	»	2.40	»	1 70	Nord.	id.
17	»	2.70	»	2.04	id.	Beau.
18	»	3.00	»	2.20	id.	id.
19	»	3.30	»	2.74	id.	id.
20	»	2.90	»	2.39	id.	id.
21	»	2.60	»	1.99	Est.	id.
22	»	2.35	»	1.81	id.	Brumeux.
23	»	2.30	»	1.77	id.	id.
24	»	2.00	»	1.69	id.	Beau.
25	»	1.80	»	1.62	id.	id.
26	»	1.80	»	1.52	id.	id.
27	»	1.60	»	1.34	Nord.	id.
28	»	1.50	»	1.13	id.	id.
29	»	1.40	»	0.80	id.	id.
30	»	1.20	»	0.74	id.	id.
31	»		»		id.	id.

ANNÉE 1867.

JANVIER

DATES.	Echelle de Beaucaire. Hauteurs observées (matin)		Echelle de Fourques. Hauteurs observées (matin)		VENTS.	ETAT DU CIEL.
	Heure	Cote	Heure	Cote		
1	7 h.	1.30	7 h.	0.79	Nord.	Beau.
2	»	1.45	»	0.80	id.	id.
3	»	1.58	»	1.07	id.	id.
4	»	1.60	»	1.08	id.	id.
5	»	1.58	»	1.08	id.	id.
6	»	1.55	»	1.07	Est.	Nuageux.
7	»	1.52	»	1.05	id.	id
8	»	1.53	»	1.11	id.	id.
9	»	1.80	»	1.24	id.	Beau.
10	»	2.58	»	1.63	id.	Nuageux.
11	»	2.90	»	2.18	id.	Pluie.
12	»	3.10	»	2.54	Nord.	Beau.
13	»	3.40	»	2.80	id.	Pluie.
14	»	3.16	»	2.63	id.	Neige.
15	»	3.12	»	2.65	id.	id.
16	»	3.40	»	2.88	id.	id.
17	»	3.00	»	2.48	id.	id.
18	»	2.86	»	2.27	id.	id.
19	»	2.63	»	2.08	id.	Beau.
20	»	2.50	»	2.06	Nord-Est.	Pluie.
21	»	2.80	»	2.20	id.	Brumeux.
22	»	2.90	»	2.37	id.	Beau.
23	»	2.72	»	2.19	id.	id.
24	»	2.72	»	2.16	id.	Brumeux.
25	»	2.75	»	2.23	Nord.	Beau.
26	»	3.76	»	3.14	id.	id.
27	»	4.08	»	3.54	N.-Ouest.	Nuageux.
28	»	4.15	»	3.80	Nord.	Beau.
29	»	4.10	»	3.65	N.-Ouest.	id.
30	»	4.10	»	3.80	Nord.	id.
31	»	»	»	3.75	id.	»

FÉVRIER

DATES.	Echelle de Beaucaire. Hauteurs observées (matin)		Echelle de Fourques. Hauteurs observées (matin)		VENTS.	ETAT DU CIEL.
	Heure	Cote	Heure	Cote		
1	7 h.		7 h.	3.62	Nord.	Beau.
2	»		»	3.50	id.	id.
3	»		»	3.41	id.	id.
4	»		»	3.30	Est.	Nuageux.
5	»		»	3.20	Ouest.	Beau.
6	»		»	2.98	id.	id.
7	»		»	2.90	N.-Ouest.	id.
8	»		»	3.70	id.	id.
9	»		»	3.36	Nord.	Nuageux.
10	»		»	3.20	id.	Beau.
11	»		»	2.70	id.	id.
12	»		»	2.53	id.	id.
13	»		»	2.90	id.	id.
14	»		»	2.28	Nord-Est.	id.
15	»		»	2.20	Est.	Pluie.
16	»	3.12	»	2.60	id.	id.
17	»	3.58	»	3.10	id.	id.
18	»	4.39	»	3.89	id.	id.
19	»		»	3.72	Nord-Est.	id.
20	»		»	2.95	Nord.	Nuageux.
21	»		»	2.52	Id.	Beau.
22	»		»	2.28	id.	id.
23	»		»	1.98	id.	id.
24	»		»	1.60	id.	id.
25	»		»	1.40	id.	id.
26	»		»	1.23	id.	id.
27	»		»	1.15	id.	id.
28	»		»	»	»	»

MARS

DATES.	Echelle de Beaucaire. Hauteurs observées (matin)		Echelle de Fourques. Hauteurs observées (matin)		VENTS.	ETAT DU CIEL.
	Heure	Cote	Heure	Cote		
1	7 h.	1.42	7 h.	0.90	Nord.	Beau.
2	»	1.45	»	0.90	Id.	Nuageux.
3	»	1.55	»	1.05	id.	id.
4	»	1.58	»	1.06	id.	Beau.
5	»	1.55	»	1.04	id.	id.
6	»	1.42	»	0.94	id.	id.
7	»	1.32	»	0.84	Nord-Est.	Pluie.
8	»	1.22	»	0.80	Est.	id.
9	»	1.65	»	1.13	Nord-Est	Nuageux.
10	»	1.75	»	1.35	Nord.	Beau.
11	»	1.70	»	1.17	id.	id.
12	»	2.13	»	1.58	id.	id.
13	»	2.58	»	1.83	Sud-Est.	id.
14	»	2.58	»	1.98	Ouest.	id.
15	»	3.35	»	2.73	Est.	id.
16	»	3.55	»	3.15	N.-Ouest.	Nuageux.
17	»	3.53	»	3.12	Est.	Beau
18	»	3.25	»	2.87	Nord.	Nuageux.
19	»	3.08	»	2.65	Est.	Beau.
20	»	3.10	»	2.58	id.	id.
21	»	3.50	»	3.00	Nord.	id.
22	»	3.80	»	3.42	id.	id.
23	»	3.54	»	3.16	Ouest.	id.
24	»	3.27	»	2.87	Nord-Est.	id.
25	»	3.12	»	2.62	Est.	Pluie.
26	»	2.95	»	2.50	id.	Beau.
27	»	2.95	»	2.41	id.	Pluie.
28	»	4.43	»	3.60	Nord-Est.	Beau.
29	»	4.75	»	4.32	N.-Ouest.	Nuageux.
30	»	4.64	»	4.26	Nord.	id.
31	»	»	»	»	»	»

AVRIL

DATES.	Echelle de Beaucaire. Hauteurs observées (matin)		Echelle de Fourques. Hauteurs observées (matin)		VENTS.	ETAT DU CIEL.
	Heure	Cote	Heure	Cote		
1	7 h.	3.97	7 h.	3.54	Nord.	Beau.
2	»	3.73	»	3.35	id.	id.
3	»	3.48	»	3.15	id.	id.
4	»	3.26	»	2.94	id	id.
5	»	3.22	»	2.84	id.	id.
6	»	3.19	»	2.74	id.	id.
7	»	3.26	»	2.82	id.	id.
8	»	3.22	»	2.82	N.-Ouest.	id.
9	»	3.25	»	2.81	Nord.	id.
10	»	3.20	»	2.76	id.	id.
11	»	3.45	»	3.17	id.	id.
12	»	3.75	»	3.49	Est.	Nuageux.
13	»	3.18	»	2.80	Nord.	Beau.
14	»	2.92	»	2.45	Ouest.	id.
15	»	2.78	»	2.27	id.	Nuageux.
16	»	2.70	»	2.18	id.	Beau.
17	»	2.70	»	2.16	Nord.	id.
18	»	2.78	»	2.22	Ouest.	id.
19	»	2.68	»	2.14	Est.	Nuageux.
20	»	2.60	»	2.07	id.	Beau.
21	»	2.48	»	1.90	Ouest.	id.
22	»	2.70	»	2.09	Nord.	id.
23	»	2.82	»	2.41	id.	id.
24	»	2.78	»	2.30	id.	id.
25	»	2.48	»	1.94	Est.	id.
26	»	2.30	»	1.96	Nord-Est.	id.
27	»	2.35	»	1.98	Est.	Pluie.
28	»	2.70	»	1.95	id.	id.
29	»	3.52	»	2.74	id.	Nuageux.
30	»	4.00	»	3.58	Nord.	Beau.

MAI

DATES.	Echelle de Beaucaire. Hauteurs observées (matin)		Echelle de Fourques. Hauteurs observées (matin)		VENTS.	ÉTAT DU CIEL.
	Heure	Cote	Heure	Cote		
1	7 h.	4.00	7 h.	3.67	Nord.	Beau.
2	»	3.68	»	3.37	id.	id.
3	»	3.53	»	2.12	id.	id.
4	»	3.42	»	3.03	S.-Ouest.	id.
5	»	3.17	»	2.76	Nord.	id.
6	»	3.00	»	2.50	id.	id.
7	»	2.91	»	3.38	id	id.
8	»	2.75	»	2.24	Est.	id.
9	»	2.62	»	2.08	id.	id.
10	»	2.55	»	1.79	Nord	id.
11	»	2.50	»	1 80	Est.	Nuageux.
12	»	2.42	»	1.85	id.	id.
13	»	2.36	»	1.78	id.	Beau.
14	»	2.40	»	1.87	id.	Nuageux.
15	»	2 43	»	1.90	id.	Pluie.
16	»	2.50	»	1.90	Nord.	Beau.
17	»	2.93	»	2.50	id.	id.
18	»	2.85	»	2.29	Est.	id.
19	»	2.65	»	2.10	id.	id.
20	»	2.40	»	1.85	id.	Nuageux.
21	»	2.38	»	1.83	Nord.	id.
22	»	2.38	»	1.75	id.	Beau.
23	»	2 45	»	1.88	id.	id.
24	»	2 58	»	2.04	id.	id.
25	»	2.38	»	1.75	Est.	id.
26	»	2.40	»	1.54	id.	Nuageux.
27	»	2.00	»	1.45	Nord.	Beau.
28	»	2.00	»	1 58	Est.	id.
29	»	2.55	»	1.82	Nord.	id.
30	»	2.70	»	2.50	id.	id.
31	»	»	»	2.49	id.	id.

JUIN

DATES.	Echelle de Beaucaire. Hauteurs observées (matin)		Echelle de Fourques. Hauteurs observées (matin)		VENTS.	ÉTAT DU CIEL.
	Heure	Cote	Heure	Cote		
1	7 h.	2.98	7 h.	2.48	Nord.	Beau.
2	»	3.00	»	2.49	Est.	id.
3	»	2.87	»	2.51	id.	id
4	»	2.83	»	2.28	Nord.	Pluie.
5	»	2.80	»	2.22	id.	Beau.
6	»	2.72	»	2.20	Est.	id.
7	»	2.60	»	2.02	Nord.	id.
8	»	2.50	»	1.90	it.	id.
9	»	2.50	»	1 88	id.	id.
10	»	2.60	»	2.00	id.	id.
11	»	2.38	»	1.78	id.	id.
12	»	2 25	»	1.64	id.	id.
13	»	2.22	»	1 58	id.	id.
14	»	2.25	»	1.66	id.	Nuageux.
15	»	2.32	»	1.68	id.	Beau.
16	»	2.58	»	1.65	id.	id.
17	»	2.28	»	1.65	id.	id.
18	»	2.05	»	1.48	id.	id.
19	»	1.80	»	1.21	id.	Nuageux.
20	»	1.70	»	1.12	id.	Beau.
21	»	1.70	»	1.03	id.	id.
22	»	1.90	»	1.24	id.	id.
23	»	1.93	»	1.33	Est.	id.
24	»	1.92	»	1.33	Nord.	id.
25	»	2.12	»	1.48	id.	id.
26	»	2.38	»	1.93	id.	id.
27	»	2.60	»	2.00	id.	Pluie.
28	»	2.67	»	2.18	id.	Beau.
29	»	2.70	»	2.30	id.	id.
30	»	2.61	»	2.10	id.	id.
31	»	2.40	»	2.00	id.	id.

JUILLET

DATES.	Echelle de Beaucaire.		Echelle de Fourques.		VENTS.	ÉTAT DU CIEL.
1	7 h.	2.92	7 h.	2.38	Nord.	Beau.
2	»	2.70	»	2.46	Est.	Pluie.
3	»	2.55	»	2.18	Nord.	Beau.
4	»	2.43	»	1.90	Est.	id.
5	»	2.22	»	1.62	Nord.	id.
6	»	2.08	»	1.50	id.	id.
7	»	2.00	»	1.40	id.	id.
8	»	1.90	»	1.25	id.	id.
9	»	1.73	»	1.12	id.	id.
10	»	1.60	»	1.00	id.	id.
11	»	1 50	»	0 93	Est.	id.
12	»	1.50	»	0.89	id.	id.
13	»	1.46	»	0.88	Nord.	id.
14	»	1.55	»	1.00	id.	id.
15	»	1.55	»	0.99	Sud.	id.
16	»	1 52	»	0.98	Nord.	id.
17	»	1.48	»	0.89	id.	id.
18	»	1.44	»	0.83	id.	id.
19	»	1.42	»	0.84	id.	id.
20	»	1.39	»	0.80	id.	id.
21	»	1.39	»	0.76	Est.	id.
22	»	1.25	»	0.70	Nord.	id.
23	»	1.22	»	0.66	Est.	id.
24	»	1.20	»	0.65	Nord.	id.
25	»	1.25	»	0.66	Ouest.	id.
26	»	1.28	»	0.71	Nord.	id.
27	»	1.25	»	0.72	id.	id.
28	»	1.25	»	0.71	id.	id.
29	»	1.20	»	0.69	id.	Nuageux.
30	»	1.15	»	0.60	id.	Beau.
31	»	1.08	»	0.55	id.	id.

AOUT

DATES.	Echelle de Beaucaire.		Echelle de Fourques.		VENTS.	ÉTAT DU CIEL.
1	7 h.	1.05	7 h.	0.46	Est.	Nuageux.
2	»	1.10	»	0.52	Nord.	Beau.
3	»	1.20	»	0.70	id.	id.
4	»	1.28	»	0.70	id.	id.
5	»	1.25	»	0.75	id.	id.
6	»	1.15	»	0.58	id.	id.
7	»	1.05	»	0.51	id.	id.
8	»	1 00	»	0.43	id.	id.
9	»	0.98	»	0.38	id.	id.
10	»	0.95	»	0.36	Est.	id.
11	»	0.90	»	0.30	id.	id.
12	»	0.90	»	0.29	Sud.	id.
13	»	0.90	»	0.29	Est.	id.
14	»	0.90	»	0.31	Nord.	id.
15	»	0.90	»	0.29	id.	id.
16	»	0.90	»	0.30	id.	id.
17	»	0.90	»	0.30	id.	id.
18	»	0.88	»	0.27	Est.	id.
19	»	0.83	»	0.20	Nord.	id.
20	»	0.82	»	0.19	Sud.	id.
21	»	0.82	»	0.18	Est.	id.
22	»	0.82	»	0.19	id.	id.
23	»	0.82	»	0.21	Nord.	id.
24	»	0.90	»	0.25	id.	id.
25	»	0.90	»	0.28	id.	id.
26	»	0.90	»	0.32	id.	id.
27	»	0.95	»	0.35	Est.	Nuageux.
28	»	0.90	»	0.33	Nord.	id.
29	»	0.90	»	0.29	id.	Beau.
30	»	1.10	»	0.52	id.	id.
31	»	1.15	»	0.59	id.	id.

SEPTEMBRE

DATES.	Echelle de Beaucaire. Hauteurs observées (matin)		Echelle de Fourques. Hauteurs observées (matin)		VENTS.	ETAT DU CIEL.
	Heure	Cote	Heure	Cote		
1	7 h.	0.93	7 h.	0.41	Nord.	Beau.
2	»	0.88	»	0.28	Est.	id.
3	»	0.80	»	0.22	id.	Nuageux.
4	»	0.80	»	0.20	id.	id.
5	»	0.82	»	0 20	Nord.	Beau.
6	»	0.82	»	0.33	id.	id.
7	»	0.80	»	0.20	id.	id.
8	»	0.75	»	0.15	id.	id.
9	»	0.75	»	0.10	id.	id.
10	»	0.72	»	0.09	id.	id.
11	»	0.70	»	0.06	Sud.	id.
12	»	0.70	»	0.06	Nord.	id.
13	»	0.69	»	0 04	Est.	id.
14	»	0.68	»	0.02	Nord.	id.
15	»	0.68	»	0.02	id.	Nuageux.
16	»	0.66	»	0.03	id.	Beau.
17	»	0 65	»	0.04	id.	Pluie.
18	»	0.80	»	0.16	id.	Beau.
19	»	1.37	»	0.34	id.	id.
20	»	1.28	»	0.68	Sud.	id.
21	»	1.00	»	0.58	Nord.	id.
22	»	0.85	»	0.28	id.	id.
23	»	0.82	»	0.21	id.	id.
24	»	0.80	»	0.23	id.	id.
25	»	0.75	»	0.15	id.	id.
26	»	0.75	»	0.10	id.	id.
27	»	0.80	»	0.12	id.	id.
28	»	0.85	»	0.09	id.	id.
29	»	0.86	»	0.08	id.	id.
30	»	0.80	»	0.06	id.	id.

OCTOBRE

DATES.	Echelle de Beaucaire. Hauteurs observées (matin)		Echelle de Fourques. Hauteurs observées (matin)		VENTS.	ETAT DU CIEL.
	Heure	Cote	Heure	Cote		
1	7 h.	0.65	7 h.	0.04	Nord	Beau.
2	»	0.65	»	0.08	Nord-Est.	id.
3	»	0.63	»	0.07	Nord.	id.
4	»	0.60	»	0.08	id.	id.
5	»	0.56	»	0.06	id.	Nuageux.
6	»	0.56	»	0.04	id.	Beau.
7	»	0.56	»	0.04	Est.	id.
8	»	0.58	»	0.04	Ouest.	Nuageux.
9	»	0.68	»	0 05	Nord.	Beau.
10	»	1.78	»	0.86	Nord-Est	Pluie.
11	»	2.15	»	1.30	Nord.	Beau.
12	»	1.95	»	1.20	id.	id.
13	»	1.90	»	1.17	Est.	Pluie.
14	»	1.78	»	1.20	id.	Nuageux.
15	»	1.64	»	0.90	id.	id.
16	»	2 05	»	1.20	id.	Pluie.
17	»	3 25	»	3.10	id.	id.
18	»	3.43	»	3.00	Nord.	Nuageux.
19	»	2.92	»	2.20	id.	Beau.
20	»	2.95	»	2.18	id.	id.
21	»	2.65	»	1.94	id.	id.
22	»	2.50	»	1.80	id.	id.
23	»	2.10	»	1.32	id.	id.
24	»	1.85	»	1.11	id.	id.
25	»	1.70	»	0.80	id.	id.
26	»	1.55	»	0.76	id.	id.
27	»	1.40	»	0.70	Est.	Pluie.
28	»	1.55	»	0.84	Nord.	Beau.
29	»	1.60	»	0.66	id.	id.
30	»	1.55	»	0.86	id.	id.
31	»	1.45	»	1.20	id.	id.

NOVEMBRE

DATES.	Echelle de Beaucaire. Hauteurs observées (matin)		Echelle de Fourques. Hauteurs observées (matin)		VENTS.	ETAT DU CIEL.
	Heure	Cote	Heure	Cote		
1	7 h.	1.70	7 h.	0.88	Nord.	Beau.
2	»	1.52	»	0.38	id.	id.
3	»	1.40	»	0 61	id.	id.
4	»	1.32	»	0.52	id.	id.
5	»	1.20	»	0.46	id.	id.
6	»	1.10	»	0.36	id.	id.
7	»	1.00	»	0.26	id.	Nuageux
8	»	0.92	»	0.20	Nord-Est	Beau.
9	»	0.88	»	0.12	Nord.	id.
10	»	0.80	»	0.10	id.	id.
11	»	0.78	»	0.08	Nord-Est.	id.
12	»	0.75	»	0.06	id.	Nuageux.
13	»	0.70	»	0.02	Est.	id.
14	»	0.68	»	0.02	id.	id.
15	»	0.73	»	0.18	id.	id.
16	»	0.75	»	0.34	id.	id.
17	»	2.10	»	1.20	id.	Beau.
18	»	3.12	»	2.42	Nord.	id.
19	»	2.20	»	1.60	id.	id.
20	»	1.60	»	0.84	id.	id.
21	»	1.20	»	0.48	id.	id.
22	»	1.00	»	0.24	id.	id.
23	»	0.90	»	0.08	id.	id.
24	»	0.75	»	0.03	id.	id.
25	»	0.70	»	0.06	id.	id.
26	»	0.65	»	0.04	Nord-Est.	id.
27	»	0.60	»	0.03	id.	id.
28	»	0.55	»	0.02	Nord.	id.
29	»	0.52	»	0.02	id.	id.
30	»	0.51	»	0.02	id.	id.

DÉCEMBRE

DATES.	Echelle de Beaucaire. Hauteurs observées (matin)		Echelle de Fourques. Hauteurs observées (matin)		VENTS.	ETAT DU CIEL.
	Heure	Cote	Heure	Cote		
1	7 h.	0.50	7 h.	»	Est.	Nuageux.
2	»	0.50	»	C B	Ouest.	Beau.
3	»	0.62	»	C B	Nord.	Nuageax.
4	»	0.60	»	C B	id.	Beau.
5	»	0.55	»	C B	id.	id.
6	»	0.55	»	C B	id.	id.
7	»	0.50	»	C B	id.	id.
8	»	0.50	»	C B	id.	id.
9	»	0.50	»	C B	id.	Neige.
10	»	0.50	»	C B	id.	id.
11	»	0.50	»	C B	id.	Beau.
12	»	0.40	»	C B	id.	id.
13	»	0.40	»	C B	N.-Ouest.	id.
14	»	0.45	»	C B	id.	id.
15	»	0.45	»	C B	Nord.	id.
16	»	0.45	»	C B	id.	id.
17	»	0.50	»	C B	id.	id.
18	»	1.10	»	0.20	Nord-Est.	Nuageux.
19	»	1.55	»	0.85	Nord.	Beau.
20	»	1.65	»	0.86	id.	id.
21	»	1.70	»	0.96	id.	id.
22	»	1.62	»	0.95	id.	id.
23	»	1.55	»	0.88	id.	id.
24	»	1.40	»	0.76	id.	id.
25	»	1.25	»	0.65	id.	id.
26	»	1.05	»	0.45	id.	Nuageux.
27	»	0.92	»	0.35	id.	id.
28	»	0.78	»	0.22	id.	Beau.
29	»	0.70	»	C B	id.	id.
30	»	0.62	»	C B	id.	id.
31	»	»	»	C B	»	»

ANNÉE 1868.

JANVIER

DATES.	Echelle de Beaucaire. Hauteurs observées (matin)		Echelle de Fourques. Hauteurs observées (matin)		VENTS.	ETAT DU CIEL.
	Heure	Cote	Heure	Cote		
1	7 h.	0.52	7 h.	C B	Nord.	Neige.
2	»	0.40	»	C B	id.	Nuageux
3	»	0.80	»	C B	id.	id.
4	»	1.35	»	C B	id.	Beau.
5	»	1.20	»	C B	id.	id.
6	»	1.40	»	C B	Nord-Est.	id.
7	»	1.34	»	C B	id.	Neige.
8	»	1.30	»	C B	Nord.	Nuageux.
9	»	1.30	»	C B	id.	Beau.
10	»	1.25	»	C B	id.	id.
11	»	1.20	»	C B	id.	id.
12	»	1.20	»	C B	id.	id.
13	»	1.12	»	C B	Nord-Est.	Nuageux.
14	»	1.12	»	C B	Nord.	Beau
15	»	1.12	»	C B	id.	id.
16	»	0.60	»	0.30	id.	id.
17	»	0.35	»	C B	Nord-Est.	Nuageux.
18	»	0.40	»	C B	id.	id.
19	»	0.56	»	C D	id.	id.
20	»	0.55	»	0.12	Est.	Pluie.
21	»	0.70	»	0.10	Nord.	Beau.
22	»	1.20	»	0.45	Est.	id.
23	»	1.50	»	0.75	Nord-Est.	id.
24	»	1.35	»	0.70	Nord.	Pluie.
25	»	1.45	»	0.66	id.	Beau.
26	»	1.42	»	0.76	id.	id.
27	»	1.15	»	0.70	id.	id.
28	»	1.00	»	0.50	id.	id.
29	»	0.90	»	0.35	id.	id.
30	»	»	»	»	»	»
31	»	»	»	»	»	»

FÉVRIER

DATES.	Echelle de Beaucaire. Hauteurs observées (matin)		Echelle de Fourques. Hauteurs observées (matin)		VENTS.	ETAT DU CIEL.
	Heure	Cote	Heure	Cote		
1	7 h.	1.10	7 h.	0 43	Nord.	Beau.
2	»	1.10	»	0.48	id.	id.
3	»	1.10	»	0.54	id.	id.
4	»	1.15	»	0.55	id.	id.
5	»	1.25	»	0.59	id.	id.
6	»	1.40	»	0.68	id.	id.
7	»	1.38	»	0.74	id.	id.
8	»	1.32	»	0.72	Nord-Est.	id.
9	»	1.25	»	0 67	Nord.	id.
10	»	1.15	»	0.50	id.	id.
11	»	1.00	»	0.44	id.	id.
12	»	0.79	»	0.15	id.	id.
13	»	0.70	»	C B	id.	id.
14	»	0.63	»	0.10	id.	id.
15	»	0.58	»	0.14	id.	id.
16	»	0.50	»	0.18	id.	id.
17	»	0.48	»	0.20	Nord-Est.	id.
18	»	0.46	»	0.22	id.	id.
19	»	0.42	»	0.24	Nord.	id.
20	»	0.36	»	0.28	id.	id.
21	»	0.33	»	0.45	id.	id.
22	»	0.33	»	0.50	id.	id.
23	»	0.31	»	0.53	id.	id.
24	»	0.28	»	0.57	id.	id.
25	»	0.28	»	0.55	id.	id.
26	»	0.28	»	0.54	id.	id.
27	»	0.28	»	0.55	Nord-Est	Nuageux.
28	»	0.28	»	0.55	Nord.	Beau.
29	»	0.29	»	0.48	id.	id.

MARS

DATES.	Echelle de Beaucaire. Hauteurs observées (matin)		Echelle de Fourques. Hauteurs observées (matin)		VENTS.	ETAT DU CIEL.
	Heure	Cote	Heure	Cote		
1	7 h.	0.42	7 h.	C B	Nord.	Pluie.
2	»	0.46	»	C B	id.	Beau.
3	»	0.50	»	C B	id.	id.
4	»	0.60	»	C B	id.	id.
5	»	0.80	»	0.18	id.	id.
6	»	0.88	»	0.05	id.	id.
7	»	1.30	»	0.16	id.	Nuageux.
8	»	1.80	»	0.45	id.	Beau.
9	»	1.80	»	0.99	id.	id.
10	»	2.04	»	1.05	Ouest.	Nuageux.
11	»	2.04	»	1.25	Nord.	Beau.
12	»	2.05	»	1.30	id.	Pluie.
13	»	2.25	»	1.40	id.	Beau.
14	»	2.43	»	1.70	id.	id.
15	»	2.32	»	1.60	id.	id.
16	»	2.15	»	1.48	id.	id.
17	»	1.98	»	1.30	id.	id.
18	»	1.73	»	1.10	id.	id.
19	»	1.52	»	0 88	id.	id.
20	»	1.33	»	0.70	id.	id.
21	»	1.21	»	0.55	id.	id.
22	»	1.08	»	0.42	id.	id.
23	»	0.98	»	0.37	id.	Nuageux.
24	»	0.92	»	0.22	id.	Beau.
25	»	0.86	»	0.14	id.	id.
26	»	0.82	»	0.08	id.	id.
27	»	0.75	»	0.06	id.	id.
28	»	0.70	»	C B	id.	id.
29	»	0.67	»	C B	id.	id.
30	»	0.70	»	C B	id.	id.
31	»	»	»	»	»	»

AVRIL

DATES.	Echelle de Beaucaire. Hauteurs observées (matin)		Echelle de Fourques. Hauteurs observées (matin)		VENTS.	ETAT DU CIEL.
	Heure	Cote	Heure	Cote		
1	7 h.	0.63	7 h.	C B	Nord Est.	Beau.
2	»	0.60	»	C B	Nord.	id.
3	»	0.60	»	C B	Ouest.	id.
4	»	0.65	»	C B	Sud.	id.
5	»	0.70	»	C B	Nord.	id.
6	»	0.80	»	0.10	id.	id.
7	»	0.90	»	0.20	id.	id.
8	»	0.95	»	0.25	id.	id.
9	»	1.00	»	0.30	id.	id.
10	»	0.95	»	0.54	id.	id.
11	»	1.00	»	0.25	id.	id.
12	»	0.95	»	0.18	id.	id.
13	»	0.80	»	0.14	id.	id.
14	»	0.70	»	C B	id.	id.
15	»	0.60	»	C B	id.	id.
16	»	0.55	»	C B	id.	id.
17	»	0.52	»	C B	id.	id.
18	»	0.52	»	C B	id.	id.
19	»	0.68	»	C B	Est.	Nuageux.
20	»	0.98	»	0.15	id.	Pluie.
21	»	0.65	»	0.55	Ouest.	Beau.
22	»	1.22	»	0.40	Est.	id.
23	»	1.80	»	0.91	id.	Nuageux
24	»	1.82	»	1.12	id.	id.
25	»	1.90	»	1.02	Nord.	Beau.
26	»	1.90	»	1.14	Est.	Nuageux.
27	»	1.91	»	1.10	id.	Pluie.
28	»	1.96	»	1.15	Nord.	Beau.
29	»	1.98	»	1.54	id.	id.
30	»	2.00	»	1.80	id.	id.

MAI

DATES.	Echelle de Beaucaire. Heure	Cote	Echelle de Fourques. Heure	Cote	VENTS.	ÉTAT DU CIEL.
1	7 h.	2.45	7 h.	1.70	Nord.	Beau.
2	»	2.45	»	1.62	Id.	id.
3	»	2.48	»	1.71	Est.	id.
4	»	2.40	»	1.65	id.	Nuageux.
5	»	2.38	»	1.62	Nord-Est.	id.
6	»	2.32	»	1.58	id.	Pluie.
7	»	2.28	»	1.55	Lst.	Beau.
8	»	2.92	»	2.10	Ouest.	id.
9	»	2.95	»	2.35	Nord.	id.
10	»	2.62	»	1.90	Est.	id.
11	»	2.50	»	1.76	id.	Pluie.
12	»	2.46	»	1.75	id.	id.
13	»	2.30	»	1.58	id.	Beau.
14	»	2.43	»	1.08	Nord.	id.
15	»	2.43	»	1.67	id.	id.
16	»	2.43	»	1.73	id.	id.
17	»	2.27	»	1.60	id.	id.
18	»	2.07	»	1.35	id.	id.
19	»	1.98	»	1.20	id.	id.
20	»	1.72	»	1.00	id.	id.
21	»	1.80	»	1.05	id.	id.
22	»	1.72	»	0.98	Est.	id.
23	»	1.70	»	0.95	Sud.	id.
24	»	1.72	»	0.98	Nord.	id.
25	»	1.68	»	0.96	id.	id.
26	»	1.57	»	0.90	Est.	id.
27	»	1.58	»	0.80	Nord.	id.
28	»	1.62	»	0.88	id.	id.
29	»	1.65	»	0.98	Est.	Nuageux.
30	»	1.80	»	1.00	id.	Beau.
31	»	»	»	»	»	»

JUIN

DATES.	Echelle de Beaucaire. Heure	Cote	Echelle de Fourques. Heure	Cote	VENTS.	ÉTAT DU CIEL.
1	7 h.	1.55	7 h.	0.90	Nord.	Beau.
2	»	1.45	»	0.80	id.	id.
3	»	1.38	»	0.70	id.	id.
4	»	1.44	»	0.60	id.	id.
5	»	1.52	»	0.73	id.	id.
6	»	1.52	»	0.85	id.	id.
7	»	1.40	»	0.75	id.	id.
8	»	1.30	»	0.65	id.	id.
9	»	1.30	»	0.62	id.	id.
10	»	1.32	»	0.66	id.	id.
11	»	1.30	»	0.58	id.	id.
12	»	1.22	»	0.54	id.	id.
13	»	1.10	»	0.45	id.	id.
14	»	1.02	»	0.37	id.	id
15	»	1.00	»	0.30	id.	id.
16	»	0.95	»	0.32	id.	id.
17	»	0.90	»	0.25	id.	id.
18	»	0.92	»	0.20	id.	id.
19	»	1.00	»	0.40	id.	id.
20	»	1.05	»	0.44	id.	id.
21	»	1.12	»	0.48	id.	id.
22	»	1.05	»	0.56	id.	id.
23	»	1.02	»	0.40	Est.	Nuageux.
24	»	1.15	»	0.46	id.	id.
25	»	1.50	»	0.80	Nord.	Beau.
26	»	1.50	»	0.70	id.	id.
27	»	1.35	»	0.60	id.	id.
28	»	1.20	»	0.45	id.	id.
29	»	1.15	»	0.40	id.	id.
30	»	1.74	»	0.58	id.	id.

JUILLET

DATES.	Echelle de Beaucaire. Heure	Cote	Echelle de Fourques. Heure	Cote	VENTS.	ÉTAT DU CIEL.
1	7 h.	1.12	7 h.	0.50	Nord.	Beau.
2	»	1.08	»	0.48	id.	id.
3	»	1.00	»	0.40	id.	id.
4	»	1.00	»	0.42	id.	id.
5	»	0.88	»	0.30	id.	id.
6	»	0.80	»	0.20	id.	id.
7	»	0.75	»	0.10	id	id.
8	»	0.72	»	0.04	id.	id.
9	»	0.72	»	C B	id.	id.
10	»	0.72	»	C B	id.	id.
11	»	0.74	»	C B	id.	id.
12	»	0.70	»	C B	id.	id.
13	»	0.62	»	C B	id.	id.
14	»	0.62	»	C B	id.	id.
15	»	0.72	»	0.04	id.	id.
16	»	0.74	»	0.08	id.	id.
17	»	0.78	»	0.13	id.	id.
18	»	0.75	»	0.10	id.	id.
19	»	0.80	»	0.18	id.	id.
20	»	0.78	»	0.20	id.	id.
21	»	0.75	»	0.15	id.	id.
22	»	0.75	»	0.20	id.	id.
23	»	0.73	»	0.11	id.	id.
24	»	0.75	»	0.12	id.	id.
25	»	0.75	»	0.15	id	id.
26	»	0.80	»	0.16	id.	id.
27	»	0.78	»	0.16	id.	id.
28	»	0.78	»	0.18	Est.	id.
29	»	0.82	»	0.20	id.	id.
30	»	0.87	»	0.28	id.	Nuageux.
31	»	»	»	0.18	id.	id.

AOUT

DATES.	Echelle de Beaucaire. Heure	Cote	Echelle de Fourques. Heure	Cote	VENTS.	ÉTAT DU CIEL.
1	7 h.	0.75	7 h.	0.10	Nord.	Beau.
2	»	0.70	»	0.06	id.	id.
3	»	0.70	»	0.05	id.	id
4	»	0.70	»	0.02	Est.	id.
5	»	0.73	»	0.10	id.	Pluie.
6	»	1.20	»	0.50	Nord.	Beau.
7	»	1.02	»	0.38	id.	id.
8	»	0.88	»	0.25	id.	id.
9	»	0.80	»	0.15	id.	id.
10	»	0.78	»	0.12	id.	id.
11	»	0.75	»	0.10	id.	id.
12	»	0.78	»	0.12	Est.	Nuageux.
13	»	0.80	»	0.18	Nord.	Beau.
14	»	5.15	»	2.20	Est.	Nuageux.
15	»	1.50	»	0.80	id.	id.
16	»	1.20	»	0.60	id.	id.
17	»	1.12	»	0.50	Nord.	Pluie.
18	»	2.35	»	1.30	id.	Beau.
19	»	2.05	»	1.25	id.	id.
20	»	1.60	»	0.80	id.	id.
21	»	1.30	»	0.65	id.	id.
22	»	1.22	»	0.50	id.	id.
23	»	1.10	»	0.40	id.	id.
24	»	1.20	»	0.50	id.	id.
25	»	1.10	»	0.43	id.	id.
26	»	1.05	»	0.40	id.	id.
27	»	0.95	»	0.30	id.	id.
28	»	0.90	»	0.20	id.	id.
29	»	0.85	»	0.12	id.	id.
30	»	0.85	»	0.06	id.	id.
31	»	»	»	»	id.	id.

SEPTEMBRE

DATES.	Echelle de Beaucaire. Hauteurs observées (matin)		Echelle de Fourques. Hauteurs observées (matin)		VENTS.	ÉTAT DU CIEL.
	Heure	Cote	Heure	Cote		
1	7 h.	0.73	7 h.	C B	Nord.	Beau.
2	»	0.70	»	0.00	id.	id.
3	»	0.68	»	0.00	id.	id.
4	»	0.65	»	0.00	id.	id.
5	»	0.62	»	0.00	id.	id.
6	»	0.60	»	0.00	id.	id.
7	»	0.60	»	0.00	id.	id.
8	»	0.60	»	0.00	Est.	id.
9	»	0.60	»	0.00	id.	id.
10	»	0.60	»	0.00	Nord.	id.
11	»	0.60	»	0.C0	id.	id.
12	»	0.58	»	0.00	Est.	id.
13	»	0.55	»	0.00	id.	Pluie.
14	»	0.78	»	0.15	id.	Beau.
15	»	0.78	»	0.12	Nord-Est.	id.
16	»	0.80	»	0.20	Nord.	id.
17	»	0.70	»	0.10	Est.	Nuageux.
18	»	0.75	»	0.11	id.	Beau.
19	»	1.35	»	0.90	id.	Pluie.
20	»	3.20	»	2.00	id.	Nuageux.
21	»	2.08	»	1.63	id.	Beau.
22	»	3.15	»	2.60	id.	id.
23	»	2.70	»	2.20	Nord.	id.
24	»	1.80	»	1.20	id.	id.
25	»	1.45	»	0.80	Est.	Nuageux.
26	»	3.10	»	0.35	id.	id.
27	»	2.00	»	1.27	id.	id.
28	»	3.60	»	3.00	id.	id.
29	»	2.65	»	2.10	Nord—Est	id.
30	»	2.55	»	1.86	id.	id.

OCTOBRE

DATES.	Echelle de Beaucaire. Hauteurs observées (matin)		Echelle de Fourques. Hauteurs observées (matin)		VENTS.	ÉTAT DU CIEL.
	Heure	Cote	Heure	Cote		
1	7 h.	2.60	7 h.	1.78	Est.	Pluie.
2	»	3.40	»	2.70	Nord-Est.	id.
3	»	4.25	»	3.50	Sud.	Beau.
4	»	5.46	»	4.60	Nord.	Nuageux.
5	»	4.55	»	4.25	id.	Beau.
6	»	3.60	»	3.30	id.	id.
7	»	3.15	»	2.60	id.	id.
8	»	2.82	»	2.25	id.	id.
9	»	2.40	»	1.70	id.	id.
10	»	2.12	»	1.35	Nord Est.	Nuageux.
11	»	1.92	»	1.25	id	Beau.
12	»	1.70	»	1.05	Nord.	id.
13	»	1.55	»	0.90	id.	id.
14	»	1.43	»	0.80	id.	id.
15	»	1.30	»	0.68	id.	id.
16	»	1.20	»	0.38	id.	id.
17	»	1.12	»	0.52	id.	Nuageux.
18	»	1.10	»	0.65	Est.	Pluie.
19	»	4.72	»	3.60	id.	id.
20	»	4.00	»	3.70	Nord.	Beau.
21	»	3.30	»	3.00	id.	id.
22	»	2.65	»	2.10	id.	id.
23	»	2.40	»	1.70	id.	id.
24	»	2.20	»	1.55	id.	Nuageux.
25	»	2.00	»	1.35	id.	Beau.
26	»	1.85	»	1.20	id.	id.
27	»	1.87	»	1.18	id.	id.
28	»	2.20	»	1.45	id.	id.
29	»	2.10	»	1.42	id.	Nuageux.
30	»	2.05	»	1.40	id.	Beau.
31	»		»	1.30	id.	

NOVEMBRE

DATES.	Echelle de Beaucaire. Hauteurs observées (matin)		Echelle de Fourques. Hauteurs observées (matin)		VENTS.	ÉTAT DU CIEL.
	Heure	Cote	Heure	Cote		
1	7 h.	1.98	7 h.	1.35	Nord.	Beau.
2	»	1.92	»	1.28	Nord-Est.	id.
3	»	1.75	»	1.15	Nord.	id.
4	»	1.55	»	1.00	id.	id.
5	»	1.40	»	0.80	id.	id.
6	»	1.30	»	0.70	Est.	Pluie.
7	»	1.58	»	0.80	Nord.	Nuageux.
8	»	1.70	»	0.96	id.	id.
9	»	2.10	»	1.40	id.	Beau.
10	»	2.15	»	1.52	id.	id.
11	»	2.05	»	1.45	id.	id.
12	»	1.98	»	1.30	id.	id.
13	»	1.83	»	1.20	id.	id.
14	»	1.68	»	1.08	id.	id.
15	»	1.55	»	0.98	id.	id.
16	»	1.45	»	0.88	Nord-Est.	Nuageux.
17	»	1.35	»	0.80	id.	Pluie.
18	»	1.30	»	0.74	id.	Nuageux.
19	»	1.25	»	0.68	Nord.	Beau.
20	»	1.20	»	0.60	id.	id.
21	»	1.12	»	0.54	Nord-Est.	Nuageux.
22	»	1.08	»	0.55	Nord.	id.
23	»	1.00	»	0.60	id.	Pluie.
24	»	4.22	»	3.20	id.	id.
25	»	4.08	»	3.70	Nord-Est.	id.
26	»	3.10	»	2.60	Nord.	Beau.
27	»	2.68	»	2.10	id.	id.
28	»	2.30	»	1.70	id.	id.
29	»	2.05	»	1.40	id.	id.
30	»	1.90	»	1.28	id.	id.

DÉCEMBRE

DATES.	Echelle de Beaucaire. Hauteurs observées (matin)		Echelle de Fourques. Hauteurs observées (matin)		VENTS.	ÉTAT DU CIEL.
	Heure	Cote	Heure	Cote		
1	7 h.	1.70	7 h.	1.10	Nord-Est.	Pluie.
2	»	1.53	»	0.96	id.	Nuageux.
3	»	1.45	»	0.85	Est.	Pluie.
4	»	1.85	»	1.10	id.	Nuageux.
5	»	1.83	»	1.30	id.	id.
6	»	1.75	»	1.15	Nord-Est.	Beau.
7	»	1.55	»	0.96	Sud.	Nuageux.
8	»	1.42	»	0.80	Nord.	Beau.
9	»	1.48	»	0.86	id.	id.
10	»	1.35	»	0.78	id.	id.
11	»	1.35	»	0.80	Est.	Nuageux.
12	»	1.60	»	1.10	id.	id.
13	»	1.70	»	1.16	id.	id.
14	»	2.15	»	1.54	Nord—Est	Beau.
15	»	1.95	»	1.40	id.	id.
16	»	2.02	»	1.42	Nord-Est.	Pluie
17	»	2.12	»	1.58	id.	Beau.
18	»	1.90	»	1.30	id.	Nuag.ux.
19	»	2.10	»	1.50	Nord.	Beau.
20	»	2.10	»	1.48	Est.	Pluie.
21	»	2.00	»	1.45	Nord-Est.	B au.
22	»	2.27	»	1.60	id.	id.
23	»	2.80	»	2.15	Ouest.	Nuageux.
24	»	3.12	»	2.60	Nord.	Beau.
25	»	3.50	»	3.00	id.	id.
26	»	3.62	»	3.15	id.	id.
27	»	3.62	»	3.18	Nord-Est.	id.
28	»	3.30	»	2.85	Nord.	id.
29	»	3.20	»	2.60	Est.	id.
30	»	3.55	»	3.00	id.	Nuageux.
31	»	3.85	»	3.38	id.	Beau.

ANNÉE 1869.

JANVIER — FÉVRIER

	JANVIER	Echelle de Beaucaire.	Echelle de Fourques.				FÉVRIER	Echelle de Beaucaire.	Echelle de Fourques.		
DATES.	Heure	Cote	Heure	Cote	VENTS.	ETAT DU CIEL.	DATES.	Heure	Cote	Heure	Cote	VENTS.	ETAT DU CIEL.

DATES.	Heure	Cote (Beaucaire)	Heure	Cote (Fourques)	VENTS.	ETAT DU CIEL.	DATES.	Heure	Cote (Beaucaire)	Heure	Cote (Fourques)	VENTS.	ETAT DU CIEL.
1	7 h.	3.75	7 h.	3.28	Nord.	Beau.	1	7 h.	1.75	7 h.	1.20	Est.	Nuageux.
2	»	3.80	»	3.38	Nord-Est.	id.	2	»	1.90	»	1.40	Nord.	Beau.
3	»	3.42	»	3.00	id.	Nuageux.	3	»	2.02	»	1.38	id.	id.
4	»	3.22	»	2.80	Nord.	Beau	4	»	2.25	»	1.60	id.	id.
5	»	3.10	»	2.75	id.	id.	5	»	2.32	»	1.76	id.	id.
6	»	2.99	»	2.40	id.	id.	6	»	2.20	»	1.56	Est.	id.
7	»	2.91	»	2.30	id.	id.	7	»	2.10	»	1.54	id.	id.
8	»	2.78	»	2.15	id.	id.	8	»	1.85	»	1.30	id.	Nuageux.
9	»	2.70	»	2.06	Nord-Est.	id.	9	»	1.72	»	1.45	Nord.	Beau.
10	»	2.65	»	2.00	id.	id.	10	»	1.60	»	1.00	id.	id.
11	»	2.35	»	1.90	id.	Pluie.	11	»	1.45	»	0.90	id.	id.
12	»	2.35	»	1.76	id.	Beau.	12	»	1.32	»	0.74	id.	id.
13	»	2.20	»	1.64	Nord.	id.	13	»	1.25	»	0.66	id.	id.
14	»	2.05	»	1.50	id.	Nuageux.	14	»	1.25	»	0.60	id.	id.
15	»	1.90	»	1.35	Nord-Est.	id.	15	»	1.32	»	0.65	id.	id.
16	»	1.75	»	1.20	id.	Beau.	16	»	1.22	»	0.62	Nord-Est.	id.
17	»	1.55	»	1.00	Nord.	id.	17	»	1.22	»	0.66	id.	Nuageux
18	»	1.40	»	0 87	id.	Nuageux	18	»	1.20	»	0.64	Est.	id.
19	»	1.30	»	0.74	id.	Beau.	19	»	1.10	»	0.66	id.	Pluie.
20	»	1.20	»	0.65	Nord-Est.	id.	20	»	1.53	»	0.90	id.	id.
21	»	1.12	»	0.55	Nord.	id.	21	»	1.72	»	1.20	id.	Nuageux.
22	»	1.05	»	0.45	id.	id.	22	»	2.00	»	1.35	Nord.	id.
23	»	0.98	»	0.34	id.	id.	23	»	1.75	»	1.22	id.	id.
24	»	0.92	»	0.26	Est.	Neige.	24	»	1.50	»	0.90	id.	id.
25	»	0.88	»	0.25	Nord-Est.	Beau.	25	»	1.32	»	0.75	id.	Beau.
26	»	0.82	»	0.20	Est.	Nuageux.	26	»	1.20	»	0.65	id.	id.
27	»	0.75	»	0.12	id.	id.	27	»	1.15	»	0.56	id.	id.
28	»	0.75	»	0.12	id.	id.	28	»	»	»	»	»	»
29	»	1.50	»	0.80	id.	Nuageux.							
30	»	1.52	»	0.85	Nord-Est.	Beau.							
31	»	»	»	»	»	»							

MARS — AVRIL

DATES.	Heure	Cote (Beaucaire)	Heure	Cote (Fourques)	VENTS.	ETAT DU CIEL.	DATES.	Heure	Cote (Beaucaire)	Heure	Cote (Fourques)	VENTS.	ETAT DU CIEL.
1	7 h.	1.10	7 h.	0.45	Nord.	Beau.	1	7 h.	1.12	7 h.	0.58	Nord.	Beau.
2	»	1.27	»	0.60	Ouest.	id.	2	»	1.14	»	0.60	id.	id.
3	»	2.12	»	1.35	Nord.	id.	3	»	1.16	»	0.56	id.	id.
4	»	2.82	»	2.10	id.	id.	4	»	1.18	»	0.64	Ouest.	id.
5	»	3.07	»	2.40	id.	id.	5	»	1.20	»	0.62	Nord.	id.
6	»	2.65	»	2.90	id.	id.	6	»	1.20	»	0.60	id.	id.
7	»	2.50	»	1.96	id.	id.	7	»	1.24	»	0.66	id.	id.
8	»	2.45	»	1.88	id.	id.	8	»	1.26	»	0.70	Est.	id.
9	»	2.42	»	1 82	Nord-Est.	id.	9	»	1.32	»	0.76	id.	id.
10	»	3.38	»	1.80	Est.	id.	10	»	1.50	»	0.80	id.	id.
11	»	2.35	»	1.86	id.	Pluie.	11	»	1.65	»	1.10	id.	id.
12	»	2.42	»	1.76	Nord.	Beau.	12	»	1.88	»	1.30	Nord.	id.
13	»	2.30	»	1.60	id.	id.	13	»	2.00	»	1.40	id.	id.
14	»	2.10	»	1.40	id.	id.	14	»	2.00	»	1.45	Est.	Nuageux
15	»	1.95	»	1.25	id.	id.	15	»	2.03	»	1.48	id.	Beau.
16	»	1.80	»	1.10	id.	id.	16	»	2.05	»	1.45	id.	id.
17	»	1.65	»	1.00	id.	Nuageux.	17	»	2.00	»	1.42	Nord.	id.
18	»	1.52	»	0.80	id.	Beau.	18	»	2.00	»	1.38	Ouest.	id.
19	»	1.40	»	0.74	id.	id.	19	»	2.20	»	1.60	Nord.	id.
20	»	1.32	»	0.76	Ouest.	id.	20	»	2.22	»	1.62	id.	id.
21	»	1.35	»	0.80	Nord.	id.	21	»	2.00	»	1.50	id.	id.
22	»	1.45	»	0.90	id.	id.	22	»	1.82	»	1.30	id.	id.
23	»	1.45	»	0.82	id.	id.	23	»	1.65	»	1.10	id.	id.
24	»	1.43	»	0.86	id.	id.	24	»	1.53	»	1.00	id.	id.
25	»	1.45	»	0.84	id.	id.	25	»	1.50	»	0.92	id.	id.
26	»	1.42	»	0.76	id.	id.	26	»	1.50	»	0.88	id.	id.
27	»	1.30	»	0.65	id.	id.	27	»	1.58	»	1.00	Est.	id.
28	»	1.20	»	0.60	id.	Neige.	28	»	1.60	»	1.03	Nord-Est.	id.
29	»	1.14	»	0.56	id.	Beau.	29	»	1.50	»	0.92	Nord.	id.
30	»	1.10	»	0.55	Nord-Est.	id.	30	»	1.45	»	0.86	id.	id.
31	»	»	»	0.53	id.	id.							

MAI

DATES.	Echelle de Beaucaire. Hauteurs observées (matin)		Echelle de Fourques. Hauteurs observées (matin)		VENTS.	ÉTAT DU CIEL.
	Heure	Cote	Heure	Cote		
1	7 h.	1.37	7 h.	0.80	Nord-Est.	Beau.
2	»	1.40	»	0.82	id.	id.
3	»	1.38	»	0.80	Nord.	id.
4	»	1.40	»	0.78	id.	id.
5	»	1.30	»	0.74	id.	id.
6	»	1.25	»	0.68	Est.	Nuageux.
7	»	1.25	»	0.76	id.	id.
8	»	1.40	»	0.84	Ouest.	Beau.
9	»	1.95	»	1.22	Nord.	id.
10	»	1.85	»	1.32	Est.	Nuageux.
11	»	1.70	»	1.14	id.	Beau.
12	»	2.22	»	1.56	id.	id.
13	»	1.95	»	1.44	id.	Nuageux.
14	»	1.80	»	1.28	Nord-Est.	Pluie.
15	»	1.80	»	1.26	Est.	Nuageux.
16	»	2.30	»	1.70	Nord.	Beau.
17	»	2.32	»	1.82	Id	id.
18	»	2.20	»	1.66	Est.	id.
19	»	2.12	»	1.36	Nord.	id.
20	»	2.18	»	1.55	Nord-Est.	id.
21	»	2.00	»	1.40	Est.	id.
22	»	2.32	»	1.68	Nord.	id.
23	»	2.50	»	1.96	id.	id.
24	»	2.35	»	1.80	id.	id.
25	»	2.25	»	1.70	id.	id.
26	»	2.10	»	1.56	Est.	id.
27	»	2.25	»	1.54	id.	Nuageux.
28	»	2.25	»	1.80	id.	id.
29	»	2.00	»	1.48	id.	id.
30	»	1.90	»	1.38	Nord-Est.	id.
31	»	2.40	»	1.88	id.	id.

JUIN

DATES.	Echelle de Beaucaire. Hauteurs observées (matin)		Echelle de Fourques. Hauteurs observées (matin)		VENTS.	ÉTAT DU CIEL.
	Heure	Cote	Heure	Cote		
1	7 h.	2.40	7 h.	1.85	Nord.	Beau.
2	»	2.30	»	1.70	id.	id.
3	»	2.25	»	1.68	id.	id.
4	»	2.10	»	1.54	id.	id.
5	»	1.95	»	1.38	id.	id.
6	»	1.85	»	1.28	id.	id.
7	»	1.75	»	1.20	id.	id.
8	»	1.72	»	1.15	Est.	id.
9	»	1.68	»	1.12	Nord.	id.
10	»	1.56	»	1.00	id.	id.
11	»	1.55	»	0.95	id.	id.
12	»	1.52	»	0.92	Nord-Est.	id.
13	»	1.40	»	0.86	Nord.	id.
14	»	1.32	»	0.84	Est.	id.
15	»	1.50	»	0.82	Nord.	id.
16	»	1.70	»	1.05	id.	id.
17	»	2.10	»	1.35	id.	id.
18	»	2.05	»	1.56	id.	id.
19	»	1.75	»	1.16	Ouest.	id.
20	»	1.50	»	2.94	Est.	id.
21	»	1.40	»	0.80	Nord.	id.
22	»	1.40	»	0.78	id.	id.
23	»	1.52	»	0.9)	id.	id.
24	»	1.45	»	0.85	id.	id.
25	»	1.45	»	0.88	id.	id.
26	»	1.32	»	0.80	Est.	id.
27	»	1.25	»	0.70	Nord.	id.
28	»	1.25	»	0.68	id.	id.
29	»	1.25	»	0.66	id.	id.
30	»	1.20	»	0.60	id.	id.

JUILLET

DATES.	Heure	Cote	Heure	Cote	VENTS.	ÉTAT DU CIEL.
1	7 h.	1.12	7 h.	0.55	Nord.	Beau.
2	»	1.08	»	0.51	id.	id.
3	»	1.02	»	0.46	id.	id.
4	»	1.00	»	0.41	id.	id.
5	»	0.95	»	0.37	id.	id.
6	»	0.94	»	0.35	id.	id.
7	»	0.97	»	0.35	id.	id.
8	»	1.05	»	0.34	id.	id.
9	»	1.10	»	0.44	id.	id.
10	»	1.10	»	0.50	id.	id.
11	»	1.10	»	0.51	id.	id.
12	»	1.08	»	0.50	id.	id.
13	»	1.10	»	0.50	Est.	id.
14	»	1.07	»	0.49	Nord.	id.
15	»	1.05	»	0.48	id.	id.
16	»	1.00	»	0.47	id.	id.
17	»	0.96	»	0.42	id.	id.
18	»	0.92	»	0.36	id.	id.
19	»	0.90	»	0.30	id.	id.
20	»	0.90	»	0.28	id.	id.
21	»	0.86	»	0.26	id.	id.
22	»	0.85	»	0.24	id.	id.
23	»	0.85	»	0.22	id.	id.
24	»	0.82	»	0.20	id.	id.
25	»	0.82	»	0.17	id.	id.
26	»	1.00	»	0.20	id.	id.
27	»	1.05	»	0.40	id.	id.
28	»	0.95	»	0.55	id.	id.
29	»	0.90	»	0.32	Est.	id.
30	»	0.85	»	0.25	id.	id.
31	»	0.80	»	0.26	id.	id.

AOUT

DATES.	Heure	Cote	Heure	Cote
1	7 h.	0.85	7 h.	0.75
2	»	0.85	»	0.74
3	»	0.85	»	0.74
4	»	1.05	»	0.90
5	»	0.99	»	0.72
6	»	0.90	»	0.72
7	»	0.90	»	0.71
8	»	0.88	»	0.65
9	»	0.85	»	0.73
10	»	0.82	»	0.71
11	»	0.75	»	0.68
12	»	0.85	»	0.74
13	»	0.85	»	0.72
14	»	0.85	»	0.73
15	»	0.75	»	0.69
16	»	0.70	»	0.68
17	»	0.65	»	0.55
18	»	0.67	»	0.57
19	»	0.67	»	0.56
20	»	0.65	»	0.54
21	»	0.65	»	0.54
22	»	0.60	»	0.40
23	»	0.60	»	0.40
24	»	0.55	»	0.35
25	»	0.55	»	0.35
26	»	0.55	»	0.34
27	»	0.54	»	0.33
28	»	0.54	»	0.33
29	»	0.55	»	0.34
30	»	0.54	»	0.33
31	»	0.52	»	0.31

SEPTEMBRE

DATES.	Echelle de Beaucaire. Hauteurs observées (matin)		Echelle de Fourques. Hauteurs observées (matin)		VENTS.	ETAT DU CIEL.
	Heure	Cote	Heure	Cote		
1	7 h.	0.52	7 h.	C B	Nord.	Beau.
2	»	0.52	»	C B	id.	id.
3	»	0.55	»	C B	id.	id.
4	»	0.55	»	C B	id.	id.
5	»	0.55	»	C B	Est.	Nuageux.
6	»	1.12	»	0 02	id.	id.
7	»	1.45	»	1.13	Nord.	Pluie.
8	»	1.00	»	0.40	id.	Beau.
9	»	0.75	»	0.22	Est.	id.
10	»	0.65	»	0.05	id.	id.
11	»	0.60	»	0.03	Nord.	Nuageux.
12	»	0.75	»	0.14	id.	Beau.
13	»	1 00	»	0.40	id.	id.
14	»	0.80	»	0.06	id.	id.
15	»	0.70	»	C B	id.	id.
16	»	0.62	»	C B	id.	id.
17	»	0 60	»	C B	id.	id.
18	»	0.56	»	C B	id.	id.
19	»	0.52	»	C B	Nord-Est.	Nuageux.
20	»	0.52	»	C B	Nord.	Beau.
21	»	0.55	»	0.09	id.	id.
22	»	0.70	»	0 19	id.	id.
23	»	1.03	»	0.65	id.	id.
24	»	1.08	»	0.75	id.	id.
25	»	0.80	»	0.54	id.	id.
26	»	0.68	»	0.34	Est.	id.
27	»	0.62	»	0.21	id.	Nuageux.
28	»	0.62	»	0.19	id.	id.
29	»	0.60	»	0.18	Nord.	Beau.
30	»	0.80	»	0.30	id.	Nuageux.

OCTOBRE

DATES.	Echelle de Beaucaire. Hauteurs observées (matin)		Echelle de Fourques. Hauteurs observées (matin)		VENTS.	ETAT DU CIEL.
	Heure	Cote	Heure	Cote		
1	7 h.	0.55	7 h.	0.24	Est.	Beau.
2	»	0.55	»	0.16	Nord-Est.	id.
3	»	0.52	»	0.11	Nord.	id.
4	»	0.50	»	C B	id.	id.
5	»	0.48	»	0.02	id.	id.
6	»	0.45	»	0.01	id.	id.
7	»	0.43	»	0.04	Nord-Est	id.
8	»	0.43	»	0.05	Nord	id.
9	»	0.40	»	0.09	id.	id.
10	»	0.38	»	0.10	Est.	Nuageux.
11	»	0.38	»	0.10	id.	Beau.
12	»	0.35	»	0.11	Nord.	id.
13	»	0.35	»	0.14	id.	id.
14	»	0.34	»	0.17	id.	id.
15	»	0.32	»	0.19	id.	id.
16	»	0.30	»	0.15	Nord-Est.	id.
17	»	0.30	»	0.14	Est.	Nuageux.
18	»	0.30	»	0.20	Nord.	Beau.
19	»	0.43	»	C B	id.	id.
20	»	0.40	»	0.00	id.	Nuageux.
21	»	0.45	»	0.10	id.	Beau.
22	»	0.35	»	0.15	id.	id.
23	»	0.35	»	0.16	id.	id.
24	»	0 35	»	0.12	id.	id.
25	»	0 35	»	0.13	id.	id.
26	»	0.33	»	0.17	id.	id.
27	»	0.30	»	0.18	id.	id.
28	»	0.25	»	0.23	Ouest.	id.
29	»	0.25	»	0.25	Nord.	id.
30	»	0.22	»	0.26	id.	id.
31	»					

NOVEMBRE

DATES.	Echelle de Beaucaire.		Echelle de Fourques.		VENTS.	ETAT DU CIEL.
1	7 h.	0.20	7 h.	C B	Nord.	Beau.
2	»	0.18	»	C B	id.	id.
3	»	0.17	»	C B	id.	id.
4	»	0.16	»	C B	Nord-Est.	id.
5	»	0.15	»	C B	Nord.	id.
6	»	0.38	»	C B	id.	id.
7	»	1.10	»	0.68	id.	id.
8	»	0.86	»	0.57	id.	id.
9	»	1.05	»	0.37	id.	id.
10	»	1.18	»	0.83	id.	id.
11	»	1.15	»	0.81	id.	id.
12	»	1.15	»	0.78	id.	id.
13	»	1.10	»	0.67	Nord-Est.	Nuageux
14	»	0.92	»	0.44	Nord.	Beau.
15	»	0.73	»	0.24	id.	id.
16	»	0.60	»	0.12	id.	id.
17	»	0.50	»	0.00	id.	id.
18	»	0.43	»	0.00	id.	id.
19	»	0.56	»	0.00	id.	id.
20	»	0.34	»	0.00	id.	id.
21	»	0.35	»	0.00	id.	id.
22	»	0.33	»	0.00	id.	id.
23	»	0.34	»	0.00	Est.	Nuageux.
24	»	0.43	»	1.28	Nord-Est	id.
25	»	1.85	»	0.78	id.	Pluie.
26	»	1.05	»	0.37	id.	Beau.
27	»	0.65	»	1.18	id.	id.
28	»	0.55	»	0.27	id.	id.
29	»	0.65	»	0.30	id.	id.
30	»	1.50	»	1.23	id.	id.

DÉCEMBRE

DATES.	Echelle de Beaucaire.		Echelle de Fourques.		VENTS.	ETAT DU CIEL.
1	7 h.	2.76	7 h.	2.20	Nord.	Beau.
2	»	3 00	»	2.41	id.	id.
3	»	3.12	»	2.65	id.	id.
4	»	2.58	»	2.35	Nord-Est	id.
5	»	2.25	»	1.94	Nord.	Pluie.
6	»	2.05	»	1.82	Est.	Beau.
7	»	2.00	»	1.75	id.	id.
8	»	2.00	»	1.74	id.	Nuageux.
9	»	2.10	»	1.80	id.	id.
10	»	2.67	»	2.29	Nord-Est.	Beau.
11	»	2.55	»	2.20	Nord.	id.
12	»	2.50	»	2.19	id.	Pluie.
13	»	2.45	»	2.29	id.	Beau.
14	»	1.82	»	1.60	id.	id.
15	»	1.45	»	1.24	id.	id.
16	»	1.25	»	1.00	id.	id.
17	»	1.10	»	0.84	Nord-Est.	Nuageux.
18	»	1.10	»	0.83	Nord.	Beau.
19	»	1.30	»	1.00	id.	id.
20	»	1 70	»	1.39	Est.	Nuageux.
21	»	1.65	»	1.44	id.	Pluie.
22	»	1.90	»	1.60	Nord.	id.
23	»	2 20	»	1.90	id.	Beau.
24	»	2.02	»	1.30	id.	id.
25	»	1.85	»	1.60	id.	id.
26	»	1.72	»	1.47	id.	id.
27	»	1.50	»	1.30	id.	id.
28	»	1.30	»	1.11	id.	id.
29	»	1.12	»	0.89	id.	id.
30	»	1.00	»	0.70	Nord-Est.	Nuageux.
31	»	»	»	0.65		

ANNÉE 1870.

JANVIER

DATES.	Echelle de Beaucaire. Hauteurs observées (matin)		Echelle de Fourques. Hauteurs observées (matin)		VENTS.	ÉTAT DU CIEL.
	Heure	Cote	Heure	Cote		
1	7 h.	0.80	7 h.	0.57	Nord.	Pluie.
2	»	0.80	»	0.60	Est.	Nuageux.
3	»	1.65	»	1.06	Nord.	id.
4	»	1.65	»	1.47	id.	Beau.
5	»	1.35	»	1.13	Est.	id.
6	»	1.20	»	0.98	id.	Nuageux.
7	»	1.20	»	0.94	id.	id.
8	»	1.15	»	0.93	Nord-Est.	Beau.
9	»	1.05	»	0.85	Nord.	Nuageux.
10	»	1.05	»	0.80	id.	Beau.
11	»	1.07	»	0.80	id.	id.
12	»	1.05	»	0.77	Est.	id.
13	»	1.00	»	0.64	Nord-Est.	Pluie.
14	»	0.97	»	0.69	Nord.	Beau.
15	»	0.95	»	0.69	id.	id.
16	»	0.93	»	0.68	id.	id.
17	»	0 98	»	0.61	id.	id.
18	»	1.15	»	0.75	id.	id.
19	»	1.32	»	0.96	id.	id.
20	»	1.40	»	1.20	id.	id.
21	»	1.42	»	1.16	Nord-Est.	Neige.
22	»	1 40	»	1.18	id.	Nuageux.
23	»	1.32	»	0.16	id.	Beau.
24	»	1.18	»	0.94	Nord.	id.
25	»	0.98	»	0.73	id.	id.
26	»	0.80	»	0.50	id.	id.
27	»	0.68	»	0.39	id.	id.
28	»	0.60	»	0.25	id.	id.
29	»	0.52	»	0.16	Nord-Est.	id.
30	»	0.50	»	0.09	id.	id.
31	»	»	»	0.03	»	»

FÉVRIER

DATES.	Echelle de Beaucaire. Hauteurs observées (matin)		Echelle de Fourques. Hauteurs observées (matin)		VENTS.	ÉTAT DU CIEL.
	Heure	Cote	Heure	Cote		
1	7 h.	0.30	7 h.	0.13	NordJ.	Beau.
2	»	0.80	»	0.58	id.	id.
3	»	0.62	»	0.54	Est.	Nuageux.
4	»	0.85	»	0.54	id.	id.
5	»	1.05	»	0.70	id.	Pluie.
6	»	1.00	»	0.79	Nord.	Beau.
7	»	0.75	»	0.53	Est.	Pluie.
8	»	0.70	»	0.38	id.	Beau.
9	»	0.72	»	0.47	Nord-Est	Nuageux.
10	»	0.63	»	0.34	id.	Beau.
11	»	0.55	»	0.23	id.	Nuageux.
12	»	0.50	»	0.17	id.	id.
13	»	0.50	»	0.17	Est.	id.
14	»	0.52	»	0.20	Nord.	Beau.
15	»	0.75	»	0.40	id.	id.
16	»	0.66	»	0.59	id.	id.
17	»	0.60	»	0.28	Est.	Pluie.
18	»	0.58	»	0.24	Nord.	Beau.
19	»	0.63	»	0.30	Est.	Pluie.
20	»	0.70	»	0.38	Nord-Est.	Nuageux.
21	»	0.80	»	0.41	Nord.	id.
22	»	0 85	»	0.55	id.	Beau.
23	»	0.82	»	0.50	id.	id.
24	»	0.75	»	0.54	Est.	Nuageux.
25	»	0.75	»	0.49	Nord.	Beau.
26	»	0.75	»	0.50	Est.	Pluie.
27	»	0.74	»	0.55	id.	Beau.
28	»	»	»	0.95	id.	id.

MARS

DATES.	Echelle de Beaucaire		Echelle de Fourques		VENTS.	ÉTAT DU CIEL.
1	7 h.	1.55	7 h.	1.22	Nord-Est	Beau.
2	»	1.82	»	1.52	id.	Nuageux.
3	»	1.90	»	1.59	Est.	Beau.
4	»	2.10	»	1.80	id.	Beau.
5	»	3.30	»	3.02	Nord.	id.
6	»	2.90	»	2.69	id.	id.
7	»	2.40	»	2.02	id.	id.
8	»	1.95	»	1.75	id.	id.
9	»	1.75	»	1.47	id.	id.
10	»	1.65	»	1.32	id.	id.
11	»	1.52	»	1.19	id.	id.
12	»	1.35	»	1.09	id.	id.
13	»	1.15	»	0.90	id.	id.
14	»	1.00	»	0.70	id.	id.
15	»	0.85	»	0.56	id.	id.
16	»	0.80	»	0 50	id.	id.
17	»	0.72	»	0.40	id.	id.
18	»	0.08	»	0.35	id.	id.
19	»	0.75	»	0.34	id.	id.
20	»	1.35	»	0.85	id.	id.
21	»	1.50	»	1 15	id.	id.
22	»	1.45	»	1.19	id.	id.
23	»	1.50	»	1.20	id.	id.
24	»	1.45	»	1.14	id.	id.
25	»	1.35	»	1.02	id.	id.
26	»	1.25	»	0.99	id.	id.
27	»	1.12	»	0.84	id.	id.
28	»	1.05	»	0.76	id.	id.
29	»	0.95	»	0.65	id.	id.
30	»	0.92	»	0.60	id.	id.
31	»	»	»	0.54	id.	id.

AVRIL

DATES.	Echelle de Beaucaire		Echelle de Fourques		VENTS.	ÉTAT DU CIEL.
1	7 h.	0.73	7 h.	0.42	Nord.	Beau.
2	»	0.65	»	0.39	id.	id.
3	»	0.55	»	0.23	id.	id.
4	»	0.52	»	0.12	id.	id.
5	»	0.52	»	0.14	Est.	id.
6	»	0.52	»	0.10	id.	id.
7	»	0.50	»	0.10	id.	Pluie.
8	»	0.50	»	0.10	id.	Beau.
9	»	0.50	»	0.12	id.	Nuageux.
10	»	0.50	»	0.12	Nord.	Beau.
11	»	0.55	»	0.12	id.	id.
12	»	0.50	»	0.06	id.	id.
13	»	0.45	»	0.05	id.	id.
14	»	0.45	»	0.03	id.	id.
15	»	0.45	»	0.04	id.	id.
16	»	0.40	»	0.08	id.	id
17	»	0.42	»	0.06	id.	id.
18	»	0.40	»	0.02	id.	id.
19	»	0.35	»	0.02	id.	id.
20	»	0.35	»	0.06	id.	id.
21	»	0.35	»	0.07	id.	id.
22	»	0.42	»	0.03	id.	id.
23	»	0.42	»	0.03	Est.	id.
24	»	0.45	»	0.05	Nord.	id.
25	»	0.45	»	0.06	id.	id.
26	»	0.52	»	0.10	id.	id.
27	»	0.50	»	0.09	Est.	id.
28	»	0.50	»	0.07	Nord.	id.
29	»	0.50	»	0.10	id.	id.
30	»	0.50	»	0.08	id.	id.

MAI

DATES.	Echelle de Beaucaire. Hauteurs observées (matin) Heure	Cote	Echelle de Fourques. Hauteurs observées (matin) Heure	Cote	VENTS.	ÉTAT DU CIEL.
1	7 h.	0.40	7 h.	0.00	Nord.	Beau.
2	»	0.30	»	0.05	id.	id.
3	»	0.30	»	0.03	Ouest.	id.
4	»	0.30	»	0.03	Nord.	id.
5	»	0.35	»	0.02	id.	id.
6	»	0.20	»	0.03	id.	id.
7	»	0.20	»	0.02	id.	id.
8	»	0.20	»	0.03	Est.	id.
9	»	0.20	»	0.01	id.	id.
10	»	0.20	»	0.01	Nord-Est.	id.
11	»	0.20	»	0.02	Nord.	id.
12	»	0.25	»	0.02	Est.	Nuageux.
13	»	0.25	»	0.02	Nord.	Beau.
14	»	0.25	»	0.01	id.	id.
15	»	0.25	»	0.01	Est.	id.
16	»	0.25	»	0.03	id.	id.
17	»	0.35	»	0.04	Nord.	id.
18	»	0.45	»	0.05	id.	id.
19	»	0.50	»	0.09	id.	id.
20	»	0.65	»	0.18	id.	id.
21	»	0.70	»	0.29	id.	id.
22	»	0.80	»	0.47	id.	id.
23	»	0.80	»	0.47	id.	id.
24	»	0.80	»	0.49	Ouest.	id.
25	»	0.85	»	0.53	Nord.	id.
26	»	0.82	»	0.52	id	id.
27	»	0.75	»	0.43	id.	id.
28	»	0.75	»	0.40	id.	id.
29	»	0.70	»	0.38	id.	id.
30	»	0.70	»	0.34	id.	id.
31	»	»	»	0.46	id.	id.

JUIN

DATES.	Echelle de Beaucaire. Hauteurs observées (matin) Heure	Cote	Echelle de Fourques. Hauteurs observées (matin) Heure	Cote	VENTS.	ÉTAT DU CIEL.
1	7 h.	0.70	7 h.	0.28	Nord.	Beau.
2	»	0.70	»	0.23	id.	id.
3	»	0.65	»	0.21	id.	id.
4	»	0.65	»	0.15	id.	id.
5	»	0.60	»	0.17	id.	id.
6	»	0.55	»	0.20	id.	id.
7	»	0.60	»	0.18	id.	id.
8	»	0 55	»	0 10	id.	id.
9	»	0.50	»	0.00	id.	id.
10	»	0.43	»	0.04	id.	id.
11	»	0.40	»	0.02	id.	id.
12	»	0.35	»	0.02	id.	id.
13	»	0.32	»	0.03	id.	id.
14	»	0.35	»	0.04	id	id.
15	»	0.35	»	0.06	Ouest.	id.
16	»	0 42	»	0.10	Nord.	id.
17	»	0.50	»	0.19	id.	id.
18	»	0.52	»	0.06	id.	id.
19	»	0.45	»	0.06	id.	id.
20	»	0.45	»	0.04	id.	id.
21	»	0.45	»	0.04	id.	id.
22	»	0.43	»	0.08	id.	id.
23	»	0.42	»	0.13	id.	id.
24	»	0.50	»	0.15	id.	id.
25	»	0.52	»	0.25	id.	id.
26	»	0.62	»	0 24	id.	id.
27	»	0.60	»	0.14	id.	id.
28	»	0.50	»	0.06	id.	id.
29	»	0.43	»	0.04	id.	id.
30	»	»	»	0.04	id.	id.

JUILLET

DATES.	Heure	Cote	Heure	Cote
1	7 h.	0.38	7 h.	0.02
2	»	0.35	»	0.00
3	»	0.32	»	0.03
4	»	0.32	»	0.02
5	»	0.30	»	0.02
6	»	0.27	»	0.01
7	»	0.30	»	0.01
8	»	0.33	»	0.02
9	»	0.38	»	0.01
10	»	0.45	»	0.06
11	»	0.45	»	0.13
12	»	0.45	»	0.18
13	»	0.50	»	0.14
14	»	0.64	»	0.28
15	»	0.55	»	0.20
16	»	0.48	»	0.12
17	»	0.45	»	0.08
18	»	0.45	»	0.05
19	»	0.50	»	0.08
20	»	0 45	»	0.08
21	»	0.42	»	0.03
22	»	0.40	»	0.03
23	»	0.40	»	0.02
24	»	0.42	»	0.07
25	»	0.45	»	0.13
26	»	0.50	»	0.17
27	»	0.52	»	0.18
28	»	0.50	»	0.19
29	»	0.46	»	0.15
30	»	0.42	»	0.10
31	»	0.40	»	0.07

AOUT

DATES.	Heure	Cote	Heure	Cote	VENTS.	ÉTAT DU CIEL.
1	7 h.	0.40	7 h.	0.07	Nord.	Beau.
2	»	0.45	»	0.08	Est.	id.
3	»	0.45	»	0.16	id.	id.
4	»	0.85	»	0.56	Nord.	id.
5	»	0.85	»	0.48	id.	id.
6	»	0.65	»	0.38	id.	id.
7	»	0 60	»	0.27	id.	id.
8	»	0.65	»	0.37	id.	id.
9	»	0.60	»	0.29	id.	id.
10	»	0.60	»	0.25	id.	id.
11	»	0.65	»	0.26	id.	id.
12	»	0.65	»	0.31	id.	id.
13	»	0.60	»	0.24	id.	id.
14	»	0.85	»	0.41	id.	id.
15	»	0.90	»	0.63	Est.	Nuageux.
16	»	0.75	»	0.49	Nord.	Beau.
17	»	0 73	»	0.41	id.	id.
18	»	0.70	»	0.40	Est.	id.
19	»	1.00	»	0.77	Nord.	id.
20	»	0.95	»	0.65	id.	id.
21	»	0.75	»	0.46	id.	id.
22	»	0.68	»	0.35	id.	id.
23	»	0.60	»	0.28	id.	id.
24	»	0.53	»	0.18	id.	id.
25	»	0.48	»	0.12	id.	id.
26	»	0.45	»	0.03	id.	id.
27	»	0.40	»	0.00	id.	id.
28	»	0.32	»	0.00	id.	id.
29	»	0.30	»	0.00	id.	id.
30	»	0.30	»	0.00	id.	id.
31	»	»	»	0.00	id.	id.

SEPTEMBRE

DATES.	Echelle de Beaucaire. Hauteurs observées (matin)		Echelle de Fourques. Hauteurs observées (matin)		VENTS.	ÉTAT DU CIEL.
	Heure	Cote	Heure	Cote		
1	7 h.	0.25	7 h.	C B	Nord.	Beau.
2	»	0.25	»	C B	id.	id.
3	»	0.25	»	C B	id.	id.
4	»	0.30	»	C B	id.	id.
5	»	0.25	»	0.01	Est.	id.
6	»	0.30	»	0.04	Nord.	Nuageux.
7	»	0.35	»	0.13	Est.	Beau.
8	»	0.35	»	0.02	Nord.	id.
9	»	0.65	»	0.28	id.	id.
10	»	0.75	»	0.38	id.	id.
11	»	0.85	»	0.63	id.	id.
12	»	0.70	»	0.40	id.	id.
13	»	0.65	»	0.34	id.	id.
14	»	0.65	»	0.34	id.	id.
15	»	0.55	»	0.24	id.	id.
16	»	0.45	»	0.12	id.	id.
17	»	0.45	»	0.06	id.	id.
18	»	0.40	»	0.04	id.	id.
19	»	0.35	»	C B	id.	id.
20	»	0.33	»	C B	id.	id.
21	»	0.30	»	C R	id.	id.
22	»	0.25	»	C B	id.	id.
23	»	0.25	»	C B	id.	id.
24	»	0.25	»	C B	id.	id.
25	»	0.20	»	C B	id.	id.
26	»	0.20	»	C B	id.	id.
27	»	0.20	»	C B	Est.	Pluie.
28	»	0.20	»	C B	Nord.	Beau.
29	»	0.18	»	C B	id.	id.
30	»	0.18	»	C B	id.	id.

OCTOBRE

DATES.	Echelle de Beaucaire. Hauteurs observées (matin)		Echelle de Fourques. Hauteurs observées (matin)		VENTS.	ÉTAT DU CIEL.
	Heure	Cote	Heure	Cote		
1	7 h.	0 10	7 h.	C B	Nord.	Beau.
2	»	0.10	»	C B	id.	id.
3	»	0.05	»	C B	id.	id.
4	»	0.03	»	C B	id.	id.
5	»	0.00	»	C B	id.	id.
6	»	0.00	»	C B	id.	id.
7	»	0.00	»	C B	Est.	id.
8	»	0.00	»	C B	id.	Nuageux.
9	»	0.00	»	G B	id.	Pluie.
10	»	0.00	»	C B	Nord.	Beau.
11	»	0.40	»	C B	id.	id.
12	»	0.53	»	0.11	id.	id.
13	»	0.62	»	0.31	id.	id.
14	»	0.62	»	0.29	id	id.
15	»	0.60	»	0.60	id.	id.
16	»	0.62	»	0.29	id.	id.
17	»	0.60	»	0.28	id.	id.
18	»	0.72	»	0.44	id.	id.
19	»	0.75	»	0.48	id.	id.
20	»	0.68	»	0.37	id.	id
21	»	0.65	»	0.38	id.	id.
22	»	0.60	»	0.21	id.	id.
23	»	0.80	»	0.42	id.	id.
24	»	1.05	»	0.75	id.	id.
25	»	0.90	»	0.65	id.	id.
26	»	0.90	»	0.74	id.	id.
27	»	0.85	»	0.70	id.	id.
28	»	0.85	»	0.65	id.	id.
29	»	0.80	»	0.64	id.	id.
30	»	0.75	»	0.40	id.	id.
31	»	»	»	0.41	id.	id.

NOVEMBRE

DATES.	Echelle de Beaucaire. Hauteurs observées (matin)		Echelle de Fourques. Hauteurs observées (matin)		VENTS.	ÉTAT DU CIEL.
	Heure	Cote	Heure	Cote		
1	7 h.	3.15	7 h.	2.86	Nord.	Beau.
2	»	3.45	»	3.00	id.	id.
3	»	3.88	»	3.55	id.	id.
4	»	4.05	»	3.84	id.	id.
5	»	3.35	»	3.37	id.	id.
6	»	2.80	»	2.64	id.	id.
7	»	2.55	»	2.32	id.	id.
8	»	2.40	»	2.18	id.	id.
9	»	2.20	»	2.04	id.	id.
10	»	2.00	»	1.85	Est.	Pluie.
11	»	1.90	»	1.70	Nord.	Beau.
12	»	1.80	»	1.62	id.	id.
13	»	1.60	»	1.41	id.	Nuageux.
14	»	1.50	»	1.30	Est.	Beau.
15	»	1.75	»	1.55	Nord.	id.
16	»	1.60	»	1.44	id.	id.
17	»	1.45	»	1.30	Nord—Est	id.
18	»	1.65	»	1.38	Est.	id.
19	»	1.80	»	1.67	id.	Pluie.
20	»	2.30	»	1.94	id.	Nuageux.
21	»	3.30	»	3.00	id.	Pluie.
22	»	4.18	»	3.80	id.	Beau.
23	»	4.74	»	4.39	Nord-Est.	Nuageux.
24	»	4.10	»	3.93	Nord.	Beau.
25	»	3.75	»	3.70	Est.	Pluie.
26	»	3.70	»	3.62	id.	id.
27	»	4.25	»	4.00	Nord.	Beau.
28	»	3.85	»	3.86	id.	id.
29	»	3.42	»	3.35	id.	id.
30	»	3.30	»	3.13	id.	id.

DÉCEMBRE

DATES.	Echelle de Beaucaire. Hauteurs observées (matin)		Echelle de Fourques. Hauteurs observées (matin)		VENTS.	ÉTAT DU CIEL.
	Heure	Cote	Heure	Cote		
1	7 h.	2.95	7 h.	2.55	Nord.	Beau.
2	»	2.65	»	2.10	id.	Nuageux.
3	»	2.35	»	1.80	id.	Beau.
4	»	2.00	»	1.55	Nord-Est.	Neige.
5	»	1.75	»	1.15	Nord.	Beau.
6	»	1.55	»	1.05	Nord-Est.	Nuageux.
7	»	1.40	»	1.00	Nord.	Beau.
8	»	1.25	»	0.85	id.	Nuageux.
9	»	1.12	»	0.72	id.	Beau.
10	»	1.02	»	0.60	id.	id.
11	»	0.98	»	0.50	id.	id.
12	»	0.95	»	0.48	Est.	Pluie.
13	»	1.00	»	0.60	id.	Nuageux.
14	»	1.75	»	1.25	id.	id.
15	»	1.85	»	1.35	Nord.	Beau.
16	»	2.25	»	1.85	Nord-Est.	Nuageux.
17	»	2.55	»	2.10	Nord.	Beau.
18	»	2.75	»	2.30	id.	id.
19	»	2.98	»	2.34	id.	id.
20	»	2.75	»	2.30	id.	id.
21	»	2.55	»	2.10	id.	id.
22	»	2.40	»	1.98	id.	id.
23	»	2.50	»	2.00	id.	id.
24	»	2.40	»	1.98	id.	id.
25	»	2.30	»	1.85	Nord-Est.	Neige.
26	»	2.22	»	1.75	Nord.	id.
27	»	2.12	»	1.67	id.	Beau.
28	»	1.90	»	1.50	Nord-Est.	Neige.
29	»	1.60	»	1.10	Nord.	Nuageux.
30	»	1.50	»	1.05	id.	Beau.
31	»	»	»	0.88	id.	id.

ANNÉE 1871.

JANVIER

DATES.	Echelle de Beaucaire. Hauteurs observées (matin)		Echelle de Fourques. Hauteurs observées (matin)		VENTS.	ÉTAT DU CIEL.
	Heure	Cote	Heure	Cote		
1	7 h.	1.20	7 h.	1.30	Nord.	Beau.
2	»	1.05	»	1.20	id.	id.
3	»	1.00	»	1.13	id.	Nuageux.
4	»	0.92	»	0.98	Nord-Est.	Beau.
5	»	0.82	»	0.83	Nord.	id.
6	»	0.90	»	1.16	id.	id.
7	»	0.80	»	1.28	id.	id.
8	»	0.74	»	0.98	id.	id.
9	»	0.70	»	0.68	id.	id.
10	»	0.67	»	0.56	id.	id.
11	»	0.64	»	0.64	Nord-Est.	Nuageux
12	»	0.60	»	0.32	Nord.	Beau.
13	»	0.50	»	0.24	id.	id.
14	»	0.48	»	0.25	id.	id.
15	»	0.80	»	1.17	id.	id.
16	»	1.20	»	1.37	Est.	Nuageux.
17	»	0.60	»	0.98	id.	Beau.
18	»	1.45	»	0.90	Nord.	id.
19	»	1.90	»	1.67	id.	id.
20	»	2.18	»	1.88	id.	id.
21	»	1.82	»	1.64	Nord-Est.	Nuageux.
22	»	1.70	»	1.46	Nord.	Beau.
23	»	1.50	»	1.35	id.	id.
24	»	1.40	»	1.20	Nord-Est.	Nuageux.
25	»	1.25	»	1.08	id.	Beau.
26	»	1.15	»	0.95	id.	Pluie.
27	»	1.02	»	0.79	Nord.	Beau.
28	»	0.90	»	0.65	id.	id.
29	»	0.82	»	0.57	id.	id.
30	»	0.75	»	0.50	id.	id.
31	»	»	»	0.48	id.	id.

FÉVRIER

DATES.	Echelle de Beaucaire. Hauteurs observées (matin)		Echelle de Fourques. Hauteurs observées (matin)		VENTS.	ÉTAT DU CIEL.
	Heure	Cote	Heure	Cote		
1	7 h.	0.62	7 h.	0.35	Est.	Nuageux.
2	»	0.60	»	0.50	id.	id.
3	»	0.80	»	0.58	id.	id.
4	»	1.28	»	1.00	id.	id.
5	»	1.45	»	1.18	Nord.	Beau.
6	»	2.02	»	1.80	id.	id.
7	»	1.87	»	1.35	id.	id.
8	»	1.52	»	1.22	id.	id.
9	»	1.82	»	1.48	id.	id.
10	»	2.10	»	1.75	id.	id.
11	»	2.82	»	2.40	id.	id.
12	»	2.92	»	2.50	id.	id.
13	»	2.60	»	2.34	id.	id.
14	»	2.35	»	2.12	id.	id.
15	»	2.20	»	1.96	id.	id.
16	»	2.10	»	1.88	id.	id.
17	»	2.00	»	1.79	id.	id.
18	»	1.90	»	1.65	id.	id.
19	»	1.70	»	1.45	id.	id.
20	»	1.52	»	1.30	id.	id.
21	»	1.35	»	1.15	id.	id.
22	»	1.18	»	0.96	id.	id.
23	»	1.10	»	0.86	id..	id.
24	»	1.00	»	0.78	id.	id.
25	»	0.95	»	0.70	id.	id.
26	»	0.90	»	0.63	id.	id.
27	»	0.85	»	0.60	id.	id.
28	»	»	»	0.58	Nord-Est.	id.

MARS

DATES.	Echelle de Beaucaire. Hauteurs observées (matin)		Echelle de Fourques. Hauteurs observées (matin)		VENTS.	ÉTAT DU CIEL.
	Heure	Cote	Heure	Cote		
1	7 h.	0.80	7 h.	0.53	Nord.	Beau.
2	»	0.80	»	0.53	Est.	id.
3	»	0.85	»	0.56	id.	id.
4	»	0.85	»	0.56	Nord.	id.
5	»	0.82	»	0.54	id.	id.
6	»	0.80	»	0.54	Est.	Nuageux.
7	»	0.75	»	0.55	id.	Pluie.
8	»	0.90	»	0.58	id.	Beau.
9	»	1.22	»	0.98	Nord.	Beau.
10	»	1.18	»	0.88	id.	id.
11	»	1.15	»	0.88	id.	id.
12	»	1.10	»	0.84	Est.	id.
13	»	1.00	»	0.75	id.	Nuageux.
14	»	1.00	»	0.74	id.	id.
15	»	0.98	»	0.70	id.	Beau.
16	»	1.30	»	1.07	id.	Nuageux.
17	»	1.22	»	0.95	Nord.	Beau.
18	»	1.25	»	0.89	id.	id.
19	»	1.30	»	1.00	id.	id.
20	»	1.35	»	1.08	id.	id.
21	»	1.35	»	1.08	id.	id.
22	»	1.32	»	1.08	id.	id.
23	»	1.25	»	1.05	id.	id.
24	»	1.20	»	0.96	Est.	id.
25	»	1.20	»	1.07	id.	Pluie.
26	»	1.28	»	1.05	id.	Beau.
27	»	1.75	»	1.38	id.	id.
28	»	1.60	»	1.40	id.	Pluie.
29	»	1.55	»	1.06	Nord.	Beau.
30	»	1.28	»	0.93	id.	id.
31	»	»	»	0.88	»	»

AVRIL

DATES.	Echelle de Beaucaire. Hauteurs observées (matin)		Echelle de Fourques. Hauteurs observées (matin)		VENTS.	ÉTAT DU CIEL.
	Heure	Cote	Heure	Cote		
1	7 h.	1.02	7 h.	0.78	Nord.	Beau.
2	»	0.90	»	0.60	id.	id.
3	»	0.78	»	0.50	id.	id.
4	»	0.75	»	0.44	id.	id.
5	»	0.65	»	0.35	id.	id.
6	»	0.60	»	0.30	id.	id.
7	»	0.60	»	0.29	id.	id.
8	»	0.58	»	0.26	Est.	Nuageux.
9	»	0.60	»	0.28	id.	Pluie.
10	»	0.63	»	0.33	id.	Nuageux.
11	»	0.65	»	0.37	Nord.	Beau.
12	»	0.65	»	0.33	id.	id.
13	»	0.70	»	0.36	id.	id.
14	»	0.70	»	0.42	id.	id.
15	»	0.75	»	0.48	id.	id.
16	»	0.90	»	0.61	id.	id.
17	»	0.98	»	0.73	id.	id.
18	»	1.00	»	0.72	id.	id.
19	»	1.10	»	0.80	id.	Nuageux.
20	»	1.20	»	0.92	id.	Beau.
21	»	1.25	»	1.00	id.	id.
22	»	1.27	»	0.99	id.	id.
23	»	1.60	»	1.27	id.	id.
24	»	2.35	»	2.00	id.	id.
25	»	2.45	»	2.22	id.	id.
26	»	2.35	»	2.08	id.	id.
27	»	2.20	»	1.96	id.	id.
28	»	2.10	»	1.85	id.	id.
29	»	2.00	»	1.79	id.	id.
30	»	»	»	1.79	id.	id.

MAI

DATES.	Echelle de Beaucaire. Hauteurs observées (matin) Heure	Cote	Echelle de Fourques. Hauteurs observées (matin) Heure	Cote	VENTS.	ETAT DU CIEL.
1	7 h.	1.95	7 h.	1.76	Nord.	Beau.
2	»	1.85	»	1.58	id.	id.
3	»	2.00	»	1.73	Est.	Nuageux.
4	»	1.80	»	1.91	Nord.	Beau.
5	»	1.67	»	1.40	id.	id.
6	»	1.67	»	1.35	id.	id.
7	»	1.68	»	1.41	id.	id.
8	»	1.57	»	1.35	id.	id.
9	»	1.42	»	1.21	id.	id.
10	»	1.28	»	1.05	id.	id.
11	»	1.20	»	0.96	id.	id.
12	»	1.10	»	0.88	Est.	id.
13	»	1.05	»	0.82	id.	id.
14	»	1.02	»	0.80	Nord.	id.
15	»	1.10	»	0.88	id.	id.
16	»	1.05	»	0.92	id.	id.
17	»	1.10	»	0.88	Nord-Est.	Pluie.
18	»	1.08	»	0.85	Nord.	Beau.
19	»	1.15	»	0.96	id.	id.
20	»	0.98	»	0.75	id.	id.
21	»	0.85	»	0.60	id.	id.
22	»	0.76	»	0.49	id.	id.
23	»	0.78	»	0.48	id.	id.
24	»	0.73	»	0.47	id.	id.
25	»	0.78	»	0.54	Est.	Nuageux.
26	»	0.87	»	0.63	Nord.	Beau.
27	»	0.92	»	0.66	Nord-Est.	Nuageux.
28	»	0.95	»	0.67	Est.	Pluie.
29	»	1.00	»	0.82	Nord.	Nuageux.
30	»	1.15	»	0.90	id.	Beau.
31	»			0.77	id.	id.

JUIN

DATES.	Echelle de Beaucaire. Hauteurs observées (matin) Heure	Cote	Echelle de Fourques. Hauteurs observées (matin) Heure	Cote	VENTS.	ETAT DU CIEL.
1	7 h.	0.96	7 h.	0.70	Nord.	Beau.
2	»	1.02	»	0.78	id	id.
3	»	1.20	»	0.91	id.	id.
4	»	1.40	»	1.10	id.	id.
5	»	1.25	»	1.01	id.	id.
6	»	1.12	»	0.88	id.	id.
7	»	1.02	»	0.80	id.	id.
8	»	0.90	»	0.70	id.	id.
9	»	0.85	»	0.62	id.	id.
10	»	0.80	»	0.54	id.	id.
11	»	0.76	»	0.50	id.	id.
12	»	0.74	»	0.43	id.	id.
13	»	0.72	»	0.43	id.	id.
14	»	0.68	»	0.38	id.	id.
15	»	0.65	»	0.37	id.	id.
16	»	0.65	»	0.40	Est.	id.
17	»	0.70	»	0.52	id.	Pluie.
18	»	0.87	»	0.63	id.	Nuageux.
19	»	1.30	»	1.04	Nord.	Beau.
20	»	1.65	»	1.34	Est.	id.
21	»	1.65	»	1.59	Nord.	id.
22	»	1.80	»	1.46	id.	id.
23	»	2.02	»	1.70	id.	id.
24	»	2.12	»	1.88	id.	id.
25	»	1.75	»	1.55	Est.	Pluie.
26	»	1.62	»	1.40	Nord.	Beau.
27	»	2.30	»	1.89	id.	id.
28	»	2.50	»	2.17	id.	id.
29	»	2.65	»	2.40	id.	id.
30	»	2.45	»	2.09	id.	id.

JUILLET

DATES.	Echelle de Beaucaire. Hauteurs observées (matin) Heure	Cote	Echelle de Fourques. Hauteurs observées (matin) Heure	Cote	VENTS.	ETAT DU CIEL.
1	7 h.	2.20	7 h.	1.97	Est	Beau.
2	»	2.15	»	1.93	id.	id.
3	»	2.10	»	1.91	id.	Nuageux.
4	»	2.15	»	1.90	Nord.	Beau.
5	»	2.20	»	1.97	id.	id.
6	»	1.95	»	1.73	id.	id.
7	»	1.75	»	1.48	id.	id.
8	»	1.75	»	1.47	id.	id.
9	»	1.67	»	1.45	id.	id.
10	»	1.60	»	1.36	id.	id.
11	»	1.55	»	1.31	id.	id.
12	»	1.60	»	1.34	id.	id.
13	»	1.60	»	1.29	id.	id.
14	»	1.55	»	1.33	id.	id.
15	»	1.50	»	1.25	id.	id.
16	»	1.40	»	1.12	id.	id.
17	»	1.38	»	1.12	id.	id.
18	»	1.40	»	1.16	id.	id.
19	»	1.38	»	1.15	id.	id.
20	»	1.35	»	1.11	id.	id.
21	»	1.32	»	1.07	id.	id.
22	»	1.36	»	1.11	id.	id.
23	»	1.30	»	1.15	id.	id.
24	»	1.20	»	0.98	id.	id.
25	»	1.22	»	0.96	id.	id.
26	»	1.28	»	1.02	id.	id.
27	»	1.20	»	0.95	id.	id.
28	»	1.10	»	0.89	id.	id.
29	»	1.05	»	0.82	id.	id.
30	»	1.00	»	0.75	id.	id.
31	»	1.00	»	0.74	id.	id.

AOUT

DATES.	Echelle de Beaucaire. Hauteurs observées (matin) Heure	Cote	Echelle de Fourques. Hauteurs observées (matin) Heure	Cote	VENTS.	ETAT DU CIEL.
1	7 h.	1.00	7 h.	0.73	Nord.	Beau.
2	»	0.98	»	0.74	id.	id.
3	»	0.95	»	0.72	id.	Nuageux.
4	»	1.45	»	1.50	id.	Beau.
5	»	1.33	»	1.05	id.	id.
6	»	1.20	»	0.93	id.	id.
7	»	1.30	»	1.01	id.	id.
8	»	1.30	»	1.10	id.	id.
9	»	1.12	»	0.90	Est.	id.
10	»	1.00	»	0.78	Nord.	id.
11	»	0.95	»	0.69	id.	id.
12	»	1.00	»	0.73	id.	id.
13	»	0.95	»	0.75	id.	id.
14	»	0.95	»	0.68	id.	id.
15	»	0.90	»	0.65	id.	id.
16	»	0.85	»	0.63	id.	id.
17	»	0.95	»	0.67	id.	id.
18	»	1.05	»	0.80	id.	id.
19	»	0.99	»	0.69	id.	id.
20	»	0.85	»	0.58	id.	id.
21	»	0.85	»	0.57	id.	id.
22	»	0.85	»	0.58	id.	id.
23	»	0.80	»	0.56	id.	id.
24	»	0.80	»	0.54	id.	id.
25	»	0.85	»	0.57	id.	id.
26	»	0.80	»	0.54	id.	id.
27	»	0.75	»	0.50	id.	id.
28	»	0.72	»	0.41	id.	id.
29	»	0.72	»	0.46	id.	id.
30	»	0.74	»	0.48	id.	id.
31	»		»		»	»

SEPTEMBRE

DATES.	Echelle de Beaucaire. Hauteurs observées (matin)		Echelle de Fourques. Hauteurs observées (matin)		VENTS.	ÉTAT DU CIEL.
	Heure	Cote	Heure	Cote		
1	7 h.	0.65	7 h.	0.38	Nord.	Beau.
2	»	0.62	»	0.35	id.	id.
3	»	0.60	»	0.32	id.	id.
4	»	0.60	»	0.30	id.	id.
5	»	0.60	»	0.37	id.	id.
6	»	0.62	»	0.34	id.	id.
7	»	0.60	»	0.34	id.	id.
8	»	0.60	»	0.32	Est.	Pluie.
9	»	0.65	»	0.37	Nord.	Beau.
10	»	0.70	»	0.42	id.	id.
11	»	0.74	»	0.55	Est.	Nuageux.
12	»	0.75	»	0.53	id.	Beau.
13	»	0.65	»	0.45	Nord-Est.	Nuageux.
14	»	0.65	»	0.45	Est.	Pluie.
15	»	0.62	»	0.41	Nord.	Beau.
16	»	0.65	»	0.39	id.	id.
17	»	0.62	»	0.37	id.	Nuageux.
18	»	0.62	»	0.39	id.	Beau.
19	»	0.65	»	0.38	id.	id.
20	»	0.60	»	0.33	id.	id.
21	»	0.54	»	0.35	Est.	Pluie.
22	»	2.40	»	2.32	Nord.	Beau.
23	»	1.48	»	1 07	id.	id.
24	»	1.15	»	0.86	Est.	id.
25	»	1.02	»	0.75	Nord.	id.
26	»	0.85	»	0.63	id.	id.
27	»	1.10	»	0.90	Est.	id.
28	»	1.42	»	1.00	Nord.	id.
29	»	1.30	»	1.22	Nord-Est.	id.
30	»	1.60	»	1.17	id.	id.

OCTOBRE

DATES.	Echelle de Beaucaire. Hauteurs observées (matin)		Echelle de Fourques. Hauteurs observées (matin)		VENTS.	ÉTAT DU CIEL.
	Heure	Cote	Heure	Cote		
1	7 h.	1 12	7 h.	0 88	Est.	Beau.
2	»	1.02	»	0.75	Nord.	id
3	»	1.25	»	0.93	Est.	id.
4	»	2.00	»	1.62	Nord.	Nuageux.
5	»	2.45	»	2.10	id.	Beau.
6	»	2.40	»	2.14	id.	id.
7	»	2.48	»	2.22	Nord-Est.	Nuageux.
8	»	2.40	»	2.10	Nord.	Beau.
9	»	2.10	»	1.90	id.	id.
10	»	1.88	»	1.65	id.	id.
11	»	1.70	»	1.47	id.	id.
12	»	1.52	»	1.29	id.	id.
13	»	1.45	»	1 14	id.	id.
14	»	1.45	»	1.20	id.	id.
15	»	1.60	»	1.35	id.	id.
16	»	1.40	»	1.20	id.	id.
17	»	1.25	»	1.06	id.	id.
18	»	1.12	»	0.94	Est.	Nuageux.
19	»	1.05	»	0.85	id.	Beau.
20	»	0.98	»	0.80	Nord-Est.	Nuageux.
21	»	0.92	»	0.73	Nord.	Beau.
22	»	0.86	»	0.67	id.	id.
23	»	0.80	»	0 52	id.	id.
24	»	0.76	»	0.56	id.	id.
25	»	0.74	»	0.52	id.	id.
26	»	0.70	»	0.40	id.	id.
27	»	0.65	»	0.39	id.	id.
28	»	0.62	»	0.37	id.	id.
29	»	0.60	»	0.34	id.	id.
30	»	0 56	»	0.31	Est.	id.
31	»	»	»	0.33	id.	Pluie.

NOVEMBRE

DATES.	Echelle de Beaucaire. Hauteurs observées (matin)		Echelle de Fourques. Hauteurs observées (matin)		VENTS.	ÉTAT DU CIEL.
	Heure	Cote	Heure	Cote		
1	7 h.	1.60	7 h.	1.18	Est.	Nuageux.
2	»	1.90	»	1.95	Nord.	Beau.
3	»	1.00	»	0.84	id.	id.
4	»	0.75	»	0.57	id.	id.
5	»	0.65	»	0.47	Nord-Est.	Pluie.
6	»	0.95	»	0 56	Est.	id.
7	»	1.35	»	1.24	id.	id.
8	»	3.42	»	2.85	id.	Beau.
9	»	3.70	»	3.65	Nord.	id.
10	»	2.45	»	2.38	id.	id.
11	»	1.60	»	1.48	id.	id.
12	»	1.25	»	1.08	id.	id.
13	»	1.40	»	1.00	id.	id.
14	»	1.20	»	0.96	id.	id.
15	»	1.20	»	1 00	id.	id.
16	»	1.10	»	0.92	id.	id.
17	»	1.00	»	0.80	id.	id.
18	»	0.95	»	0.65	id.	id.
19	»	0.95	»	0.55	id.	id.
20	»	0.85	»	0 59	id.	id.
21	»	0.85	»	0.65	id.	id.
22	»	0.82	»	0.64	id.	id.
23	»	0.76	»	0.64	id.	id.
24	»	0.70	»	0.45	id.	id
25	»	0.64	»	0.39	Nord-Est.	id.
26	»	0.60	»	0.34	id.	Pluie.
27	»	0.54	»	0.26	Nord.	Beau.
28	»	0.50	»	0.22	Nord-Est.	Nuageux.
29	»	0.63	»	0.23	id.	Pluie.
30	»	»	»	0.61	Nord.	Beau.

DÉCEMBRE

DATES.	Echelle de Beaucaire. Hauteurs observées (matin)		Echelle de Fourques. Hauteurs observées (matin)		VENTS.	ÉTAT DU CIEL.
	Heure	Cote	Heure	Cote		
1	7 h.	0.65	7 h.	0.48	Nord.	Beau.
2	»	0.58	»	0.33	id.	id.
3	»	0.55	»	0.29	id.	id.
4	»	0.50	»	0.23	id.	id.
5	»	0.42	»	0.11	id.	id.
6	»	0.40	»	0.15	id.	id.
7	»	0.25	»	0.00	id.	id.
8	»	0.22	»	0.00	id.	id.
9	»	0.22	»	0.00	id.	id.
10	»	0.12	»	0.00	id.	id.
11	»	0.30	»	0.40	id.	id.
12	»	1.00	»	0.31	id.	id.
13	»	1.30	»	0.50	Nord-Est.	id.
14	»	1.30	»	0.47	id.	id.
15	»	1.35	»	0.39	Nord.	id.
16	»	1.35	»	0.47	id.	id.
17	»	1.10	»	0.46	id.	id.
18	»	1.25	»	0.49	id.	id.
19	»	1.30	»	0.47	Nord-Est.	id.
20	»	1.18	»	0.43	Nord.	id.
21	»	0.85	»	0.57	id.	id.
22	»	0.55	»	0.36	Est.	Pluie.
23	»	0.50	»	0.54	Nord.	Nuageux.
24	»	0.60	»	1 10	Nord-Est.	id.
25	»	0.30	»	0.36	Nord.	Beau.
26	»	0.20	»	0.00	id.	id.
27	»	0.18	»	0.00	Nord-Est.	Nuageux.
28	»	0.13	»	0.00	id.	Beau.
29	»	0.12	»	0.00	Nord.	id.
30	»	0.12	»	0.00	id.	id.
31	»	»	»	0.08	»	

ANNÉE 1872.

JANVIER — FÉVRIER

DATES.	Echelle de Beaucaire. Hauteurs observées (matin)		Echelle de Fourques. Hauteurs observées (matin)		VENTS.	ÉTAT DU CIEL	DATES.	Echelle de Beaucaire. Hauteurs observées (matin)		Echelle de Fourques. Hauteurs observées (matin)		VENTS.	ÉTAT DU CIEL
	Heure	Cote	Heure	Cote				Heure	Cote	Heure	Cote		
1	7 h.	0.25	7 h.	C B	Nord.	Beau.	1	7 h.	1.85	7 h.	1.69	Nord-Est	Nuageux.
2	»	0.18	»	C B	id.	id.	2	»	1.60	»	1.47	Est.	Beau.
3	»	0.12	»	C B	id.	id.	3	»	1.55	»	1.27	Nord.	id.
4	»	0.10	»	C B	Nord-Est.	Nuageux.	4	»	1.35	»	1.23	id.	id.
5	»	0.08	»	C B	id.	id.	5	»	1.15	»	1.04	Est.	id.
6	»	0.20	»	C B	Est.	id.	6	»	1.00	»	0.85	id.	Nuageux.
7	»	0.53	»	C D	id.	id.	7	»	1.05	»	0.85	id.	id.
8	»	0.20	»	0.09	Nord.	Beau.	8	»	1.10	»	0.90	id.	id.
9	»	1.10	»	0.78	id.	id.	9	»	1.90	»	0.95	Nord.	Beau.
10	»	1.00	»	0.80	id.	id.	10	»	1.10	»	0.92	Est.	Nuageux.
11	»	0.98	»	0.71	id.	id.	11	»	0.92	»	0.73	id.	id.
12	»	0.92	»	0.72	id.	id.	12	»	0.90	»	0.74	id.	id.
13	»	0.82	»	0.58	id.	id.	13	»	2.60	»	1.98	id.	Beau.
14	»	0 75	»	0.53	id.	Nuageux.	14	»	1.45	»	1.40	id.	Nuageux.
15	»	0.65	»	0.43	id.	Beau.	15	»	1.60	»	1.37	id.	Pluie.
16	»	0.62	»	0.37	Nord-Est.	Nuageux.	16	»	3.60	»	3.20	id.	Nuageux.
17	»	0.66	»	0.52	Est.	id.	17	»	2.55	»	2.45	Nord.	Beau.
18	»	0.90	»	0.71	id.	Pluie.	18	»	1.90	»	1.75	id.	id.
19	»	1.10	»	0.85	id.	id.	19	»	1.83	»	1.62	Nord-Est.	id.
20	»	2.10	»	1.73	id.	Nuageux.	20	»	1.65	»	1.47	Nord.	id.
21	»	2 10	»	1.87	Nord.	Beau.	21	»	1.50	»	1.30	Est.	Nuageux.
22	»	1.68	»	1.50	Est.	Nuageux.	22	»	1.60	»	1.33	Nord.	Beau.
23	»	1.56	»	1.36	id.	Pluie.	23	»	1.44	»	1.23	Est.	Pluie.
24	»	2.65	»	2.57	id.	id.	24	»	1.28	»	1.09	Nord-Est.	Nuageux.
25	»	3.40	»	3.10	Nord-Est.	Beau.	25	»	1.20	»	1.00	id.	Beau.
26	»	3.50	»	3.50	id.	id.	26	»	1.33	»	1.07	Est.	Nuageux.
27	»	3.50	»	3.33	id.	id.	27	»	2.00	»	1.56	Nord.	Beau.
28	»	2.95	»	2.78	Nord.	id.	28	»	2.90	»	2.45	id.	id.
29	»	2.55	»	2.26	id.	id.	29	»	»	»	2.69	id.	id.
30	»	2.38	»	2.05	id.	id.							
31	»	2.35	»	1.85	id.	id.							

MARS — AVRIL

DATES.	Echelle de Beaucaire.		Echelle de Fourques.		VENTS.	ÉTAT	DATES.	Echelle de Beaucaire.		Echelle de Fourques.		VENTS.	ÉTAT
1	7. h.	2.60	7 h.	2.42	Nord.	Beau.	1	7 h.	1.30	7 h.	1.04	Est.	Beau.
2	»	2.30	»	2.02	id.	id.	2	»	1.32	»	1.12	Nord.	id.
3	»	2.15	»	1.93	id.	id.	3	»	1.22	»	1.02	id.	id.
4	»	2.05	»	1.84	id.	id.	4	»	1.18	»	0.95	Nord-Est.	Pluie.
5	»	2.00	»	1.78	id.	id.	5	»	1.20	»	1.00	Nord.	id.
6	»	1.88	»	1.67	Est.	id.	6	»	1.25	»	1.04	id.	Beau.
7	»	1.70	»	1.57	id.	Nuageux.	7	»	1.15	»	0.93	id.	id.
8	»	2.70	»	2.10	id.	Pluie.	8	»	1.18	»	0.94	id.	id.
9	»	3.38	»	3.17	Nord-Est	id.	9	»	1.25	»	1.03	id.	id
10	»	2.42	»	2.23	Nord.	Nuageux.	10	»	1.25	»	0.98	id.	id.
11	»	1.90	»	1.72	id.	Beau.	11	»	1.42	»	1.13	id.	id.
12	»	1.65	»	1.38	id.	id.	12	»	1.65	»	1.46	id.	id.
13	»	1.42	»	1.20	id.	id.	13	»	1.52	»	1.32	id.	id.
14	»	1.25	»	1.08	id.	id.	14	»	1.35	»	1.32	id.	id.
15	»	1.15	»	0.97	id.	id.	15	»	1.55	»	1.33	id.	id.
16	»	1.05	»	0 88	id.	id.	16	»	1.50	»	1.31	id.	id.
17	»	0.98	»	0.73	id.	id.	17	»	1.50	»	1.28	id.	id.
18	»	0.95	»	0.67	id.	id.	18	»	1.40	»	1.23	id.	id.
19	»	0.82	»	0.60	id.	id.	19	»	1.32	»	1.13	Nord-Est	Nuageux.
20	»	0.80	»	0.54	id.	id.	20	»	1.22	»	1.03	Est.	Pluie.
21	»	0.75	»	0 55	id.	id.	21	»	1.18	»	1.07	id.	Nuageux.
22	»	0.75	»	0.57	id.	id.	22	»	1.45	»	1.21	id.	Beau.
23	»	0.72	»	0.50	Nord-Est.	Nuageux.	23	»	1.32	»	1.28	id.	Nuageux.
24	»	0.70	»	0.45	Nord.	Beau.	24	»	2.12	»	1.70	Nord-Est.	Beau.
25	»	0.70	»	0.45	id.	id.	25	»	2.88	»	2 63	id.	id.
26	»	0.80	»	0.62	id.	id.	26	»	3.17	»	2.97	id.	id.
27	»	0.75	»	0.56	id.	id.	27	»	2.90	»	2.80	id.	Nuageux.
28	»	0.70	»	0.48	Est.	Nuageux.	28	»	2.55	»	2.35	Nord.	id.
29	»	0.70	»	0.50	id.	id.	29	»	2.35	»	2.14	id.	Beau.
30	»	0.72	»	0.52	id.	id.	30	»	2.05	»	2.05	id.	id.
31	»	»	»	»	id.	id.							

MAI

DATES.	Echelle de Beaucaire. Hauteurs observées (matin)		Echelle de Fourques. Hauteurs observées (matin)		VENTS.	ÉTAT DU CIEL.
	Heure	Cote	Heure	Cote		
1	7 h.	2.22	7 h.	2.00	Nord.	Beau.
2	»	2.25	»	2.02	Id	id.
3	»	2.30	»	2.00	id.	id.
4	»	2.40	»	2.20	id.	id.
5	»	2.32	»	2.13	Est.	Nuageux.
6	»	2.50	»	2.03	id.	Pluie.
7	»	4.84	»	4.42	Nord-Est.	Beau.
8	»	4.57	»	4.53	Nord.	id.
9	»	4.10	»	4.08	id.	id.
10	»	3.63	»	3.62	id.	i.i.
11	»	3.27	»	3.23	id.	id.
12	»	2.95	»	2.84	id.	id.
13	»	2.70	»	2.50	Est.	id.
14	»	2.58	»	2.32	Nord-Est.	Nuageux.
15	»	2.40	»	2.18	Nord.	Beau.
16	»	2.32	»	2.10	id.	id.
17	»	2.30	»	2.07	Nord-Est.	id.
18	»	2.25	»	2.04	Est.	Nuageux.
19	»	2.20	»	2.00	id.	Beau.
20	»	2.50	»	2.27	id.	id.
21	»	2.45	»	2.22	id.	Pluie.
22	»	3.02	»	2.60	id.	Nuageux.
23	»	4.40	»	4.10	Nord-Est.	id.
24	»	4.48	»	4.35	id.	Pluie.
25	»	4.70	»	4.45	Nord.	Beau.
26	»	4.88	»	4.16	id.	id.
27	»	4.75	»	4.57	id.	id.
28	»	4.80	»	4.60	id.	id.
29	»	4.85	»	4.61	id.	id.
30	»	4.22	»	4.23	id.	id.
31	»	»	»	3.97	id.	id.

JUIN

DATES.	Echelle de Beaucaire. Hauteurs observées (matin)		Echelle de Fourques. Hauteurs observées (matin)		VENTS.	ÉTAT DU CIEL.
	Heure	Cote	Heure	Cote		
1	7 h.	3.73	7 h.	3.75	Nord.	Beau.
2	»	3.68	»	3.71	id.	id.
3	»	3.75	»	3.73	id.	Nuageux.
4	»	3.76	»	3.72	id.	Beau
5	»	3.74	»	3.68	id.	id.
6	»	3.75	»	3.69	id.	id.
7	»	3.85	»	3.87	Est.	Nuageux.
8	»	3.65	»	3.68	Nord.	Beau.
9	»	3.36	»	3.40	id.	id.
10	»	3.22	»	3.15	id.	id.
11	»	3.12	»	3.04	id.	id.
12	»	3.03	»	3.00	id.	id.
13	»	3.00	»	2.85	id.	id.
14	»	3.08	»	2.90	id.	id.
15	»	3.15	»	3.11	id.	id.
16	»	5.04	»	3.12	id	id.
17	»	2.87	»	2.69	id.	id.
18	»	2.78	»	2.57	id.	id.
19	»	2.68	»	2.50	id.	id.
20	»	2.57	»	2.36	Ouest.	Pluie
21	»	2.45	»	2.23	Nord.	Beau.
22	»	2.45	»	2.21	id.	id.
23	»	2.35	»	2.15	id.	id.
24	»	2.18	»	2.00	id.	id.
25	»	2.12	»	1.90	id.	id.
26	»	2.15	»	1.93	Nord-Est.	Pluie.
27	»	2.18	»	1.96	Nord.	Beau.
28	»	2.35	»	2.17	Faible.	id.
29	»	2.15	»	2.02	id.	id.
30	»	2.11	»	1.80	id.	id.

JUILLET

DATES.	Echelle de Beaucaire. Hauteurs observées (matin)		Echelle de Fourques. Hauteurs observées (matin)		VENTS.	ÉTAT DU CIEL.
	Heure	Cote	Heure	Cote		
1	7 h.	1.95	7 h.	1.76	Nord.	Beau.
2	»	1.85	»	1.71	id.	id.
3	»	1.70	»	1.54	id.	id.
4	»	1.60	»	1.42	id.	id.
5	»	1.52	»	1.35	id.	id.
6	»	1.42	»	1.27	id.	id.
7	»	1.35	»	1.18	id.	id.
8	»	1.30	»	1.16	id.	id.
9	»	1.40	»	1.24	id.	id.
10	»	1.50	»	1.32	id.	id.
11	»	1.42	»	1.30	id.	id.
12	»	1.33	»	1.20	id.	id.
13	»	1.28	»	1.11	id.	id.
14	»	1.25	»	1.10	id.	id.
15	»	1.45	»	1.22	id.	id.
16	»	1.38	»	1.48	id.	id.
17	»	1.40	»	1.28	id.	id
18	»	1.25	»	1.10	id.	id.
19	»	1.12	»	1.00	id.	id.
20	»	1.08	»	0.92	id.	id.
21	»	1.12	»	0.96	id.	id.
22	»	1.12	»	0.98	id.	id.
23	»	1.10	»	0.96	id.	id.
24	»	1.10	»	0.93	id.	id.
25	»	1.08	»	0.93	id	id.
26	»	1.10	»	0.98	id.	id.
27	»	1.07	»	0.96	id.	id.
28	»	1.05	»	0.90	id.	id.
29	»	1.10	»	0.92	id.	Nuageux.
30	»	1.10	»	0.95	Est.	id.
31	»	»	»	0.99	Id	id.

AOUT

DATES.	Echelle de Beaucaire. Hauteurs observées (matin)		Echelle de Fourques. Hauteurs observées (matin)		VENTS.	ÉTAT DU CIEL.
	Heure	Cote	Heure	Cote		
1	7 h.	1.68	7 h.	1.58	Est.	Nuageux.
2	»	1.88	»	1.67	Nord.	Beau.
3	»	2.25	»	2.08	Est.	Pluie.
4	»	1.85	»	1.58	Nord.	Beau.
5	»	1.65	»	1.58	id.	id.
6	»	1.52	»	1.40	Est.	id.
7	»	1.42	»	1.31	id.	id.
8	»	1.42	»	1.20	Nord.	id.
9	»	1.52	»	1.33	id.	id.
10	»	1.83	»	1.62	id.	id.
11	»	2.10	»	1.92	id.	id.
12	»	1.88	»	1.83	id.	id.
13	»	1.72	»	1.55	id.	id.
14	»	1.85	»	1.74	id.	id.
15	»	1.75	»	1.60	id.	id.
16	»	1.72	»	1.57	id.	id.
17	»	1.55	»	1.47	id.	id.
18	»	1.42	»	1.28	id.	id.
19	»	1.28	»	1.14	id.	id.
20	»	1.20	»	1.07	id.	id.
21	»	1.12	»	0.98	id.	id.
22	»	1.02	»	0.90	id.	id.
23	»	1.00	»	0.83	id.	id.
24	»	1.00	»	0.80	id.	id.
25	»	0.92	»	0.77	id.	id.
26	»	0.95	»	0.74	id.	id.
27	»	0.93	»	0.75	Est.	id.
28	»	0.90	»	0.71	Nord.	id.
29	»	0.85	»	0.64	id.	id.
30	»	0.85	»	0.64	id.	id.
31	»	»	»	0.62	»	»

SEPTEMBRE

DATES.	Echelle de Beaucaire. Hauteurs observées (matin)		Echelle de Fourques. Hauteurs observées (matin)		VENTS.	ÉTAT DU CIEL.
	Heure	Cote	Heure	Cote		
1	7 h.	0.78	7 h.	0.60	Nord.	Beau.
2	»	0.75	»	0.55	id.	id.
3	»	0.70	»	0.50	id.	id.
4	»	0.70	»	0.47	id.	id.
5	»	0.70	»	0.48	Est.	id.
6	»	0.70	»	0.48	id.	id.
7	»	0.70	»	0.48	Nord-Est.	id.
8	»	0.70	»	0.48	id.	id.
9	»	0.70	»	0.47	Nord.	id.
10	»	0.67	»	0.46	id.	id.
11	»	0.65	»	0.42	id.	id.
12	»	0.62	»	0.37	id.	id.
13	»	0.60	»	0.35	id.	id.
14	»	0.57	»	0.33	id.	id.
15	»	0.55	»	0.30	id.	id.
16	»	0.53	»	0.28	id.	id.
17	»	0.52	»	0.27	id.	id.
18	»	0.50	»	0.26	id.	id.
19	»	0.50	»	0.27	Est.	id.
20	»	0.52	»	0.30	Nord.	id.
21	»	0.62	»	0.30	id.	id.
22	»	0.65	»	0.45	id.	id.
23	»	0.60	»	0.40	id.	id.
24	»	0.50	»	0.30	id.	id.
25	»	0.48	»	0.23	id.	id.
26	»	0 43	»	0.20	id.	id.
27	»	0.40	»	0.15	id.	id.
28	»	0.40	»	0.12	id.	id.
29	»	0.40	»	0.12	Nord-Est.	Nuageux.
30	»	»	»	0.10	id.	id.

OCTOBRE

DATES.	Echelle de Beaucaire. Hauteurs observées (matin)		Echelle de Fourques. Hauteurs observées (matin)		VENTS.	ÉTAT DU CIEL.
	Heure	Cote	Heure	Cote		
1	7 h.	0 32	7 h.	0.06	Nord.	Beau.
2	»	0.32	»	0.03	Est.	Pluie.
3	»	0.40	»	0.13	id.	Nuageux.
4	»	3.15	»	2.58	Nord-Est.	Pluie.
5	»	3.03	»	2.90	Nord.	Nuageux
6	»	3.25	»	3.10	id.	id.
7	»	3.46	»	3.32	Nord-Est.	Pluie.
8	»	3.12	»	3.03	Nord.	Beau.
9	»	3.42	»	3.40	id.	id.
10	»	3.03	»	2.95	id.	id.
11	»	2.85	»	2.66	id.	id.
12	»	2.95	»	2.69	id.	id.
13	»	2.65	»	2.48	id.	Nuageux.
14	»	2.32	»	2.12	Nord-Est	Pluie.
15	»	3.20	»	2.58	Nord.	Beau.
16	»	4.05	»	3.99	Est.	id.
17	»	3.95	»	3.85	id.	Pluie.
18	»	5.10	»	4.63	Sud.	id.
19	»	6.23	»	5.52	Est.	Nuageux.
20	»	6.38	»	5.74	id.	Beau.
21	»	6.83	»	6.06	id.	id.
22	»	6.44	»	5.85	id.	Pluie.
23	»	5.92	»	5 25	id.	id.
24	»	6.11	»	5.51	Nord-Est.	id.
25	»	5.31	»	5.00	id.	Beau.
26	»	4.28	»	4.27	id.	id.
27	»	3.65	»	3.67	id.	Nuageux.
28	»	3.50	»	3.25	Est.	Pluie.
29	»	4.65	»	4.40	Nord.	Beau.
30	»	4 70	»	4.58	id.	id.
31	»	4.70	»	4.55	id.	id.

NOVEMBRE

DATES.	Echelle de Beaucaire. Hauteurs observées (matin)		Echelle de Fourques. Hauteurs observées (matin)		VENTS.	ÉTAT DU CIEL.
	Heure	Cote	Heure	Cote		
1	7 h.	4.46	7 h.	4.40	Nord-Est.	Beau.
2	»	3.52	»	3.75	id.	Nuageux.
3	»	3.21	»	3.10	Nord.	Beau.
4	»	2.98	»	2.77	id.	id.
5	»	2.78	»	2.53	id.	id.
6	»	2.63	»	2.42	id.	id.
7	»	2.45	»	2.90	id.	id.
8	»	2.65	»	2.35	id.	id.
9	»	2.62	»	2.40	id.	id.
10	»	2.48	»	2.25	N.-Ouest.	id.
11	»	2.40	»	2.18	Nord.	id.
12	»	2.36	»	2.12	id.	id.
13	»	2.45	»	2.21	Nord-Est.	id.
14	»	2.45	»	2.23	Nord.	id.
15	»	2.45	»	2 23	id.	id.
16	»	2.45	»	2.21	id.	id.,
17	»	2.45	»	2.44	Nord-Est.	id.
18	»	2.36	»	2.14	id.	id.
19	»	2.25	»	2.05	id.	Pluie.
20	»	2.15	»	1.96	Est.	Nuageux.
21	»	2.25	»	2.04	id.	id.
22	»	3.16	»	2.85	id.	id.
23	»	4.05	»	3.37	id.	Pluie.
24	»	4.50	»	3.50	id.	id.
25	»	4.57	»	4.52	Nord-Est.	Beau.
26	»	4.25	»	4.23	Est.	Nuageux.
27	»	3.72	»	3.70	Nord-Est.	id.
28	»	3.50	»	3.45	Est.	id.
29	»	3.45	»	3.34	Nord.	Beau.
30	»	»	»	3.29	Nord-Est.	Nuageux.

DÉCEMBRE

DATES.	Echelle de Beaucaire. Hauteurs observées (matin)		Echelle de Fourques. Hauteurs observées (matin)		VENTS.	ÉTAT DU CIEL.
	Heure	Cote	Heure	Cote		
1	7 h.	3.53	7 h.	3.43	Est.	Nuageux.
2	»	5.00	»	4.80	Nord-Est.	Pluie.
3	»	5.95	»	5.43	Est.	Beau.
4	»	6.55	»	5.91	Nord.	id.
5	»	6.02	»	5.54	»	id.
6	»	4.70	»	4.45	N.-Ouest.	Pluie.
7	»	4.25	»	4.10	Nord-Est.	Nuageux.
8	»	4.12	»	4.00	id.	Beau.
9	»	4.26	»	4.11	N.-Ouest.	Pluie.
10	»	4.66	»	4.44	Nord-Est.	Beau.
11	»	4.81	»	4.66	id.	id.
12	»	5.02	»	4.73	Nord.	id.
13	»	4.50	»	4.36	id.	id.
14	»	4.32	»	4.13	Nord-Est.	id.
15	»	3.99	»	3.88	id.	id.
16	»	3.75	»	3.60	Nord.	id.
17	»	3.60	»	3.47	Nord-Est.	Nuageux.
18	»	3.45	»	3.30	Nord.	Beau.
19	»	3.32	»	3.14	id.	id.
20	»	3.22	»	3.00	id.	id.
21	»	3.05	»	2.82	Nord-Est.	Nuageux.
22	»	2.90	»	2.61	Nord.	Beau.
23	»	2.72	»	2.45	id.	Nuageux.
24	»	2.60	»	2 32	Nord-Est.	Beau.
25	»	2.55	»	2.29	Est.	Nuageux.
26	»	2.55	»	2.23	id.	Pluie.
27	»	3.22	»	3.00	Nord-Est.	id.
28	»	3.20	»	3.01	Est.	id.
29	»	3.28	»	3.08	id.	id.
30	»	4.05	»	4.00	id.	id.
31	»	»	»	4.47	id.	Beau.

ANNÉE 1873.

JANVIER

DATES.	Echelle de Beaucaire. Hauteurs observées (matin) Heure	Cote	Echelle de Fourques. Hauteurs observées (matin) Heure	Cote	VENTS.	ETAT DU CIEL.
1	7 h.	4.80	7 h.	4.73	Est.	Nuageux.
2	»	4.02	»	4.03	Nord-Est.	id.
3	»	3.45	»	3.34	Nord.	Beau.
4	»	3.22	»	3.05	id.	id.
5	»	3.02	»	2.74	id.	id.
6	»	2.82	»	2.53	id.	id.
7	»	2.60	»	2.32	id.	id.
8	»	2.40	»	2.13	Nord-Est.	Nuageux.
9	»	2.25	»	1.96	Est.	id.
10	»	2.32	»	2.03	id.	id.
11	»	2.25	»	1.99	Nord-Est.	Beau.
12	»	2.05	»	1.80	Nord.	id.
13	»	1.85	»	1.60	id.	id.
14	»	1.72	»	1.47	id.	id.
15	»	1.62	»	1.27	Nord-Est.	Nuageux.
16	»	1.54	»	1.25	Est.	id.
17	»	1.45	»	1.15	id.	Pluie.
18	»	1.55	»	1.20	Nord.	Beau.
19	»	1.48	»	1.17	id.	Nuageux
20	»	1.40	»	1.10	Nord-Est.	Pluie.
21	»	1.58	»	1.21	id.	Beau.
22	»	1.85	»	1.50	id.	Pluie.
23	»	2.00	»	1.73	Nord.	Beau.
24	»	2.03	»	1.76	Nord-Est.	Pluie.
25	»	2.20	»	1.87	Nord.	Beau.
26	»	2.28	»	1.28	id.	id.
27	»	2.23	»	1.95	id.	id.
28	»	2.18	»	1.90	id.	id.
29	»	2.10	»	1.84	id.	id.
30	»	2.00	»	1.76	id.	Nuageux.
31	»	»	»	1.69	id.	Beau.

FÉVRIER

DATES.	Echelle de Beaucaire. Hauteurs observées (matin) Heure	Cote	Echelle de Fourques. Hauteurs observées (matin) Heure	Cote	VENTS.	ETAT DU CIEL.
1	7 h.	1.85	7 h.	1.60	Nord.	Beau.
2	»	1.70	»	1.42	Nord-Est.	Nuageux.
3	»	1.82	»	1.43	Nord.	Beau.
4	»	1.93	»	1.68	id.	id.
5	»	1.85	»	1.56	id.	id.
6	»	1.85	»	1.54	id.	id.
7	»	1.70	»	1.43	id.	id.
8	»	1.65	»	1.36	id.	id.
9	»	1.55	»	1.27	id.	id.
10	»	1.45	»	1.14	id.	id.
11	»	1.35	»	1.00	id.	id.
12	»	1.28	»	0.87	id.	id.
13	»	1.20	»	0.79	id.	id.
14	»	1.12	»	0.72	id.	id.
15	»	1.05	»	0.65	id.	id.
16	»	1.00	»	0.60	id.	id.
17	»	0.93	»	0.57	id.	id.
18	»	0.90	»	0.53	id.	id.
19	»	0.90	»	0.48	id.	id.
20	»	0.88	»	0.45	id.	id.
21	»	0.88	»	0.45	Est.	id.
22	»	0.92	»	0.47	id.	id.
23	»	0.95	»	0.50	Nord-Est.	id.
24	»	0.92	»	0.49	id.	Nuageux.
25	»	0.95	»	0.50	Nord.	Beau.
26	»	1.02	»	0.57	Est.	Pluie.
27	»	1.30	»	0.80	id.	Beau.
28	»	»	»	1.56	id.	»

MARS

DATES.	Echelle de Beaucaire. Heure	Cote	Echelle de Fourques. Heure	Cote	VENTS.	ETAT DU CIEL.
1	7 h.	2.02	7 h.	1.64	Nord.	Beau.
2	»	2.22	»	1.80	id.	id.
3	»	2.15	»	1.81	id.	id.
4	»	2.37	»	2.03	id.	id.
5	»	2.45	»	2.11	id.	id.
6	»	2.45	»	2.13	id.	id.
7	»	2.75	»	2.34	Est.	Pluie.
8	»	2.78	»	2.46	id.	Nuageux.
9	»	2.68	»	2.36	id.	id.
10	»	3.80	»	3.63	Nord-Est.	id.
11	»	3.75	»	3.60	Nord.	Beau.
12	»	3.74	»	3.60	Est.	id.
13	»	3.60	»	3.51	id.	Pluie.
14	»	3.88	»	3.59	Nord.	Beau.
15	»	4.26	»	4.19	Est.	Nuageux.
16	»	3.96	»	3.74	Nord.	Beau.
17	»	3.65	»	3.57	Est.	Pluie.
18	»	3.60	»	3.44	id.	Nuageux.
19	»	5.21	»	4.80	Nord-Est.	Beau.
20	»	5.51	»	5.19	id.	Pluie.
21	»	4.76	»	4.65	Nord.	Beau.
22	»	4.28	»	4.40	Est.	Pluie.
23	»	4.12	»	4.00	Nord.	Beau.
24	»	3.83	»	3.79	id.	id.
25	»	3.50	»	3.40	id.	id.
26	»	3.32	»	3.11	id.	id.
27	»	3.12	»	2.88	id.	id.
28	»	2.93	»	2.60	Est.	id.
29	»	2.72	»	2.37	Nord-Est.	Nuageux.
30	»	2.60	»	2.10	id.	Beau.
31	»	»	»	1.88	id.	id.

AVRIL

DATES.	Echelle de Beaucaire. Heure	Cote	Echelle de Fourques. Heure	Cote	VENTS.	ETAT DU CIEL.
1	7 h.	2.13	7 h.	1.74	Est.	Nuageux.
2	»	2.00	»	1.63	Nord.	Beau.
3	»	1.92	»	1.36	id.	id.
4	»	1.82	»	1.36	id.	id.
5	»	1.75	»	1.29	id.	id.
6	»	1.70	»	1.25	id.	id.
7	»	1.65	»	1.20	Ouest.	id.
8	»	1.72	»	1.21	Nord.	id.
9	»	1.98	»	1.50	id.	id.
10	»	2.00	»	1.53	Nord-Est.	Pluie.
11	»	2.20	»	1.79	Nord.	Beau.
12	»	2.25	»	1.85	id.	id.
13	»	2.25	»	1.91	id.	id.
14	»	2.40	»	2.00	id.	id.
15	»	2.40	»	2.01	Est.	id.
16	»	2.40	»	2.03	id.	Pluie.
17	»	2.45	»	2.32	Nord.	Beau.
18	»	2.82	»	2.59	id.	id.
19	»	3.00	»	2.67	id.	id.
20	»	3.10	»	2.80	id.	id.
21	»	3.12	»	2.62	id.	id.
22	»	3.00	»	2.57	id.	id.
23	»	3.00	»	2.60	id.	id.
24	»	3.04	»	2.50	id.	id.
25	»	3.00	»	2.47	id.	id.
26	»	2.88	»	2.27	id.	id.
27	»	2.70	»	1.95	id.	id.
28	»	2.45	»	1.75	id.	id.
29	»	2.20	»	1.52	id.	id.
30	»	2.12	»		id.	

Les observations faites sur le Petit-Rhône, à Saint-Gilles et à Sylvéréal, seront publiées plus tard.

Nîmes. — Typ. Clavel-Ballivet et Cⁱᵉ.